기후위기와 지구윤리

지은이	정원범
초판발행	2022년 3월 1일
펴낸이	배용하
등록	제364-2008-000013호
펴낸 곳	도서출판 대장간
	www.daejanggan.org
등록한 곳	충청남도 논산시 가야곡면 매죽헌로1176번길 8-54
편집부	전화 (041) 742-1424
영업부	전화 (041) 742-1424 전송 0303-0959-1424
분류	기독교	환경윤리	생태
ISBN	978-89-7071-578-0 03230

 값 20,000원

기후위기와 지구윤리

정원범

차 례

부록

머 리 말

오늘날 인류가 직면한 가장 큰 삼대 위기를 든다면 기후위기, 코로나위기, 양극화 위기일 것이다. 다시 말해 우리는 인류 생존의 터전인 지구생태계의 파괴와 우리의 이웃인 사회적 약자들의 삶이 무너지고 있는 극단의 양극화 위기 상황에 직면해 있다.

첫째로, 기후위기, 생태위기의 문제는 실로 심각하다. 오늘의 시대가 기후재난이 일상화되는 뉴노멀의 시대가 되었기 때문이고, 현재의 기후위기를 이대로 방치하다가는 더 이상 인류의 생존이 가능할 수 없기 때문이다. 그래서 생태학자들은 오늘의 기후재난 상황을 가리켜 기후변화나 기후위기가 아니라 기후재앙이라고 불러야 한다고 주장한다. 얼마 전 중앙일보가 전 세계제주도, 그린란드, 시베리아, 호주에서 일어나는 기후재난 상황을 '기후재앙 눈앞에 보다'CLIMATE CATASTROPHE. BEFORE YOUR EYES는 제목의 매우 짧지만 실감나는 동영상으로 보여준 바 있는데 자막을 소개하면 다음과 같다.[1]

"기후재앙의 징후들 그 현장을 눈앞에 마주하다."

"제주바다가 뜨거워지고 있다. 바다에서 1도는 육지에서 10도와 같다."

"혹한의 땅 시베리아가 산불로 불타고 있다. 남한 면적보다 큰 숲이 잿더미가 됐다."

"한라산 정상을 가득 채우고 있던 구상나무들은 멸종을 앞두고 있다."

---

[1] https://www.joongang.co.kr/Digitalspecial/434

"세계최대 산호지대인 그레이트 베리어 리프는 산호초의 무덤이 됐다."
"그린란드의 빙하는 역대 가장 빠른 속도로 녹고 있다. 20년 전보다 7배
　　빠른 속도다."
"Save Earth Save Us"

　이외에도 기후재난에 대한 수많은 뉴스들이 끊임없이 보도되고 있어서
많은 사람들이 기후위기에 대한 사실을 알고는 있지만 기후위기를 막아내
기 위해 지금까지의 잘못된 생각, 잘못된 삶의 방식, 잘못된 경제시스템을
철저하게 바꾸어야 한다고 생각하는 사람들은 많지 않은 것같다. 그래서
기후위기의 심각성을 자각한 사람들은 "지금이 아니면 내일은 없다" "지
금 이 순간에도 멸종은 진행되고 있습니다. 얼마나 더 많은 것들이 사라져
야 소비를 멈추고 세상을 온전히 바라볼 수 있을까요? 더이상 '나중'은 없
습니다. 이미 늦었습니다."[2] 라며 지구를 살리기 위해 지금 당장 행동할
것을 주장한다. 생태운동가가 그레타 툰베리는 이렇게 절규하고 있다.[3]

　　저는 어른들이 희망을 품기를 바라지 않습니다. 저는 어른들이 두
　　려워하기를 바랍니다. 저는 어른들이 제가 매일 느끼는 공포를 느
　　끼기를 바랍니다. 그리고 저는 어른들이 행동하기를 바랍니다. 저
　　는 어른들이 우리 집이 불타고 있는 것처럼 행동하기를 바랍니다.
　　왜냐하면 우리 집이 지금 불타고 있기 때문입니다.
　　우리 집이 불타고 있습니다. 그러니 행동하기 바랍니다.…지구 평

---

2) http://climate-strike.kr/demand/
3) 그레타 툰베리 외, 고영아 역, 『그레타 툰베리의 금요일: 지구를 살리는 어느 가족 이야기』 서
　울: 한솔수북, 2019.

균기온이 지금보다 섭씨 2도가 높아지면 우리에게 남은 미래는 없습니다. 해수면이 65미터 상승하고, 생물종이 대량으로 멸종하여 대양이 보라색으로 변하고 산성화될 것이며, 지구 전체는 불타오르듯 뜨거워질 것입니다. 섭씨 2도의 목표를 달성하기까지 남은 시간은 18년 157일뿐입니다.

우리의 지구 생태계가 이렇게 심각한 위기 상황에 있는데 우리의 교회와 그리스도인들은 이에 대해 어떤 반응을 보이고 있을까? 이처럼 심각한 기후위기 시대에 우리 교회는 얼마나 하나님의 창조세계 살리기를 신앙의 문제, 환경선교의 문제로 인식하고 있을까? 긍정적인 대답을 얻어내기 어려운 경우들이 많이 있다고 본다. 그러나 만약 우리가 하나님사랑, 이웃사랑을 금과옥조처럼 여긴다면 우리 자신을 위해서뿐만 아니라 우리 이웃을 위해서 인류 생존의 터전인 지구생태계를 살리기 위한 노력을 매우 중요한 신앙의 문제요 환경선교의 문제로 인식해야 할 것이다.

다음으로 우리 시대의 또 다른 심각한 문제는 인류 공동체를 파괴하고 있는 양극화 문제이다. 2021년 12월 7일, 프랑스 파리에 위치한 세계불평등연구소World Inequality Lab는 소득, 부, 성별, 환경 등의 분야에서 사회 경제적 불균형을 연구한 세계 불평등 보고서를 발간했는데 보고서의 내용에 대해 BBC는 다음과 같이 요약하고 있다.

2020년 억만장자들의 재산이 역사상 가장 가파르게 증가했다. 반면약 1억 명의 사람들은 극심한 빈곤에 빠졌다. 현재 상위 소득 10%는 전 세계 소득의 52%를 차지하고 있지만, 하위 50%는 8%에 불과하다. 1995년 이후 억만장자의 재산은 1%에서 3%로 증가했다. 보고서는 "코로나 팬데믹 기간 증가세는 더욱 심해졌다. 2020년은 세계 억만장자들의 재산 점유율이 역사상 가장 가파르게 증가한 해"였다고 밝혔다.… 세계 상위 1%는 1995년 이후 축적된 부의 3분의 1 이상을 가져간 반면, 하위 50%에게는 2%만 주어졌다. 루카스 챈슬 WIL 공동 소장은 AFP 통신에 "코로나19가 18개월 이상 이어지면서, 세계는 더욱 양극화되고 있다"고 설명했다. 그는 또한 "억만장자들의 부는 3조6000억유로약 4776조5520억원 이상 증가했지만, 1억 명은 극빈층 대열에 합류했다"고 했다. 극빈층이 지난 25년 동안 감소해왔던 것과 대조적인 결과다. 보고서는 다음과 같이 결론 내렸다. 2021년 전 세계 성인의 평균 소득은 1만6700유로약 2216만원였고 평균 자산은 7만2900유로약 9672만원였다. 평균적으로 전 세계 소득 분포 상위 10%는 연간 8만7200유로약 1억1568만원를 벌고 있다. 하위 50%는 연간 2800유로약 371만원을 번다. 가장 가난한 하위 50%는 전 세계 부 2%만 차지하고 있는 등, 소유하고 있는 자산이 거의 없었다. 상위 10%가 모든 부의 76%를 소유하고 있다. 연구원들은 세계에서 가장 부유한 52명의 경우, 지난 25년 동안 매년 9.2%씩 부의 가치가 증가했다는 부분도 주목했다. 이는 다른 집단을 훨씬 웃도는 수치다.

　　2003년의 통계이긴 하지만 세계은행의 보고서를 보면, 12억의 사람들이 극심한 가난 속에서 살아가고 있는데 그들은 하루에 1달러 이하의 돈으로 살아가고 있다. 12억 사람들 외에도 16억의 사람들도 가난한데 그들은 하루 2달러 이하의 돈으로 살아가고 있다. 그러니까 세계인구의 절반에 가까운 사람들이 하루에 2달러 이하의 돈으로 살고 있는 것이다. 옥스팜 자료에 따르면 매일 3만 명의 어린아이들이 굶주림과 예방 가능한 질병으로 죽는다고 한다.[4]

이렇게 우리는 지금 소수의 엄청난 부자와 수많은 가난한 자들이 공존하는 시대를 살고 있다. 우리 교회와 그리스도인은 이러한 심각한 양극화의 문제를 어떻게 생각하고 있을까? 심각한 양극화 시대 속에서 교회와 그리스도인이 수행해야 하는 선교적인 과제는 무엇일까?

2021년 9월 "부동산회사 주택 24만채 몰수, 공공임대 전환""베를린 주민투표 56% 찬성"이라는 제목의 기사를 보고 크게 감동한 적이 있다. 다음은 한겨레신문의 보도이다.[5]

독일 수도 베를린의 시민 과반수가 최근 몇 년 사이 기록적으로 치솟은 주택 임대료를 잡기 위해 대형 부동산업체 소유 주택 24만채를 몰수하는 조치를 지지했다. 27일현지시각 베를린에 아파트 등 주택 3000채 이상을 보유한 민간 부동산업체의 주택을 강제 수용해 공공임대로 돌리는 방안에 대한 베를린 주민투표를 집계한 결과, 56.4%가 찬성표를 던진 것으로 나타났다고 〈데페아〉DPA가 보도했다. 반대표는 39.0%에 그쳤다.… 이번 주민투표는 2019년 이래 대형 부동산업체가 보유한 주택을 몰수해 공공임대 주택으로 전환해야 한다고 주장해온 '도이체보넨 몰수 운동' 등이 발의해 이뤄진 것이다. 이 운동 단체의 이름에 포함된 도이체보넨은 독일 전역에 15만5천여채를 보유한 대표적인 부동산기업으로 프랑크푸르트 증시

---

4) 로널드 사이드, 한화룡 역, 『가난한 시대를 사는 부유한 그리스도인』 (서울: IVP, 2009), 23.
5) https://www.hani.co.kr/arti/international/europe/1012983.html

에도 상장돼 있다. 도이체보넨 몰수 운동은 이번에 새로 구성되는 베를린 시정부에 이번 주민투표에서 확인된 민심을 즉각 이행하도록 압력을 행사할 것이라고 밝혔다. 이 단체의 칼레 쿤켈은 "우리는 이번 투표로 주민 의사가 확인된 조처를 중단하거나 연기하려는 어떤 시도도 받아들이지 않을 것"이라며 "우리는 부동산업체의 주택에 대한 공공소유가 이행될 때까지 포기하지 않겠다"고 의지를 보였다.

만약 누군가가 우리나라에서 부동산회사 주택 24만 채를 몰수해서 공공임대 주택으로 전환하자고 주장한다면 어떻게 될까? 당장 좌파, 빨갱이라는 비난의 화살을 받을 것이다. 목사, 장로, 그리스인이라고 크게 다르지 않다고 본다. 아니 더 극렬하게 좌파 빨갱이로 몰아갈지 모르겠다. 왜 이런 상황이 되었을까? 그것은 우리가 믿는 하나님, 우리가 믿는 예수님이 어떤 분인지 모르기 때문일 것이다.

우리 교회와 그리스도인은 "가난한 자를 학대하는 자는 그를 지으신 이를 멸시하는 자요"잠 14:31 "가난한 자를 불쌍히 여기는 것은 여호와께 꾸어 드리는 것이니"잠 19:17라는 말씀을 얼마나 진지하게 생각하고 있을까? 여기서 하나님은 스스로를 가난한 자와 동일시하고 계시는 것을 볼 수 있는데 우리는 얼마나 가난한 자들에 대한 선교적 사명을 중요하게 생각하고 있을까?

또한 우리가 주님이라고 믿는 예수님도 마 25장에서 가난한 자, 억눌린 자들을 자신과 동일시하신 것을 볼 수 있다. 그래서 예수님은 자기를 따르는 자들에게, 굶주린 자를 먹이지 않고 헐벗은 자를 입히지 않고 감옥에 갇힌 자들을 돌보지 않는 이들은 영원한 저주를 받게 될 것이라고 강력하게 경고하셨다마 25:31-46. 뿐만 아니라 "예수님은 나병환자와 멸시받는 여인들 그리고 소외된 사람들을 섬기는 데 대부분의 시간을 보내셨다. 예수님은 병든 자와 눈먼 자를 고치시고 굶주린 자들을 먹이셨다.… 하나님이 인간의 육신을 취하신 역사상 최고 순간에도 그분은 여전히 가난하고 억눌린 자들을 해방시키셨으며 자기 백성들이 그와 같은 일을 하도록 부르셨다. 이것이 바로 그리스도인들이 가난한 자들에게 관심을 가져야 하는 주된 이유다."6

우리가 이렇게 예수님을 제대로 이해하고 있다면 우리 그리스도인들이 어떻게 세상 사람들과 똑같이 자본주의적인 사고방식과 자본주의적인 삶의 방식을 무조건 옳은 것인양 무조건 따를 수 있을까?

이제 우리는 기후위기와 양극화 위기시대를 맞아 새로운 변화, 철저한 변화를 요구받고 있다. 변하지 않으면 생존할 수 없고, 변하지 않으면 지구공동체의 파멸과 인류공동체의 파멸을 피할 수 없을 것이다. 마찬가지로 우리 교회와 그리스도인 역시 변하지 않으면 교회의 쇠락을 막을 수 없고, 교회들이 술집이나 문화센터 등으로 바뀌거나 문을 닫는 사례들이 속출했던 유럽교회의 전철을 밟지 않을 수 없을 것이다.

이러한 문제의식을 가지고 최근 발표했던 글들을 모아 『기후위기와 지구윤리』라는 제목의 책을 펴내게 되었다. 이 책은 주로 21세기 최고의 화두인 기후위기와 생태위기 문제를 다룬다는 점에서 의미가 있지만, 필자에게 이 책은 더욱 특별한 의미를 지니고 있다. 왜냐하면 필자가 대전신학대학교에서 35년간의 교수생활을 마치게 되면서 이 책을 은퇴기념도서로

---

6) 로널드 사이드, 한화룡 역, 『가난한 시대를 사는 부유한 그리스도인』, 93.

만들었기 때문이다.

이 책은 크게 네 부분으로 구성되는데 맨 앞 부분에서는 "나의 신학이란 무엇인가?"를 정리하였고, 1부에서는 "기후위기와 지구윤리"라는 제목 하에 1장 기후위기시대, 지구윤리적 과제, 2장 기후위기시대, 기독교의 과제, 3장 기후위기시대, 생태목회의 과제, 4장 생태학적 위기와 기독교, 5장 코로나19와 한국교회, 6장 21세기의 폭력과 기독교의 샬롬을 다루었으며, 2부에서는 필자의 지인분들과 졸업생들이 기억하는 정원범 교수에 대한 인상이나 추억의 글들을 모았으며, 부록에서는 학술대회 자료집, 기독공보, 목회와신학 등에 실었던 글들과 총회의 집필위원과 집필위원장으로 참여해서 만들었던 신학문서들, 그리고 KDI^{한국개발연구원} 국제학교 유학생들을 대상으로 매주일 모여 찬양도 하고, 말씀도 나누고, 식사도 같이 나누고 있는 주일모임 멤버들이 발표했던 간증문을 모아보았다. 부록1. 생명문명으로의 전환을 위한 코로나19의 교훈^{제4회 한국교회 생명신학포럼 자료집} 부록2. 교회의 신뢰회복과 공공성 회복^{목회와 신학} 부록3.인간의 고난, 하나님의 고난 그리고 우리의 태도 부록4. '아크라 신앙고백' 반포 10주년 기념 WCRC 동북아시아 컨설테이션을 다녀와서^{기독공보} 부록5. "치유와화해의 생명공동체운동 10년 신학문서"^{총회문서} 부록6. 평화선교지침^{총회문서} 부록7. 목회자윤리지침^{총회문서} 부록8. Antoinette의 간증문 부록9. Larrisa의 간증문 등이다.

매우 바쁜 출판 일정임에도 불구하고 본서가 출판될 수 있도록 특별한 배려를 해주신 배용하 사장님에게 감사를 드리며, 본서의 출판을 위해 후원해주신 세광교회의 최공칠 목사님과 당회의 장로님들에게 진심으로 감사를 드립니다. 그 외에도 뜻깊은 은퇴식 준비를 위해 수고해주신 은퇴준

비위원회 공동위원장: 김남식목사님, 조병상목사님, 백영기목사님, 임채광교수님, 조현상교수님, 총무: 이세영목사님, 최종훈목사님에게 깊은 감사를 드리며, 은퇴를 축하하는 마음으로 은퇴식 경비와 출판비 등을 위해 후원을 해주신 모든 분들과 '내가 만난 정원범교수'라는 제목으로 따뜻한 마음과 분에 넘치는 내용의 추억의 글들을 써주신 지인분들과 대전신대 졸업생 여러분들에게 진심으로 감사를 드립니다.

부족한 사람이 35년간의 교수생활을 잘 마칠 수 있도록 기도와 모든 면으로 도움을 아끼지 않은 아내 김난예교수, 마지막 학기 종강을 했는데도 은퇴식이 없는 걸 보고 깜짝 은퇴파티를 열어주면서 최고아버지상과 최고 시아버지상까지 선물해준 두 아들, 우주와 하은목사, 두 며느리 유재아와 정은아, 그리고 은퇴식 특순을 맡기로 해준 세계적인 플루티스트 유재아 며느리에게 진심으로 감사를 드립니다.

부족하기 이를 데 없는 사람을 오늘에 이르기까지 인도해주셔서 하나님나라의 귀한 사역을 감당할 수 있게 해주신 하나님의 크고 놀라운 은혜에 감사를 드리며, 성부, 성자, 성령 삼위일체 하나님께 영광과 존귀와 찬송을 올려 드립니다.

바라기는 본서를 통해 조금이라도 예수정신, 하나님나라정신을 핵심으로 하는 교회의 본질이 회복되기를 바라고, 한국교회의 신학과 목회와 선교의 패러다임이 문명사적 전환기에 부합되는 방향으로 조금이라도 전환되는 역사가 일어나기를 소망하며, 그럼으로써 우리 교회가 한국사회에서 복이 되고 하나님께 영광이 되기를 간절히 기도합니다.

나의 신학은 무엇인가?

한국교회 역사상 유례가 없는 최고의 인물로서 목회자의 표상인 고 이자익 목사님에 의해 1954년에 개교된 대전신학대학교는 주님의 은혜 가운데 4000명에 이르는 교회의 목회자들과 지도자들을 길러내며 중부권을 대표하는 신학교로서 성장해왔다.

필자는 대전신학대학교에 1987년 부임하였는데 그때의 학교는 현재의 도서관 건물과 허름한 단층 기숙사 건물이 전부였고, 학생수 120여 명, 전임 교수 3명밖에 안 되는 아주 조그만 신학교였고, 필자가 부임한 후 몇 개월이 지나자 교수 한 분이 학교를 떠나시고, 이어서 이디모데 학장님이 안식년으로 미국으로 떠나시게 되어 갑자기 학장대리가 되어서 14개월 동안 강의 준비 외에도 403평 기숙사 건물을 직영으로 건축하게 되었을 때 벽돌이 제대로 들어왔는지 챙겨 보던 일, 대학인가를 위해 이시우 이사장님과 함께 문교부 직원을 찾아갔던 일, 단층 기숙사 건물이 있었던 소나무밭에서 소나무를 베어내며, 도서관 건물 앞마당을 넓히기 위해 수많은 덤프트럭으로 흙을 부어서 부지를 넓혀가려고 했을 때 밤새도록 소나기가 쏟아지면 다져지지 않은 흙들이 무너져 내릴까 봐 걱정이 되어서 밤중에 학교를 찾아왔던 일, 그렇게 헌신하였음에도 불구하고 학장님이 미국에서 돌아왔을 때 필자가 학교의 돈을 횡령했다고 학생들이 청문회를 열어서 수모를 당하게 했던 일, 밤낮없이 학교 일을 하다가 몇 번 쓰러지다 병원에 한 달간 입원했던 일 등을 경험하였는데 이때의 일들은 2014년 이후 발생한 학내 사태 때 경험한 일들에 비하면 아주 사소한 일에 불과했다.

2014년 이후 2018년까지 지난 5년 동안 교수채용 비리, 대학원 입시 비리, 끝없이 반복되는 보직 임명과 해임, 2년여 동안 교수회의 없는 학사 운영 등 여러 파행적 학교 운영, 지속적인 교수 징계 등으로 인해 학교 이미지가 추락하면서 학생 수가 점차 줄어들었고, 후원금 모금 운동도 벌이지 못한 상황에서 자구책을 마련하지도 못함으로 인해 학교는 수개월 동안 교직원 봉급을 주지 못하게 되는 절박한 위기 상황에 처하게 되었다.

이런 위기 상황을 접하게 된 동문들 가운데 세 개의 동문 그룹대전신대 살리기위원회, 대전신대 정상화 및 飛上 推進위원회, 전 총장전 이사장 그룹에서도 이전을 반대하고 있고, 교수협의회도 이전을 반대하고 있고, 학생들 다수도 이전을 반대하고 있음신대원생 2학년과 3학년생 59명 중 44명 응답에 40명이 이전을 반대함에도 불구하고 총장, 서기이사, 이사장은 자신들이 주도하는 혁신추진위원회를 통해 학교 축소 이전 이외에는 답이 없다며 이전을 강행 추진하고 있는 모습이 너무 안타까웠다.

지난 수년 동안 학교 측의 파행적 운영으로 인해 학교가 파국을 맞을까봐 안타까운 마음을 가졌던 10명의 전체 교수들은 2015년부터 전임 총장과 이사회의 파행적 운영에 대해 십여 차례에 걸쳐 문제를 제기하게 되었는데 그러자 2018년 2월 연임 임명을 받은 총장과 이사회는 정년이 보장된 정교수 4인필자 포함을 직위 해제하는 징계를 내렸다. 그러나 징계는 거기서 끝나지 않았는데 연임된 총장을 필두로 하여 그에 의해 정상적인 교수 청빙을 위한 어떠한 절차도 없이 교수로 들어왔고, 들어오자마자 주요보직을 맡았던 비정년트랙 3인 교수들과 이사회는 2018년 8월, 필자에게 교수직을 완전히 박탈하는 해임 조치를 내렸다. 이렇게 필자는 2018년 2월부터 평생 한 번도 경험해보지 못한 다양한 일을 경험했는데 이사회 15명15명 중 동문 이사들이 11명과 감사 2명이 있는 자리에서 그리고 수차에 걸친 5인 징계위원회에서 모욕스러운 취조를 당하기도 하고, 총장에 의해 경찰서 고발을 당하기도 하고, 총장에 의해 연구실이 폐쇄되는 고통을 당하기도 하고, 모 동문으로부터 전화로 쌍욕을 당하기도 하고, 동문에 의해 연구실 문이 파손되는 간접폭력을 당하기도 했다. 그러나 주님의 은혜 가운데 교육부 소청심사위원회를 통해 징계 무효결정이 내려졌고, 감사하게도 2019년 2월에 복직하여 이렇게 35년 동안의 교수 생활을 마치게 되었으니 참으로 하나님의 크신 은혜가 아닐 수 없다.

지난 35년간의 학교 상황을 보면, 1987년 학생 수 120여 명, 전임 교수 3명이었던 조그만 규모였던 학교가 건물 규모에서는 1990년에 403평 규모의 기숙사 건립, 2004년, 문성모총장에 의해 2,730평 규모의 본관동 건립 등으로 확장되었고, 학생 수는 1987년, 120여 명 선에서 2010년대 초반에는 약 600명 선으로 성장하였고, 교수 수도 1987년 3명에서 2013년 11명으로 성장하였다. 그러나 너무 안타깝게도 이렇게 성장하던 학교가 2014년 이후 전임 총장과 이사회의 파행적인 학교 운영으로 인해 2021년 현재 학생 수가 200명도 안 되는 수준으로 쇠락하고 말았다.

필자는 이제 은퇴를 하게 되지만 현재의 학교상황을 보면 안타까운 마음 그지없다. 현실적으로도 불가능할 뿐 아니라, 조건이 구비되어도 학교 구성원 다수가 반대하면 절대로 이전할 수 없음에도 불구하고 학교는 왜 그토록 이전만을 주장해왔을까? 전임 총장의 불법과 이사회의 불법적인 학사개입으로 인해 교육부로부터 총장과 이사장이 해임되었는데 어떻게 아무도 사과를 하는 사람도 없고, 책임지는 사람도 없는 것일까? 사과나 책임지는 것은 고사하고 학교 문제의 원인이 교수들에게 있는 양, 오히려 교수들을 음해하고, 모욕적인 언사와 거짓된 정보를 가지고 교수들을 공격하는 일을 계속하기도 하고, 징계받았던 교수가 교육부 교원소청심사위원회를 통해 해임징계 무효결정을 받고 학교에 돌아왔는데도 이미 몇 번의 징계를 받았던 교수를 또다시 징계하고 있으니 신학교가 어떻게 이렇게까지 할 수 있을까? 안타까운 마음 그지없다. 이렇게 마음이 안타까운 이유는 오늘의 상황이 문명사적으로 혁명적인 변화가 밀려오고 있고, 학령인구의 현저한 감소현상으로 인해 대학의 존립이 위태로운 상황이기 때문이기도 하지만 더욱 안타까운 것은 이런 상황 속에서 보다 근원적인 해법을 잘 찾아가는 것 같아 보이지 않기 때문이다.

새로 이사가 된 분들 가운데는 '나는 대전신학교의 과거에는 관심이 없다. 지금의 학교 상황에서 학교를 어떻게 위할 것인가만 생각하고 있다'고 말했다는 이야기를 들었다. 그러나 과거에 대한 성찰이 없이 어떻게 새로운 미래가 열릴 수 있을까? 결코 그럴 수 없다고 본다. 왜냐하면 아우슈비츠 수용소에 적혀 있다는 말 그대로 "기억하지 않는 역사는 되풀이 된다"는 말이 진실이기 때문이며, "역사를 잊은 민족에게 미래는 없다"는 말처럼 대전신학대학교의 어두운 과거를 무시한 채 신학교의 밝은 미래를 건강하게 펼쳐갈 수는 없기 때문이다. 그러나 문제의 원인이 어디에 있었는가를 제대로만 성찰하게 되고, 혁명적인 변화의 시대에 어떻게 대응해 나가야 하는지 나아갈 방향을 제대로만 설정하고, 하나님만이 주인 되는 신학교, 예수정신으로 충만한 신학교로 세우고자 한다면 지금의 위기를 얼마든지 새로운 변화와 도약의 기회로 만들 수 있다고 본다.

지난 7년 동안의 부끄러운 역사 속에서 교수들이 당한 수모들이 떠오르게 될 때 내가 지난 35년간 신학을 가르쳐온 결과가 고작 이런 것인가 하는 자괴감이 들었고, 자괴감을 떨쳐보기 위해 지금까지 당신이 가르쳐온 "당신의 신학은 무엇인가?"를 자문하며 이에 대한 답변을 정리해 본다. 한국교회에 대한 신뢰가 바닥으로 떨어진 지금, 그리고 우리 신학교가 심각한 위기에 빠져 있는 지금, 하나님이 계시니 그래도 한국교회에 희망이 있다는 생각을 가지면서, 그리고 인위적으로 불가능하던 일이 위기를 만나면 새로운 변화가 만들어질 수 있다는 생각을 하면서, 그리고 한국교회와 신학교의 미래가 올바른 예수정신, 올바른 신학이해에 달려 있다는 생각을 하면서 "나의 신학"을 정리해 본다.

당신의 신학은 무엇인가? 라고 묻는다면 나의 신학은 한마디로 하나님 나라 신학이라고 말할 수 있다. 예수님의 가르침과 사역의 핵심이 하나님 나라였기 때문이다. 예수님이 그것을 위해 살다가 그것을 위해 죽으신 것이 있다면 그게 무엇일까? 바로 하나님 나라이다. 그러므로 예수님을 따라 사는 우리그리스도인과 교회와 신학교는 하나님 나라 신학을 추구해야 한다. 하나님 나라를 추구하는 신학이란 영혼만의 구원이 아니라 하나님의 우주적인 구원, 전인적인 구원을 추구하는 신학이고, 교회 울타리 안에 갇혀 있는 신학이 아니라 교회 울타리와 교파 울타리를 넘어서 인간의 삶의 영역인 온 세상에서의 하나님 주권의 실현을 추구하는 신학이고, 하나님의 통치가 온 세상에서 구현되는 것을 추구하는 신학이다. 그럼으로써 하나님께 영광을 돌리는 신학이다.

"이는 만물이 주에게서 나오고 주로 말미암고 주에게로 돌아감이라 그에게 영광이 세세에 있을지어다 아멘."(롬 11:36)

1) 나의 신학은 하나님 나라 신학이다:

나의 신학은 기독교 신앙의 정체성을 확립해줄 뿐만 아니라 동시에 21세기 문명 상황의 요구에 부응할 수 있는 살아 있는 신학으로 그 정체성을 삼아야 하는데 그것은 바로 하나님 나라 신학이다. 왜냐하면 기독교 신앙의 주가 되시는 예수님의 사역과 가르침의 핵심이 바로 하나님 나라였기 때문이다.

2) 하나님 나라 신학의 토대는 삼위일체 하나님이다:

하나님 나라 신학의 토대는 성부, 성자, 성령 세 분 하나님이 친밀한 사귐을 나누는 가운데 상호관계적인 공동체로 존재하는 삼위일체 하나님이다.

3) 하나님 나라 신학의 유일한 표준은 예수님이다:

예수님을 모델로 하는 하나님 나라 신학은 그 유일한 표준이 예수님이므로 예수 따라 사는 삶을 추구하는 신학이고, 철저하게 예수정신의 사람을 길러내는 신학이다. 예수정신의 사람이란 자신의 이익자신의 정치적인 이해관계나 권력이나 돈이나 명예이나 자기 교회나 자기 교단의 이익에 따라 행동하는 것이 아니라 철저하게 하나님나라의 대의를 따라 행동하는 사람을 의미한다. 그리고 하나님나라의 대의를 추구한다는 것은 개교회주의, 교파주의, 교권주의, 성공주의에 갇혀서 지구생태계와 사회적 약자들의 아픔에는 무관심한 채 세속적인 삶의 방식에 따라 교회성장, 교회부흥, 목회성공만을 좇는 삶이 아니라 억압, 착취, 불의, 차별, 혐오, 분쟁이 있는 세상 속에서 예수님 마음, 예수님 정신을 가슴에 품고 이 땅위에 하나님의 자유와 해방, 하나님의 평등, 하나님의 정의, 하나님의 사랑, 하나님의 화해와 평화, 하나님의 치유와 회복이 이루어지도록 노력하는 삶을 의미한다.

4) 하나님 나라 신학은 하나님 나라 구현을 목표로 하는 선교적 신학이다:

하나님 나라 신학은 예수님의 사역이 그러했듯이 하나님 나라의 구현을 목표로 하며, 우리가 살아가는 삶의 모든 구체적인 영역에서 하나님나라의 가치, 곧 하나님의 자유와 해방, 하나님의 평등, 하나님의 정의, 하나님의 사랑, 하나님의 화해와 평화, 하나님의 치유와 회복의 가치를 실천하려고 노력하는 실천지향적인 신학이고, 선교지향적 신학이다.

5) 하나님 나라 신학은 공동체 형성을 목표로 하는 공동체 신학이다:

하나님 나라 신학은 공동체로 존재하는 삼위일체 하나님을 본받아 교회 공동체, 마을공동체, 남한공동체, 남북한민족공동체, 디아스포라 민족공동체, 아시아 공동체, 인류공동체, 지구공동체 형성을 지향하는 공동체 신학이다.

6) 하나님 나라 신학은 교회를 위한 신학이며 동시에 세상 참여적이고, 사회 책임적이며, 역사 변혁적인 신학이다:

하나님 나라 신학은 교회를 위한 신학이며 동시에 세상의 빛과 소금이 되기 위해 교회 울타리, 교단 울타리, 교파 울타리를 넘어서 세상 속으로 나아가고자 하는 세상 참여적이고, 사회 책임적이며, 역사 변혁적인 신학이다.

7) 하나님 나라 신학은 통전적이고, 융복합적인 신학이다:

하나님 나라 신학은 텍스트와 콘텍스트, 이론과 실천, 영성과 신학, 신학과 윤리, 영성과 윤리, 통성기도와 침묵기도, 기도와 행동, 신학과 인문학, 신학과 사회과학, 신학기도과 정치, 신학기도과 경제, 신학과 과학, 신학과 예술, 교회와 사회, 신학교와 현장, 인간과 자연, 영혼과 육체, 개인과 공동체, 복음주의 신학과 에큐메니컬 신학 등을 아우르는 통전적이고, 융복합적인 신학이다.

8) 하나님 나라 신학은 성숙한 교회지도자 양성을 목표로 하는 신학이다:

하나님 나라 신학은 사회의식, 공동체의식, 역사의식, 정의·평화의식, 세계시민의식을 가진 성숙한 지성인, 성숙한 교회지도자 양성을 목표로 하는 신학이다.

9) 하나님 나라 신학은 지역사회를 섬기는 로컬신학이고, 동시에 지구시민 의식을 가지고 세상을 섬기는 글로벌 신학이며, 이 점에서 하나님 나라 신학은 공공신학이다:

하나님 나라 신학은 사회 책임적이고, 세상 변혁적인 사명을 수행하기 위해서 "2015년 제 70차 UN총회에서 2030년까지 달성하기로 결의한 의제인 지속가능발전목표SDGs:Sustainable Development Goals" 즉, 모든 형태의 빈곤과 결핍의 횡포로부터 인류를 해방시키고, 지구를 치유하며 보호할 것을 결의하고 나선 UN의 지속가능발전 목표를 목회현장과 선교현장에 접목하려고 노력하는 로컬신학이고, 글로벌 신학이다.

10) 하나님 나라 신학은 하나님의 풍성한 생명을 추구하는 지구적인 생명신학이다:

하나님 나라 신학은 인간의 생명과 환경을 죽이며, 억압과 착취와 수탈을 일삼는 제국주의, 신자유주의, 거대다국적 기업, 투기자본세력, 부패한 권력 등 온갖 불의한 죽임의 세력에 저항하며, 사회적 약자들이 모두 함께 더불어 살아가는 세상이 되도록 노력하는 공존, 상생의 신학이고, 그동안 인간이 자연을 약탈했던 오만과 무한 성장, 무한생산, 무한소비를 누리겠다는 탐욕으로 인해 코로나 위기와 엄청난 기후재앙이 일어나고 있다는 사실을 직시하며, 인간과 자연의 공존, 사회적 약자들과의 공존을 추구하는 생태, 생명신학이다. 이렇게 해서 하나님 나라 신학은 온 세상이 하나님의 풍성한 생명을 향유하는 세상이 되도록 노력하는 지구적인 생명신학이다.

11) 하나님 나라 신학은 하나님의 샬롬을 추구하는 정의로운 평화신학이다:

하나님 나라 신학은 불의와 폭력이 난무하는 반평화적인 세상을 하나님의 정의와 평화가 넘치는 세상으로 변화시키기 위해 노력하는 정의로운 평화신학이다. 여기서 정의체다카란 해방하는 정의, 즉 억압받는 자를 구출하고 풀어주는 정의이고, 공동체 회복의 정의, 즉 힘없는 자와 버림받은 자를 언약의 공동체 안에서 그들의 정당한 지위로 복권하는 정의이다. 또한 평화샬롬란 건강, 안전, 발전, 정의, 사랑, 평안, 구원 등 인간의 영적이고 물질적인 측면에서의 복지wellbeing를 모두 포함하는 개념으로, 인간의 삶의 모든 관계 차원, 즉 하나님과 인간과의 관계, 나와 자기 자신과의 관계, 나와 이웃과의 관계, 인간과 자연과의 관계, 국가와 국가와의 관계 등 인간 삶의 총체적 차원에 있어서의 올바른 관계를 의미한다.

12) 하나님 나라 신학, 하나님 나라 목회, 하나님 나라 선교는 철저하게 성
    령의 역사하심을 의지하는 신학이다:

　　하나님 나라 신학, 하나님 나라 목회, 하나님 나라 선교는 예수님의 사
역이 그러했듯이 성령의 역사가 아니면 이루어질 수 없다. 따라서 하나님
나라 신학과 하나님 나라 목회, 하나님 나라 선교는 철저하게 성령의 인도
하심을 따라 삶의 현장인 세상 속에서 하나님의 뜻을 이루고, 세상 속에서
하나님 나라를 구현하고자 하는 신학이며, 그럼으로써 하나님께 영광을
돌리고자 하는 신학이다.

1부

■

기후위기와 지구윤리

1장 • 기후위기 시대, 지구윤리적 과제*

Ⅰ. 들어가는 말

　오늘날 지구는 기후위기로 인해 가장 위험한 상황에 처해 있다. 세계 곳곳에서 일어나고 있는 기후재난 상황이 지구생태계 붕괴의 서막을 잘 보여주고 있기 때문이다. 최근 일어난 극단적인 이상기후 현상만 간단히 보면, "지난 7월 독일, 벨기에, 네덜란드, 룩셈부르크 등 서유럽 국가들은 이틀 동안 100년 만의 최대치 폭우가 쏟아졌다. 평균 한 달치에 해당하는 강우량인 100㎜ 이상의 비가 만 하루만에 퍼부은 것이다. 이로 인해 200명이 넘은 사람이 목숨을 잃었다. 비슷한 시기, 미국과 캐나다는 극심한 폭염에 시달렸다. 캐나다에서는 700명이 넘은 사람이 숨졌다. 지난 10월 24일에도 미국 캘리포니아는 하늘이 뚫린듯한 폭풍우가 쏟아졌다. 이날 강수량도 100mm를 훌쩍 넘겼고, 새크라멘토 서쪽지역에선 150mm 이상 내렸다. 샌프란시스코, 산타로사, 소노마 등의 거리와 주택도 물에 잠겼다. 엎친 데 덮친 격으로 미국 일부 지역에선 최대 시속 112km의 강풍이 불었다."[1] 이러한 가뭄, 홍수, 폭염 등 이상기후 현상은 최근 50년 사이 5배나

---

1) http://www.ohmynews.com/NWS_Web/View/at_pg.aspx?CNTN_CD=A0002782898

---

* 이 글은 2021년 12월 11일 한국문학치료학회 세미나에서 동영상녹화로 발표한 글임.

늘었다고 한다. 이대로 가다가는 인류의 생존을 누구도 장담할 수 없는 상황이다. 실로 기후붕괴의 시대가 아닐 수 없다.

이러한 기후붕괴의 시대에 직면해서 인류가 생존하기 위해서 필요한 것은 무엇일까? 그것은 바로 지구생태계를 살리기 위한 전지구적인 윤리가 아닐까? 이러한 문제의식을 가지고 필자는 2장에서 극단적인 이상기후 현상에 대해서, 3장에서 기후위기의 원인에 대해서 살펴본 후에 4장에서 기후위기 극복을 위한 지구윤리적 과제를 제시하고자 한다.

Ⅱ. 극단적인 이상기후 현상

페테리 탈라스 WMO세계기상기구 사무총장과 WMO가 발표한 '잠정 세계 기후 현황 2021' 보고서가 지적했듯이 이제는 극단적인 기상 현상이 새로운 표준뉴 노멀이 되었다. "지난 11월 31일부터 영국 글래스고에서 유엔기후변화협약 당사국총회COP26가 열리는 가운데 기록적인 온실가스 농도와 온도 상승이 지구를 미지의 영역으로 진입시켰다고 세계기상기구WMO가 경고했다. 지난 7년은 기록상 가장 더운 7년이며, 해수면 상승과 해양 온도도 역대 최고치를 기록하고 있다는 분석이다. 전 세계에서 폭염으로 역대 최고 온도 기록을 찍고 그린란드 빙하에는 역대 처음으로 비가 내리는 등 극한 기상 현상이 이제는 새로운 규범을 뜻하는 '뉴 노멀'이 되었다는 경고도 나왔다."[2]

이러한 이상기후 현상의 원인은 주로 온실가스 때문이다. "보고서에 따르면 2020년 온실가스 농도는 관측 이래 역대 최고치에 도달했다. 이산화탄소 농도는 413.2ppm100만 분의 1, 메탄 농도는 1899ppb10억 분의 1, 아산화질소 농도는 333.2ppb를 기록했다. 산업화 이전과 비교하면 이산화탄소는

---

2) https://m.dongascience.com/news.php?idx=50268

149%, 메탄은 262%, 아산화질소는 123% 늘어난 수치다.… 해수면도 점차 빠르게 높아지고 있다. 위성으로 측정한 전 세계 평균 해수면 상승은 1993년에서 2002년 사이 연간 2.1mm에서 2013년부터 2021년 사이 연간 4.4mm로 두 배 이상 증가했다.”[3] 보고서의 내용을 소개하고 있는 동아사이언스의 기자는 지구온난화로 인해 최근에 발생했던 이상기후 현상에 대해 이렇게 설명한다.[4]

빙하 또한 빠르게 녹고 있다. 북아메리카 빙하 손실은 지난 20년간 빠르게 가속화돼 2015년부터 2019년 사이 빙하 손실량이 2000년에서 2004년 대비 2배 높은 것으로 나타났다. 그린란드 빙상은 초여름까지는 장기 평균에 가깝게 녹았으나 8월 폭염의 여파로 평소보다 훨씬 빨라졌다. 8월 14일에는 그린란드 꼭대기 해발 3216m 지점에서 수 시간 동안 비가 관찰됐다. 이곳에 비가 내린 것은 역대 처음이다. 그린란드 꼭대기가 녹는 현상도 나타났다. 이 지점이 녹는 것은 지난 9년 동안 세 차례 발생했다. 그린란드 빙핵 분석에 따르면 꼭대기가 녹는 현상은 지난 세기 단 한 차례만 일어났다.

기후변화의 여파로 지구 곳곳은 극한 이상기후에 시달려야 했다. 6월과 7월에는 폭염이 북아메리카 서부를 덮치면서 곳곳에서 기존 기록을 4~6도 경신했다. 캐나다 브리티시컬럼비아주 리턴은 6월 29일 49.6도를 찍으며 캐나다 국가 기록을 4.6도 경신했다. 미국에서도 캘리포니아주 데스 밸리가 7월 9일 54.4도를 찍었다. 올해는 미국 본토 기준 가장 더운 여름이기도 했다. 북부 캘리포니아 산불은 7월 13일 시작해 10월 7일까지 3900㎢를 태워 캘리포니아 역대 최대 규모 단일 화재 기록을 세웠다. 지중해 지역도 극한 폭염이 이어졌다. 8월 11일 이탈리아 시칠리아 기상 관측소에서

---

3) https://m.dongascience.com/news.php?idx=50268
4) https://m.dongascience.com/news.php?idx=50268

는 48.8도로 유럽 최고 기록을 달성했다. 튀니지 카위르안주도 50.3도를 기록했다. 스페인에서도 8월 14일 몬토로 지역이 47.4도로 기록을 세웠다. 터키에서 7월 20일 49.1도, 조지아에서도 같은 날 40.6도로 역대 최고 기록을 경신했다.

폭우도 강력해졌다. 중국 허난성에는 7월 17일부터 21일까지 기록적인 폭우가 내렸다. 정저우시에서는 20일 1시간 동안 201.9mm가 내려 중국 기록을 갱신했다. 이 지역에는 6시간 동안 382mm, 나흘간 720mm의 비가 오며 302명의 사망자가 발생했다. 경제적 손실은 177억 달러[20조 8329억 원]로 추정된다. 서유럽도 7월 중순 역대 가장 심각한 홍수를 경험했다. 독일 서부와 벨기에 동부는 7월 14일부터 15일까지 물을 가득 머금은 땅 위로 100~150mm의 비가 내려 홍수와 산사태가 곳곳에서 일어났다. 사망자도 200명 이상 나왔다. 반면 남아메리카 아열대 지역과 북미 지역은 심각한 가뭄이 2년간 덮쳤다. 미국 남서부 지역은 2020년 1월부터 올해 8월까지 20개월이 역사상 가장 건조한 기간으로 기록됐다.

이러한 이상기후 현상으로 인해 나타난 재해 피해액을 보면, "지난 50년 동안 3조 6400억 달러[약 4221조원]에 달하는 것으로 조사됐다. WMO는 1970년부터 2019년까지 기후 관련 재해에 따른 인명 및 경제적 피해를 조사한 결과, 재해가 1만 1000건 이상 일어나면서 200만 명 이상 숨지고 3조 6400억 달러[약 4221조원]의 손실이 발생했다고 11월 1일 밝혔다. 하루 평균 115명이 사망하고, 2억200만 달러[약 2342억원]의 손실이 발생한 셈이다. 인명피해가 가장 컸던 재해는 가뭄으로 50년 동안 65만 명이 숨졌다. 이어 폭풍우[약 58만 명], 홍수[약 5만 9000명], 극한 기온[약 5만 6000명] 순이다. 사망자 가운데 91% 이상이 개발도상국에서 발생했다."[5]

---

5) https://www.opinionnews.co.kr/news/articleView.html?idxno=54782

2021년 6~7월 세계 이상기후 현상[6]

Ⅲ. 기후위기의 원인

첫째로, 기후위기의 주된 원인은 화석연료 기반의 에너지 체제의 토대 위에서 등장한 시장 자본주의 때문이다. 기후위기의 가장 큰 원인은 무엇보다도 화석연료의 과다한 사용 때문이다. IPCC기후변화에 대한 정부간 협의체의 주장대로 기후위기는 이산화탄소를 비롯한 온실가스의 영향이 가장 큰 원인이다. 그리고 지구온난화를 초래한 과다한 화석연료의 사용은 화석연료를 이용하여 대량생산, 대량소비, 대량폐기를 특징으로 하는 시장 자본주의, 특히 신자유주의적 자본주의 때문이고, 구체적으로는 자본주의 기

---

6) https://www.hani.co.kr/arti/society/environment/1004013.html

업 때문이다.7 무한한 경쟁과 끊임없는 성장을 특징으로 하며, 더 많은 이 윤추구를 목적으로 삼고 있는 자본주의기업는 그동안 자연을 상품생산을 위한 자원의 무한한 공급원으로 또는 자연을 쓰레기 처리장으로 여기면서 번영을 누려왔다. 다시 말해 신자유주의적 자본주의기업는 지구의 생물과 무생물 자원을 착취하고, 지구온난화를 비롯해 대기와 물의 오염, 토양의 황폐화, 삼림 남벌, 생태 다양성의 파괴를 초래하면서 이윤을 추구해 왔다 는 점에서 시장 자본주의기업는 기후위기를 초래한 주요 요인이라 할 수 있 다.8

둘째로, 기후생태위기는 인간중심주의에서 비롯되었다. 기후위기는 만 물의 중심과 모든 가치의 중심에 인간을 두는 인간중심주의와 인간을 서 로 분리된, 그리고 지구로부터 고립된 존재, 고립된 개인으로 보는 개인 주의적 인간관또는 이익의 극대화만을 추구하는 개인으로 보는 시장 자본주의적 인간관에서 비롯된 것이다. 인간중심주의는 "모든 것이 인간에게 종속된다고 생각한 다. 인간은 자연의 주인이고 자연은 인간의 필요를 만족시키고 인간의 욕 구를 충족시키기 위해 존재한다고 본다."9 이렇게 인간중심주의는 지구의 다른 존재들을 인간의 이득을 위해 사용될 도구에 불과하다고 생각함으로 써 자연을 착취하고 파괴하는 결과를 초래하였고,10 개인주의적 인간관은 인간을 인류의 한 구성원, 자연세계의 한 구성원, 지구공동체의 한 구성원 으로 생각하지 않고, 지구로부터 고립된 존재로 생각하고11 자신의 이익의

---

7) Noam Chomsky, Robert Pollin, *Climate Crisis and the Global Green New Deal*, 이종민 역, 『기후위기와 글로벌 그린 뉴딜』(서울: 현암사, 2021), 41 ; Jonathan Neale, *Stop Global Warming: Change the World*, 김종환 역, 『기후위기와 자본주의』(서울: 책갈피, 2020), 259-268.

8) Thomas Berry, The Great Work, 이영숙 역, 『위대한 과업』(서울: 대화아카데미, 2009), 159-163 ; Noam Chomsky, Robert Pollin, *Climate Crisis and the Global Green New Deal*, 이종민 역, 『기후위기와 글로벌 그린 뉴딜』, 41.

9) Leonardo Boff, 김항섭 역, 『생태신학』(서울: 가톨릭출판사, 1996), 37.

10) Thomas Berry, *The Great Work*, 이영숙 역, 『위대한 과업』, 16, 110, 144.

11) Sallie McFague, *Life Abundant*, 장윤재, 장양미 역, 『풍성한 생명』, 126, 132.

극대화만을 추구함으로써 자연을 착취하는 결과를 초래하였다.

셋째로, 기후생태위기는 이원론적 지배의식^{위계적 이원론}에서 비롯되었다. 플라톤에서 시작되고 데카르트의 정신-몸의 이원론에서 굳어지기 시작한 서구의 이원론은 뉴턴의 물질세계에 대한 비활성적 기계론적 사고와 베이컨의 자연에 대한 교묘한 과학적 지배개념이 결합되어 자연을 인간의 이익을 위한 착취의 대상으로 여기게 하였다.[12] 정신과 물질을 철저하게 다른 실체로 보는 데카르트[13] 이래 사유의 주체와 객체를 분리하는 이원론적 사고가 지닌 문제점은 실재를 영혼/육체, 남성/여성, 인간/자연, 백인/유색인, 부자/가난한 자, 정신/물질, 문명/자연, 문화인/야만인 등으로 나눈 후 양자의 관계를 우월과 열등의 관계로 보고, 후자에 대한 전자의 지배를 정당화한다는 데 있다.[14] 자연에 대한 인간의 지배를 정당화하는 이러한 위계적 이원론은 결국 생태계 파괴와 기후위기의 중요한 요인이 되었다.[15]

넷째로, 기후위기의 원인은 기계론적 자연관^{세계관} 때문이다. "기계론적 자연관^{우주관, 세계관}은 자연세계, 우주을 하나의 기계처럼 움직이는 물질로 보는 패러다임이다. 데카르트와 뉴턴으로 대표되는 이런 자연관은 자연의 운동과 변화를 기계적인 인과관계로 파악할 수 있다고 보고, 자연을 생명이 없는 물질적 재료로만 보는 것이다. 데카르트는 우주는 정밀한 시계와 같으며, 사람도 여러 부분들이 모여 하나의 전체를 이루는 기계장치에 지나지 않는다고 주장했다."[16] 다시 말해 기계론적 자연관은 자연을 하나의

---

12) Dieter T. Hessel, ed., *Christianity and Ecology: Seeking the Well-Being of Earth and Humans*, (Massachusetts: Harvard University Press, 2000), 265.

13) Dieter T. Hessel, ed., *Christianity and Ecology: Seeking the Well-Being of Earth and Humans*, 388.

14) 한국기독교연구소 편, 『생태계의 위기와 기독교의 대응』 (서울: 한국기독교연구소, 2000), 381. Dieter T. Hessel, ed., *Christianity and Ecology: Seeking the Well-Being of Earth and Humans*, 7.

15) Sallie McFague, *Life Abundant*, 장윤재, 장양미 역, 『풍성한 생명』 (서울: 이화여자대학교출판부, 2008), 86, 223.

16) http://www.nexteconomy.co.kr/news/articleView.html?idxno=13252

기계처럼 움직이는 물질로 바라보고, 자연을 인간의 필요와 쾌락을 위해 이용되어질 물건으로 바라보는 세계관이다. 이렇게 기계적 세계관은 자연을 인간의 필요에 의해 마음대로 조작할 수 있는 기계 또는 물건으로 다룸으로써 생태계 파괴의 결과를 초래하게 되었다.[17]

다섯째로, 기후위기는 무제한적 소비주의적인 삶에서 비롯된 것이다. 소비주의란 인간의 욕망을 무한히 충족되어야 할 인간의 본성으로 간주하며, 소비를 통한 욕망 충족의 결과에 의해 자신의 정체감, 사회적 지위와 자신의 행복함이 결정된다고 생각하는 가치체계를 말한다.[18] 이러한 소비주의 문화에 사로잡힌 소비지향적 인간은 쓰고 버리는 생활양식을 당연시하고, 새로운 상품을 갈망하는 노예가 되어 한계를 모르는 소비생활을 함으로써 생태계 파괴를 초래하고 있다.

Ⅳ. 기후위기 극복을 위한 지구윤리적 과제

1. 지구윤리의 개념

지구윤리란 기후재난과 승자독식 상황 속에서 지구공동체의 붕괴를 막기 위해 생태정의, 사회정의, 경제정의의 의식을 가지고 지구돌봄과 사회적 약자 돌봄의 책임을 다하고자 하는 윤리를 말한다. 이제 전 지구적 생명 위기의 상황 속에서 지구생태계, 인류공동체의 회복을 이루고자 하는 지구윤리 없이 인류의 생존은 불가능하다. 그도 그럴 것이 1분마다 동물이 한 마리씩 죽어가고 있고, 기아로 인해 전 세계에서 1분마다 11명이 사망하고 있고, 1분마다 에이즈로 어린이 한 명이 죽어가고 있고, 미국의 경우

---

17) Sallie McFague, *A New Climate for Theology: God, the World and the Global Warming*, 김준우 역, 『기후변화와 신학의 재구성』 (고양: 한국기독교연구소, 2008), 208; Sallie McFague, Life Abundant, 장윤재, 장양미 역, 『풍성한 생명』, 82-84.
18) 정원범, 『교회다운 교회』 (서울: 동연, 2021), 306.

코로나19로 인해 하루 1분당 1.2명이 사망하였고2020년 11월,19 전 세계적으로는 코로나로 인해 1분당 7명2021년 11월 24일 현재 전 세계 누적사망자는 516만 명이 사망하고 있기 때문이다.

2. 기후위기의 심각성 인식의 과제

첫째로, 심각한 기후위기 상황 속에서 기후위기를 극복하기 위한 지구 윤리적 과제는 기후위기의 심각성을 인식하는 것이다. 그도 그럴 것이 모든 변화의 시작은 지금의 상태가 어떤 상태인지를 자각하는 것으로부터 시작되기 때문이다. WMO세계기상기구, IPCC기후변화에 대한 정부간 협의체에 속한 모든 기후과학자들이 현재의 지구온난화와 그로 인한 기후재난은 인간의 활동으로 인한 것이라고 말하고 있음에도 불구하고 여전히 지구온난화는 거짓이라고 말하고 있는 사람들이 있기도 하고, 또한 엄청난 기후재난이 일어나고 있음에도 불구하고 아무런 행동 변화의 필요성을 느끼지 못하는 사람들도 많이 있기 때문에 기후위기의 심각성을 제대로 인식하는 것보다 중요한 것은 없다고 본다.

3. 문명 대전환의 과제: 자본주의문명에서 생태문명으로

기후위기를 극복하기 위한 두 번째 과제는 자본주의 문명을 생태문명으로 전환시키는 것이다. 오늘날 인간은 인류의 번영으로만 믿어왔고, 가장 뛰어난 체제라고만 생각해왔던 시장 자본주의 문명에 심각한 문제가 있음을 깨닫기 시작했다. 김응종에 따르면, "자본주의는 시장경제에서 비롯된다. 시장경제 없이 자본주의가 존재할 수는 없다. 그러나 자본주의는

---

19) 미국은 2020년 11월 17일 하루 코로나19로 인해 1천707명이 사망하였고, 11월 18일 누적 사망자는 25만 명인데 이 숫자는 미국의 연평균 교통사고 사망자수(2만4천166명)의 10배, 독감 사망자수(4만2천300명)의 5배, 자살로 인한 사망자(4만5천439명)의 5배에 달하였다. 현재는 누적 사망자수가 77만 4000명이다.

시장경제와 다르다. 시장경제는 경쟁을 원리로 하지만 자본주의는 '독점'을 원리로 한다."20 이렇게 무한 경쟁과 독점을 특징으로 하면서 통제받지 않고 달려온 시장 자본주의는 불가피하게 사회의 나머지 계층을 희생양으로 삼아 상위계층에게 부가 집중되게 하면서 불평등을 심화시켜왔는데 미국의 경우 6명 중에 대략 한 명꼴로 빈곤층이며, 전체 아동 가운데 약 4분의 1이 빈곤한 생활21을 하고 있는 반면, "상위 1퍼센트가 거의 모든 부분에서 통제권을 장악"22하는 상황에 이르게 되었다. 뿐만 아니라 시장자본주의 체제는 자신의 존재를 유지하기 위해 지구의 자원을 약탈하고 파괴하게 되고, 그로 인해 기후적, 생태적 재앙을 초래하게 되었다. 이런 점에서 존 벨라미 포스터는 자본주의를 생태계의 파괴자라고 말한다.23

시장 자본주의의 폐해에 대해 조지프 스티글리츠는 말하기를, "시장 자본주의는 공언했던 약속을 지키지 않았고, 오히려 우리 사회에 엉뚱한 비용을 떠안겼다. 시장 자본주의는 불평등, 환경 오염, 실업을 낳았고, 무엇보다도 모든 것이 용인되고 어느 누구도 책임을 지려 하지 않는 가치의 타락을 낳았다."24고 하였고, 김누리교수 역시 "첫째, 자본주의는 인간을 소외시킵니다..… 자본주의에서는 사물이 인간을 지배합니다. 둘째, 자본주의는 사회를 파괴합니다. 사회적 공동체를 파괴하고 일종의 정글로 만듭니다. 셋째, 자본주의는 무한히 자연을 침탈하고 파괴합니다."25라고 지적하였다. 또한 레오나르도 보프도 시장 자본주의의 "무제한 성장 모델 안에는 악마가 자리하고 있다. 이 모델은 노동계급에 대한 착취, 주변부 종

20) https://www.hani.co.kr/arti/culture/book/149848.html
21) Joseph E. Stiglitz, *The Price of Inequality*, 이순희 역, 『불평등의 대가』 (파주: 열린책들, 2013), 101.
22) Joseph E. Stiglitz, *The Price of Inequality*, 이순희 역, 『불평등의 대가』, 40.
23) John Bellamy Foster, *Ecology Against Capitalism*, 추선영 역, 『생태계의 파괴자 자본주의』 (서울: 책갈피, 2007)
24) Joseph E. Stiglitz, *The Price of Inequality*, 이순희 역, 『불평등의 대가』, 36.
25) 최재천 외, 『코로나 사피엔스』 (서울: 인플루엔셜, 2020), 147-149.

속국가들의 저발전과 자연 파괴에 바탕을 두고 있다."[26]고 비판하였다.

따라서 기후위기를 극복하기 위해서는 무한성장, 무한경쟁을 추구하는 탐욕적인 시장자본주의 문명을 지구생태계와의 조화를 추구하는 생태문명으로 전환시키는 문명의 대전환을 이루어내야 한다. 여기서 생태문명이란 인간과 자연을 포함한 모든 존재가 상호연결되어 있고, 상호의존되어 있다는 인식을 가지고, 인간과 인간, 인간과 자연이 함께 더불어 살아가는 상생, 공존의 문명을 말한다. 에너지 관점에서 말하자면 온실가스를 배출함으로써 지구온난화를 초래했던 화석연료 기반의 자본주의 경제체제를 재생에너지 기반의 경제체제로 획기적인 전환을 이루어내려고 하는 문명을 말한다.

지난 8월에 "기후변화를 연구하는 전 세계 과학자들은 늦어도 20년 안에 지구 평균온도가 산업화 이전보다 1.5도 높아질 가능성이 매우 크다는 연구 보고서를 내놨다. 불과 3년 전에 나온 연구 결과보다 예상 시기가 10년가량 앞당겨진 것이다. '1.5도'는 기후위기의 임계점이다. 이를 넘어서면 기후재앙이 일상화하고, 상황을 돌이킬 수도 없게 된다고 과학자들은 경고한다."[27] 따라서 기후재앙의 마지노선 1.5 상승을 막기 위해서, 아니 지구와 인류의 멸종을 막기 위해서 우리는 자연을 파괴하면서 끊임없는 성장과 이윤의 극대화만을 추구해 왔던 시장 자본주의 경제체제를 온실가스 배출과 자연파괴를 최소화하는 생태적 경제체제, 구체적으로 말하면 2030년까지 2010년 대비 온실가스 배출량을 절반으로 줄임으로써 전 세계 배출량 제로를 향해 나아가는 생태적 경제체제로의 전환을 시급히 이루어내야 할 것이다.

---

26) Leonardo Boff, 김항섭 역, 『생태신학』, 28.
27) https://www.hani.co.kr/arti/opinion/editorial/1007028.html

4. 인간관 전환의 과제: 인간중심주의에서 생태중심주의로

셋째로, 기후위기를 극복하기 위한 지구윤리적 과제는 인간중심주의를 생태중심주의로 전환하는 것이다. 거의 모든 생태학자들이 말하듯이, 자연파괴와 기후위기의 근본 원인은 자연을 인간의 지배대상이요, 자연을 이익과 목적을 위한 자원으로만 생각하는 인간중심주의인간중심적 세계관이다. "인간중심주의는 자아와 세계 사이의 상호의존을 무시하여, 과학만능주의와 기술중심주의와 공모하여 지나친 자기 이익을 극대화시키며, 만물의 형제자매혈연관계, kinship, 공동 기원 및 공동운명을 인식하지 못하여, 자연의 비극이 인간의 비극임을 깨닫지 못한다."28 이렇게 인간이 자신을 모든 것의 중심이라고 생각하게 될 때 자기 밖에 있는 모든 것은 지배와 착취의 대상으로 전락하고 만다. 따라서 기후위기를 극복하기 위해서 도구적인 자연관과 인간중심적 세계관인간중심주의은 새로운 세계관, 즉 생태적 세계관생태중심주의으로 대치되어야 한다.

5. 가치관 전환의 과제: 이원론적 지배의식에서 전체론적 탈지배의식으로

넷째로, 기후위기를 극복하기 위한 지구윤리적 과제는 이원론적 지배의식을 전체론적 탈지배의식으로 전환하는 것이다. 플라톤에서 시작된 이원론은 데카르트를 통해 더욱 강화되어 서구세계를 지배해왔다. 흑사병의 결과로 이후의 서구전통에서는 자연에 대한 혐오의식이 뿌리내리게 되었는데 그 이후 "17세기 초 데카르트는 이러한 혐오의식의 결정적인 발판을 마련했다. 그는..정신과 물체 사이를 명확히 구분함으로써 지구의 영혼이라는 존재를 없애버렸다."29 이렇게 데카르트가 영혼과 물질의 세계를 절대적으로 분리하기 시작한 이후 데카르트적인 이원론은 세상의 모든 것을 정신

---

28) 한국교회환경연구소 편, 『기후붕괴시대』 (서울: 도서출판 동연, 2010), 192.

29) Thomas Berry, *The Great Work*, 이영숙 역, 『토마스 베리의 위대한 과업』 (서울: 대화문화아카데미 대화출판사, 2009), 112.

과 물질, 마음과 몸, 문화와 자연, 영과 육, 인간과 자연, 남성과 여성, 이렇게 둘로 나누고 전자를 우월한 것으로 후자를 열등한 것으로 간주하였다. 이러한 위계적 이원론은 언제나 후자에 대한 전자의 지배나 억압을 정당화하게 되는데 이로 인해 제국주의적이고, 가부장적인 억압과 착취가 초래될 뿐 아니라 자연에 대한 착취와 약탈이 자행되어왔다고 볼 수 있다.

따라서 기후위기의 극복을 위해서는 위계적 이원론의 사고방식 또는 이원론적 지배의식이 전체론적 사고방식 또는 전체론적 탈지배의식으로 대치되어야 한다. 전체론적 사고, 즉 전일적 사고란 인간과 인간남성과 여성, 부자와 가난한 자, 마음과 몸, 영혼과 육체, 정신과 물질, 인간과 자연이 따로 분리되어 있지 않고, 이 모든 상응 또는 대립 개념들이 모두 상호 연결되어 있고, 상호의존되어 있다고 보는 사고이다. "모든 것은 다른 모든 것들과 연결되어 있고, 어떤 것도 분리되어 있지 않다."[30] 특히 인간은 자연이 없이는 존재할 수 없다. 인간의 세계가 있고, 자연의 세계가 있는 것이 아니다. 인간과 자연이 하나로 묶여 있는 단 하나의 세계가 있는 것이다. 자연이 살면 인간이 살고, 자연이 죽으면 인간도 죽게 된다.[31] 마음과 몸도 마찬가지이고, 남성과 여성도 마찬가지이고, 부자와 가난한 자도 마찬가지이다. 이런 전일적 사고를 가질 때 우리는 비로소 이원론적 지배의식에 의한 자연지배착취, 인간지배, 여성지배, 약자지배에서 벗어날 수 있게 될 것이다.

6. 세계관 전환의 과제: 기계론적 세계관에서 유기체적 세계관으로

다섯째로, 기후위기를 극복하기 위한 지구윤리적 과제는 기계론적 세계관을 유기체적 세계관으로 전환하는 것이다. 그동안 근대과학에서는 우주

---

30) Dieter T. Hessel. ed., *Christianity and Ecology*: *Seeking the Well-Being of Earth and Humans*, 13.

31) Dieter T. Hessel. ed., *Christianity and Ecology*: *Seeking the Well-Being of Earth and Humans*, 131.

를 기계 부속품의 집합체로 보았고, 이에 따라 기계로 여겨졌던 자연을 파괴하는 일이 일상적으로 일어나게 되었다. 따라서 기후위기의 극복을 위해서는 세계를 기계의 부속품으로 바라보는 기계론적 세계관을 살아있는 거대한 유기체로 바라보는 유기체적 세계관으로 전환하는 것이 필수적인 과제이다. 프리초프 카프라에 따르면, 기계론적 세계관과 유기체적 세계관의 차이는 너무도 분명하다. 이에 대해 이성범은 다음과 같이 설명한다.[32]

> 우주를 거대한 유기체로 보는 것은 우주를 거대한 기계로 보는 것과는 근본적으로 다르다. 기계는 활성이 없는 물질로 구성되어 있으며, 각 부분의 구조가 기계 전체의 기능을 결정하는 것이므로 이를 연구하기 위해서는 그 부분들을 가능한 한 최소의 구성 단위까지 분석하고 분할하여 그 작동의 인과관계를 관찰하여야 한다. 반면 유기체는 생동하는 전체의 시스템으로서 전체와 부분이 상호작용하고 협력하면서 스스로의 조직을 유지하고 발전시키는 창조적인 것이다. 기계에서는 부분의 합계가 기계 전체의 기능을 결정하지만, 유기체는 전체의 필요가 부분의 기능을 결정하는 것이다. 우주를 하나의 유기체라고 본다면 그 안에는 무수한 수준의 유기체적 기관들이 있으며, 각 수준의 유기체들은 상호작용하고 부단한 창조 활동으로 진화하는 것이다. 기계론적 세계관을 가진 고전 과학이 분석과 분할을 학문의 방법으로 한 데 반하여, 유기체적 세계관의 신과학은 전일적인 종합의 방법을 중요시한다.

다르게 말하자면 "근대과학의 패러다임에선, 시스템이 아무리 복잡해도 부분의 특성을 합하면 전체의 역동성을 이해할 수 있다고 믿었다. 새로

---

32) 이성범 편, 『신과학운동』 (서울: 범양사출판부, 1989), 158-159.

운 과학의 패러다임에선 부분과 전체의 관계가 바뀐다. 부분의 특성은 전체의 역동성을 이해해야 밝혀지며, 따라서 똑 떨어지는 부분은 있을 수 없다. 부분이란 쪼갤 수 없이 얽히고설킨 관계의 그물에서 드러난 특정한 무늬이다."[33] 따라서 기후위기의 극복을 위해서는 모든 것을 부분적으로 보는 시각에서 모든 것을 전체로 보는 패러다임으로 전환되어야 하며, 모든 것을 고립된 부분의 집합으로 보는 기계론에서 모든 것이 수많은 관계의 커다란 그물망으로 되어 있다고 보는 유기체론으로 전환되어야 하며, 지구를 물질적 존재로 보는 시각에서 우주 전체를 생명으로 보는 생태론적 세계관으로 전환해야 한다.

7. 삶의 방식 전환의 과제: 과도한 소비주의 삶에서 생태주의 삶으로

여섯째로, 기후위기를 극복하기 위한 지구윤리적 과제는 과도한 소비주의적 삶의 방식을 생태주의적 삶의 방식으로 전환하는 것이다. 소비주의란 인간의 욕망을 무한히 충족되어야 할 인간의 본성으로 간주하며, 소비를 통한 욕망 충족의 결과에 의해 자신의 정체감, 사회적 지위와 자신의 행복함이 결정된다고 생각하는 가치체계를 말한다.[34] 이러한 소비주의 문화에 사로잡힌 소비지향적 인간은 쓰고 버리는 생활양식을 당연시하고, 새로운 상품을 갈망하는 노예가 되어 한계를 모르는 소비생활을 함으로써 생태계 파괴를 초래하고 있다. 따라서 기후위기의 극복을 위해서는 과도한 소비주의적 삶을 생태적인 삶으로 전환시켜야 한다.

생태적인 삶이란 지구생태계와 조화를 이루는 삶이며, 조화를 이루기 위한 생태적 가치를 실천하는 삶이라 할 수 있는데 생태적 가치덕목에는 지

---

33) 프리초프 카프라 외, 김재희 역, 『그리스도교의 아주 큰 전환』 (서울: 대화문화아카데미 대화출판사, 2014), 21.
34) 정원범, 『교회다운 교회』 (서울: 동연, 2021), 306.

속가능성, 적응성[35], 상호연결성, 검약성, 공평성[36], 연대성, 생물다양성, 충분성[37], 겸손함[38] 등이 있다.[39]

VI. 나가는 말

생태학자들은 오늘날의 기후위기는 단순한 기후변화나 기후위기가 아니라 기후재앙이라고 말한다. 지금 당장 행동하지 않으면 내일은 없다고도 말한다. 그도 그럴 것이 북극의 얼음이 2050년 이전 여름이면 완전히 녹을 것이라고 하고, 머지않아 캐리비언해의 산호초, 호주의 머레이 달링 유역의 습지, 알래스카 남부에서 캘리포니아까지 이어지는 다시마 숲, Piccaninnie Ponds Karst 습지, 케이프타운 주변의 생태계, 세네갈강의 습지, 아랄해가 지구상에서 사라질 것이라는 예측이 나오고 있을 만큼 현재의 기후위기 상황이 너무도 심각하기 때문이다.[40] 따라서 이제 우리는 지구와 인류의 공멸을 막고 지구생명공동체를 살려내기 위해서 새로운 인간관, 새로운 세계관, 새로운 자연관, 새로운 가치관을 가지고 생태정의, 기후정의가 강물같이 흘러가는 새로운 생태문명을 만들어내는 일에 온 힘을 모아가야 할 것이다.

---

35) 적응성이란 생태계의 한계를 의식하면서 변할 수 없는 자연의 힘과 억제력에 맞추어 살아가려는 태도를 말한다.
36) 공평성이란 세계의 상품과 용역이 공평하게 분배됨으로써 모든 인간이 존엄성과 사회참여에 필요한 물질적인 조건을 갖추게 되는 것을 의미한다.
37) 충분성이란 문제의 성격에 따라 거기에 맞는 충분한 해결책을 찾도록 촉구하는 특성을 말한다.
38) 겸손함이란 인간의 지식, 기술적 재능, 도덕심, 생물학적 위치 등이 제한되어 있음을 인식함으로써 자연에 대한 권리를 과장하고, 다른 피조물의 가치와 권리를 무시하며, 자연을 조정하는 인간의 힘에 대하여 과신하는 것을 피하는 자질을 말한다.
39) Janmes A. Nash, Loving Nature, 이문균 역, 『기독교생태윤리』 (서울: 한국장로교출판사, 1997), 92-96.
40) http://climate-strike.kr/2655/

2장 • 기후위기 시대, 기독교의 과제*

　오늘날 인류가 당면한 가장 큰 위기는 무엇일까? 아마도 많은 사람들은 코로나19 전염병이라고 답할 것이다. 그러나 세계경제전문가 100인을 대상으로 한 설문조사에서 그들은 기후위기가 우리 인류가 당면한 가장 큰 위협이라고 대답하였고, 세계경제포럼의 2021년 글로벌 리스크 보고서에서도 같은 진단을 내렸다. 이렇게 기후위기가 인류가 당면한 가장 큰 위협인 이유는 너무도 분명하다. 현재 나타나고 있는 기후재난은 생물과 인간을 포함한 지구생명공동체 멸종의 서막을 보여주는 징후이기 때문이다.

　지구 온난화는 이미 한계치를 넘어섰다. 위기적 상황을 만들어낸 주 원인은 인간이다. 이러한 현실에 속에서 교회기독교인는 어떻게 해야 할까? 기후위기 극복을 위한 기독교의 과제를 생각해 본다.

　지구 평균기온이 1.5도가 된다는 것은 인류의 생존기반이 붕괴되는 기후재앙을 맞이하게 된다는 것을 의미한다. 따라서 IPCC는 이 위기를 막기 위해서 2030년까지 2010년 대비 CO_2 배출량 최소 45%를 감축할 필요가 있고, 2050년까지 전 지구 CO_2 총 배출량이 제로탄소중립가 되어야 한다는 목표를 제시하였다. 그러면 기후위기를 극복하기 위한 기독교의 과제

---

* 2021년 08월 30일자 「기독공보」에 실렸던 글임.

는 무엇일까?

첫째로, 기후위기의 심각성을 인식해야 한다. 기후위기를 극복하기 위해서는 우선적으로 지금의 기후위기 상황은 인류를 멸절시킬 수도 있는, 코로나19와는 비교가 안 되는 엄청난 재앙 수준의 위기임을 인식해야 한다.

둘째로, 기후위기 극복을 위한 기독교의 책임을 수행하기 위해서는 지구온난화로 인한 기후위기의 문제는 이웃을 사랑하고, 지구를 돌보는 청지기 사명을 받은 기독교인이 해결해야 하는 가장 긴급한 환경선교적, 생태윤리적 과제임을 자각해야 한다.

셋째로, 문명의 대전환을 이루어야 한다. 대량생산, 대량소비, 대량폐기를 특징으로 하고, 무한경쟁, 무한성장을 추구하는 탐욕적인 시장 자본주의 문명을, 유한한 지구에서 무한한 성장과 무한한 욕망은 불가능하다고 인식하는 완전히 새로운 생태문명으로 전환해야 한다.

넷째로, 기후위기를 초래했던 잘못된 의식의 패러다임을 생태적 의식의 패러다임으로 전환해야 한다. ①인간중심주의를, 자연과 인간은 공동운명체를 이룬다는 생태적인 지구의식 또는 지구적인 생명의식으로 전환해야 한다. ②개인주의적 인간관을, 인간은 지구에 철저히 의존하고 있고, 자연과 다른 인간과 상호연결되어 있다고 보는 공동체적, 생태적 인간관으로 전환해야 한다. ③이원론적 지배의식을, 모든 생명은 상호관계성과 상호의존성의 네트워크 속에 존재한다고 보는 통전적인 평등의식으로 전환해야 한다. ④기계적 세계관을, 자연세계는 수많은 다양한 지체들이 상호의존적으로 연결되어 있는 살아 있는 유기체라고 보는 유기체적 세계관으로 전환해야 한다.

다섯째로, 사회윤리적, 생태윤리적 책임을 수행해야 한다. ①기후위기의 문제는 인류 생존의 문제이고, 사회정의, 생태정의의 문제이며, 이를 극복하는 것은 지구 돌봄의 명령과 이웃사랑의 명령을 실천하는 문제이므로 교회는 적극적으로 이 일에 참여해야 하고, 모든 교회들이 연대하여 기독교는 지구돌봄의 책임을 수행하고, 기후위기 극복에 앞장서는 녹색기독교임을 천명하며, 대대적인 기후위기 극복 운동을 펼쳐나가야 한다. ②교회와 기독교인들은 기후위기문제를 해결하기 위해 노력하는 국내의 생태운동 단체들, 국제적인 생태운동 단체들과 연대하여 기후위기 극복을 위한 사회정의, 생태정의 운동을 펼쳐나가야 한다.

여섯째로, 경제윤리적 책임을 수행해야 한다. ①오늘날의 단선형 경제에서 벗어나 자원과 제품의 높은 효율성과 재활용 등을 통해 생산, 소비, 폐기의 과정이 순환되는 순환경제circular economy로 전환될 수 있도록 하는 일에 적극 참여해야 한다. ②에너지를 과다하게 사용하는 소비지향적인 삶의 방식을 지구생태계와 조화를 이루는 생태적 삶으로 전환해야 한다. 구체적으로 생태적인 삶이란 예를 들면, 에너지 절약을 생활화하고, 재생에너지 설치에 적극 동참하고, 과도한 소비를 줄이고, 일회용품과 플라스틱 사용을 줄이고, 육류보다는 야채 위주의 식단을 선호하고, 대중교통 이용을 선호하고, 전기차를 구입하는 것 등을 말한다.

일곱째로, 정치윤리적 책임을 수행해야 한다. ①정부가 온실가스를 줄이는 노력을 획기적이고도 과감하게 수행할 수 있도록 요구해야 한다. ②정부가 화석연료에 기반한 산업체계를 지속가능한 재생에너지에 기반한 산업체계로 전환하도록 촉구해야 한다. ③기후위기 문제를 심각하게 인식하고 온실가스가 절감될 수 있도록 지금의 탐욕적 자본주의 경제체제를 지구생명공동체의 돌봄, 인간과 자연의 공존, 강자와 약자의 공존을 지향하는 생태경제체제로 바꾸는 일에 투신하는 정치인을 선출해야 한다.

3장 • 기후위기 시대, 생태목회의 과제*

I. 들어가는 말

몰트만은 지구세계의 생태학적 위기를 다음과 같이 기술했다.

과학기술 문명의 확산은 좀 더 많은 종류의 식물들과 동물들의 멸종을 야기한다. 이산화탄소와 메탄가스를 통해 지구의 '온실효과'가 유발되고 있는데, 이것은 다음 세기에 지구의 기후를 예측하기 어렵게 변화시킬 것이다. 좀 더 많은 수확을 올리게 하는 여러 종류의 화학적 비료들을 통해 토양은 오염될 대로 오염되어 있다. 열대 우림은 벌목되고, 초원은 과잉 방목되며, 사막은 확장되는 추세에 있다. 세계 인구는 지난 60년 동안 네 배로 증가했고, 다음 세기 초에는 8억에서 10억에 이르는 새로운 인구를 수용하게 될 것이다. 생활필수품의 수요와 쓰레기 배출은 이에 상응하여 증가하게 될 것이다. 도시화의 비율은 13퍼센트[1900]에서 29퍼센트[1950], 50퍼센트[2000], 75퍼센트[2050]로 상승하게 될 것이다. 인간의 생태계는 균형을 잃을

---

* 김정욱 외, 『기후위기 시대의 도전과 교회의 응답』 서울: 새물결플러스, 2022. 에 실렸던 글임).

것이고, 지구의 멸망과 자기 파멸로 치닫게 될 것이다.[41]

> 점점 더 늘어가는 자연환경의 파괴, 점점 더 확대되는 식물류와 동
> 물류의 멸종, 다시 회복할 수 없는 지하에너지의 착취, 유독성 쓰레
> 기와 폐기 가스로 인한 땅과 물과 공기의 오염, 이 생태계의 위기는
> 인간이 자연에 대한 힘을 얻으면서 생성되었다. … 기술문명의 계속
> 적인 진보는 점점 더 큰 환경의 재난을 초래할 것이며, 마지막에는
> 보편적인 생태계의 죽음, 땅의 조직의 붕괴가 남을 뿐이다.[42]

몰트만의 말대로, 이러한 자연파괴의 결과 오늘날 인간의 생태계는 균
형을 잃었고, 지구는 파멸을 향해가고 있다. 인간의 무차별적인 자연파괴
로 인해 거의 2년 동안 지속되고 있는 코로나 팬데믹, 지구 도처에서 일어
나는 기후재난, 이 모든 것이 그 증거이다. 이러한 심각한 생태/기후위기
상황 속에서 우리는 얼마나 이 심각성을 인식하고 있을까? 이 위기가 여전
히 남의 일처럼 느껴지고 있는 것은 아닐까? 이 위기 상황을 극복하기 위
해서 우리 교회와 그리스도인들은 무엇을 하고 있을까? 상황이 이렇게 심
각한데도 혹시 영혼구원, 교회성장만이 여전히 교회의 관심사요, 그런 것
만이 신앙의 문제로 인식되고 있는 것은 아닐까? 이러한 문제의식을 가지
고 본고는 이러한 기후/생태위기 상황 속에서 오늘날 교회가 지향해야 할
목회는 생태목회임을 주장하며 생태목회의 신학적, 목회적 과제를 제시하
고자 한다. 이를 이해 2장에서는 "심각한 기후위기의 현실"에 대해서, 그
리고 3장에서는 "기후/생태위기의 원인과 기독교"에 대해서 살펴본 후, 4

---

41) J. Moltmann, *Ethik der Hoffnung*, 곽혜원 역, 『희망의 윤리』 (서울: 대한기독교서회, 2012),
243.
42) J. Moltmann, *Der Weg Jesu Christi*, 김균진 역, 『예수 그리스도의 길』 (서울: 대한기독교서회,
1990, 106-107.

장에서는 "기후/생태위기 극복을 위한 생태목회의 신학적 과제"를 제시할 것이고, 5장에서는 "기후/생태위기 극복을 위한 생태목회의 목회적 과제"를 제시할 것이다.

II. 심각한 기후위기의 현실

1. 한계치를 넘어선 지구온난화

지난 8월, 발표된 '기후변화에 관한 정부 간 협의체'IPCC 6차 보고서에 따르면, 지구온난화로 인해 향후 20년 안에 지구의 평균 온도가 19세기 말보다 섭씨 1.5도 상승할 수 있다고 전망했다. 이것은 3년 전의 보고서 전망보다 10년이 앞당겨진 예측이다. 아래의 표1이 보여주듯이 현재의 지구 온도는 산업화 이전 대비 1.09도 상승하였고, 이로 인해 최근에 전 세계는 미국, 캐나다, 남미, 그리스, 터키, 시베리아 등의 폭염과 초대형 산불, 독일, 벨기에, 중국 쓰촨성의 폭우와 대홍수, 중국과 브라질의 가뭄 등 감당하기 어려운 극단적 기상이변을 경험하고 있다. 2020년 8월, 영국 남극 자연환경연구소BAS는 과학 저널 '네이처 기후변화'Nature Climate Change에 게재한 논문에서 "앞으로 15년 후에는 북극의 빙하가 다 녹아버릴 것"이라고 예측하였고, IPCC는 이로 인한 해수면 상승으로 21세기 안에 남태평양 섬나라들이 완전히 사라져버릴 수 있다고 전망하였다. 또한 아래 표2에서 볼 수 있듯이 지구 온도가 1.5도 상승하게 되면 극한 폭염은 8.6배, 집중호우는 1.5배, 가뭄은 2.4배로 증가할 것이라고 예측하였다. 이런 점에서 2015년 파리협약은 기후재앙의 마지노선은 산업화 이전 대비 1.5도라고 하였는데 이는 지구온난화를 1.5도 상승 이내로 막지 않으면 인간은 더 이상 통제할 수 없는 위기에 빠지게 된다는 것이므로 지금의 기후위기야말로 심각한 위기가 아닐 수 없다.

IPCC 지구온난화 보고서 비교

자료: IPCC AR6

■ 2021년 6차 제1실무그룹 보고서
■ 2013년 5차 제1실무그룹 보고서

항목	2021년 6차	2013년 5차
이산화탄소(CO_2) 농도	410ppm*	391ppm**
전지구 평균온도 (1850~1900년 대비)	1.09℃ 상승 (2011~20년)	0.78℃ 상승 (2003~12년)
전지구 평균 해수면 (1901년 대비)	0.2m 상승 (2018년)	0.19m 상승 (2011년)

*최근 200만년간 전례 없는 농도
**최근 80만년간 전례 없는 농도

* 표 1[43]

지구 평균기온 상승 시나리오별 기후변화   자료: IPCC AR6 제1실무그룹 보고서 ※기준: 1850~1900년 대비

🌏 지구 평균기온	현재(+1.1℃)	+1.5℃	+2℃	+4℃
최고기온	+1.2℃	+1.9℃	+2.6℃	+5.1℃
극한기온 발생빈도	4.8배	8.6배	13.9배	39.2배
가뭄	2배	2.4배	3.1배	5.1배
강수량	1.3배	1.5배	1.8배	2.8배
강설량	-1%	-5%	-9%	-25%
태풍 강도		+10%	+13%	+30%

* 표 2[44]

2. 지구온난화가 가져온 현재의 기후재난

오늘날 전 세계는 점점 강도를 더해가는 이상 기후 현상으로 몸살을 앓고 있다. 온실가스로 인한 지구온난화가 가져온 기후재난인 것이다. 데이

---

43) https://www.hani.co.kr/arti/society/environment/1006996.html
44) https://www.hani.co.kr/arti/society/environment/1006996.html

비드 윌러스 웰즈는 과거에 일어났고, 앞으로 일어날 기후재난의 구체적인 사례를 다음과 같이 열거한다. 즉, 살인적인 폭염, 빈곤과 굶주림, 해수면 상승, 치솟는 산불, 통제불능의 태풍, 토네이도, 홍수, 가뭄, 사체가 쌓이는 바다, 마실 수 없는 공기, 질병의 전파, 무너지는 경제, 기후분쟁, 시스템의 붕괴 등이다.[45] 2021년 6, 7월에 실제로 일어난 기후재난의 사례를 보면, 핀란드 등 북유럽의 경우 25도 이상 고온최고 33.5도이 지속되었고, 독일, 벨기에 등 서유럽의 경우 천년만의 폭우와 대홍수로 사망자가 200명에 육박하였으며, 러시아의 경우 시베리아는 기록적인 폭염이 발생했고 최고 38도, 시베리아의 이상 고온현상으로 산불이 일어났으며. 시베리아의 산불로 알래스카의 공기질이 악화되었고, 캐나다 서부지역은 최고 49.6도가 될 정도로 역사상 최고의 폭염으로 1주일간 719명이 돌연사했고, 어패류는 10억 마리나 폐사하였다. 미국의 경우 북서부지역은 살인적인 폭염라스베거스 최고 47.2도, 데스밸리 최고 54.5도 속에 산불이 최소 70곳에서 발생했고, 이라크는 50도 이상의 폭염이 발생했으며, 인도의 북서부는 40도 이상의 폭염이 지속되었다. 중국의 쓰촨성은 시간당 200mm 이상의 폭우, 홍수로 이재민이 72만 명 발생했고, 일본의 중부지역은 48시간 동안 400∞500mm 폭우가 발생하였으며, 우리나라도 23일 이른 폭염과 열대야로 힘든 여름을 보내고 있다.[46]

이렇게 기후재앙 수준의 이상 기후 현상이 빈번해짐으로 인해 국제사회에서는 이제는 '기후변화' 대신 '기후 위기'라는 용어를, '지구온난화' 대신에 '지구가열화'라는 용어를 사용해야 한다고 주장한다.[47]

45) David Wallace-Wells, *The Uninhabitable Earth*, 김재경 역, 『2050 거주불능지구』 (서울: 청림출판, 2021), 69-212.
46) https://www.hani.co.kr/arti/society/environment/1004013.html
47) https://www.newspenguin.com/news/articleView.html?idxno=4687

Ⅲ. 기후/생태위기의 원인과 기독교

1. 기후/생태위기의 원인

첫째로, 기후위기의 가장 큰 원인은 지구온난화를 초래한 화석연료의 과다한 사용 때문이다. IPCC의 주장대로 기후위기는 이산화탄소를 비롯한 온실가스의 영향이 가장 큰 원인이라고 할 수 있다.

둘째로, 기후위기의 주요 원인은 화석연료 기반의 에너지 체제의 토대 위에서 등장한 시장 자본주의, 특히 신자유주의적 자본주의 때문이고, 구체적으로는 자본주의 기업 때문이다.[48] 무한한 경쟁과 끊임없는 성장을 특징으로 하며, 더 많은 이윤추구를 목적으로 삼고 있는 자본주의기업는 그동안 자연을 상품생산을 위한 자원의 무한한 공급원으로 또는 자연을 쓰레기 처리장으로 여기면서 번영을 누려왔다. 다시 말해 신자유주의적 자본주의기업는 지구의 생물과 무생물 자원을 착취하고, 지구온난화를 비롯해 대기와 물의 오염, 토양의 황폐화, 삼림 남벌, 생태 다양성의 파괴를 초래하면서 이윤을 추구해 왔다는 점에서 시장 자본주의기업는 기후위기를 초래한 주요 요인이라 할 수 있다.[49]

셋째로, 기후위기는 만물의 중심과 모든 가치의 중심에 인간을 두는 인간중심주의와 인간을 서로 분리된, 그리고 지구로부터 고립된 존재, 고립된 개인으로 보는 개인주의적 인간관또는 이익의 극대화만을 추구하는 개인으로 보는 시장 자본주의적 인간관에서 비롯되었다. 인간중심주의는 지구의 다른 존재들을 인간의 이득을 위해 사용될 도구에 불과하다고 생각함으로써 자연을

---

48) Noam Chomsky, Robert Pollin, *Climate Crisis and the Global Green New Deal*, 이종민 역, 『기후위기와 글로벌 그린 뉴딜』(서울: 현암사, 2021), 41; Jonathan Neale, *Stop Global Warming: Change the World*, 김종환 역, 『기후위기와 자본주의』(서울: 책갈피, 2020), 259-268.

49) Thomas Berry, *The Great Work*, 이영숙 역, 『위대한 과업』(서울: 대화아카데미, 2009), 159-163; Noam Chomsky, Robert Pollin, *Climate Crisis and the Global Green New Deal*, 이종민 역, 『기후위기와 글로벌 그린 뉴딜』, 41.

착취하고 파괴하는 결과를 초래하였고,[50] 개인주의적 인간관은 인간을 인류의 한 구성원, 자연세계의 한 구성원, 지구공동체의 한 구성원으로 생각하지 않고, 지구로부터 고립된 존재로 생각하고[51] 자신의 이익의 극대화만을 추구함으로써 자연을 착취하는 결과를 초래하였다.

넷째로, 기후위기는 이원론적 지배의식에서 비롯되었다. 데카르트 이래 사유의 주체가 객체와 분리되는 이원론적 사고는 실재를 영혼/육체, 남성/여성, 인간/자연, 백인/유색인, 부유한 자/가난한 자, 문명/자연, 문화국가/미개국가, 문화인/야만인, 선진국/후진국 등으로 나눈 후 양자의 관계를 우월과 열등의 관계로 보고, 후자에 대한 전자의 지배를 정당화한다.[52] 자연에 대한 인간의 지배를 정당화하는 이러한 이원론적 지배의식에 의해 생태계 파괴와 기후위기가 초래되었다.[53]

다섯째로, 기후위기는 기계론적 자연관세계관에서 비롯되었다. 기계론적 자연관세계관은 자연세계를 하나의 기계처럼 움직이는 물질로 바라보고, 자연세계를 인간의 필요와 쾌락을 위해 이용되어질 물건으로 바라보는 세계관이다. 이렇게 기계적 세계관은 자연을 인간의 필요에 의해 마음대로 조작할 수 있는 기계물건로 다룸으로써 생태계 파괴의 결과를 초래하게 되었다.[54]

여섯째로, 기후위기는 소비주의에서 비롯되었다. 소비주의란 인간의 욕망을 무한히 충족되어야 할 인간의 본성으로 간주하며, 소비를 통한 욕

50) Thomas Berry, The Great Work, 이영숙 역, 『위대한 과업』, 16, 110, 144.

51) Sallie McFague, Life Abundant, 장윤재, 장양미 역, 『풍성한 생명』, 126, 132.

52) 한국기독교연구소 편, 『생태계의 위기와 기독교의 대응』(서울: 한국기독교연구소, 2000), 381.

53) Sallie McFague, Life Abundant, 장윤재, 장양미 역, 『풍성한 생명』(서울: 이화여자대학교출판부, 2008), 86, 223.

54) Sallie McFague, A New Climate for Theology: God, the World and the Global Warming, 김준우 역, 『기후변화와 신학의 재구성』(고양: 한국기독교연구소, 2008), 208; Sallie McFague, Life Abundant, 장윤재, 장양미 역, 『풍성한 생명』, 82-84.

망 충족의 결과에 의해 자신의 정체감, 사회적 지위와 자신의 행복함이 결정된다고 생각하는 가치체계를 말한다.[55] 이러한 소비주의 문화에 사로잡힌 소비지향적 인간은 쓰고 버리는 생활양식을 당연시하고, 새로운 상품을 갈망하는 노예가 되어 한계를 모르는 소비생활을 함으로써 생태계 파괴를 초래하고 있다.

2. 생태/기후위기의 원인과 기독교

린 화이트 등 일부 생태학자들은 기독교가 자연을 비신성화시켰고, 인간중심의 세계관을 가지고 있었고, 이원적 사고를 가지고 자연과 물질을 영적인 것에 비하여 열등한 것이라고 보게 됨으로써 지금의 생태기후위기를 초래할 수 있는 기초를 제공하였다고 비판한다. 첫째로, 린 화이트는 기독교가 만물 속에 신령이 있다고 생각했던 애니미즘을 무너뜨리고 자연을 비신성화함으로써 과학, 기술 발전의 토대를 마련하였으면 자연 만물의 감정과는 관계없이 자연을 이용하고 착취하는 길을 열어놓았다고 비판한다.

둘째로, "기독교는 특히 서구의 기독교는 더욱 그러하지만 이 세상에 있는 어떠한 종교보다도 인간 중심적인 종교이다."[56]라고 말하는 린 화이트는 기독교의 이러한 인간중심주의가 결국은 생태위기의 원인이 되었다고 비판한다. 포이어바흐는 "자연, 즉 세상은 그리스도인에게 가치의 대상도 관심의 대상도 전혀 아니다. 그리스도인은 오로지 자신만을, 자신의 영혼의 구원만을 생각한다."[57]고 말했다. 특히 "땅을 정복하라" "모든 생물을 다스리라"는 성경구절을 인간의 자연지배, 세계정복을 위한 신적인 계

---

55) 정원범, 『교회다운 교회』(서울: 동연, 2021), 306.

56) 린 화이트, "생태계의 위기에 관한 역사적 근거," 프란시스 A. 쉐퍼, 송준인 역, 『공해』(서울: 두란노, 1994), 87.

57) Daniel Migliore, Faith Seeking Understanding, 신옥수 백충현 역, 『조직신학개론』(서울: 새물결플러스, 2013), 171.

명으로 간주함으로써 기독교는 생태계파괴를 초래한 장본인이 되었다고 비판한다.[58]

오늘날 신학자들은 정복과 다스림의 의미를 자연을 억압하거나 파괴를 허용하는 뜻으로가 아니라 돌봄의 의미로 해석하고 있지만, 부인할 수 없는 것은 전통적인 기독교는 다스리고 정복하라는 명령을 인간의 자연에 대한 지배와 세계지배, 세계정복의 의미로 해석하면서 생태계 파괴에 기여한 측면이 있다는 사실이다. 이런 점에서 내쉬는 "인간중심주의는 기독교 신학이나 경건의 주된 규범이었으며 지금도 그러하다. 그리고 인간중심주의는 기독교문화권에서 환경파괴를 부추기고 정당화하는 데 기여하였다."[59]고 하였다. 샌트마이어 역시 "19세기와 20세기 초 개신교 신학은 전반적으로 자연과 관계를 끊었고 그로 인하여 자연을 마음대로 처리하고자 했던 근대 산업주의의 정신을 사실상 허용했다."[60]고 지적하며 전통 기독교가 자연파괴에 대한 일정한 책임이 있다는 사실을 인정했다.

셋째로, 생태학자들은 몸과 영혼, 물질적인 것과 영적인 것, 자연과 초자연, 자연과 인간, 세속적인 것과 성스러운 것, 여성과 남성으로 구분하여 전자는 열등하고, 후자는 우월한 것으로 생각하는 기독교의 이원론적 사고가 환경파괴를 초래했다고 비판한다.[61]

생태계 파괴의 원인이 기독교에 있다는 이러한 생태학계의 비판을 우리가 부인하기 어렵다. 그도 그럴 것이 본래의 기독교가 인간중심주의를 지지하는 것도 아니고, 이원론을 지지하는 것도 아니지만, 전통적인 기독교

---

58) J. Moltmann, Gott in der Schöffung, 김균진 역, 『창조 안에 계신 하나님』(서울: 한국신학연구소, 1986), 35-36.

59) James A. Nash, Loving Nature: Ecological Integrity and Christian Responsibility, (Nashville, TN: Abingdon Press, 1991), 74.

60) H. Paul Santmire, The Travail of Nature: The Ambiguous Ecological Promise of Christian Theology (Minneapolis: Fortress Press, 1985), 122.

61) James A. Nash, Loving Nature: Ecological Integrity and Christian Responsibility, 72-73.

신학은 지나치게 인간중심적이었고, 지나치게 이원론적이었기 때문이다. 그렇다고 해서 생태계 파괴의 원인이 전적으로 기독교에 있다는 비판은 정당한 것은 아니다. 왜냐하면, 동물의 멸절이나 자연의 파괴는 기독교가 전해지지 않았던 때에도 일어났던 일이며, 비기독교 세계에서도 일어나고 있는 일이기 때문이다.

Ⅳ. 기후/생태위기 극복을 위한 생태목회의 신학적 과제

여기서 생태목회란 기후/생태위기 상황 속에서 기후/생태위기를 극복하기 위해서 생태적 가치[62], 녹색의 가치를 가지고 지구 돌봄의 책임, 생태적 책임을 다하고자 하는 목회를 말한다. 필자는 생태목회의 신학적 과제로 1.삼위일체론 회복의 과제, 2.생태학적 창조론 회복의 과제, 3.생태학적 회심의 과제, 4.통전적 구원론 회복의 과제, 5.통전적 생명선교론 회복의 과제 등 다섯 가지 과제를 제시하고자 한다.

1. 삼위일체론 회복의 과제

첫째로, 기후/생태위기를 극복하며, 생태적 책임을 다하고자 하는 생태목회는 생태목회의 중요한 근거로서 무엇보다도 삼위일체론을 회복해야 한다. 생태학자들은 기후위기, 생태위기의 원인은 잘못된 인간관, 잘못된 자연관에 있다고 비판한다. 그런데 잘못된 인간관과 자연관은 잘못된 신관과 밀접하게 연결되어 있다. 다시 말해 생태계 파괴는 자연에 대한 인간의 관계를 지배와 정복의 관점으로 바라보는 데서 비롯되었고, 이러한 지배와 정복의 관점은 하나님을 고독한 지배자로 바라보는 인식과 연결되어 있다고 할 수 있다. 그러므로 기후위기의 극복을 하고자 하는 생태목회를

---

62) 생태적 가치에 대해서는 Ⅴ-2에서 다루었고, 녹색가치에 대해서는 Ⅴ-1에서 소개하였다.

하기 위해서는 올바른 신관의 정립, 즉 삼위일체 신관을 바르게 정립하는 것이 무엇보다 중요하다. 왜냐하면 삼위일체 신관은 하나님을 일신론적, 군주론적 하나님, 즉 하나님을 지상의 독재자나 하늘에 계신 고독한 지배자가 아니라 관계를 풍부하게 맺기를 원하는 공동체적인 하나님으로 이해하게 해주기 때문에 우리의 의식 속에서 공동체성과 생명을 강화하는 역할을 함으로써 생태위기를 극복하는데 크게 기여할 수 있는 매우 중요한 신학적 토대를 제공해줄 수 있기 때문이다.63 삼위일체 하나님에게는 지배와 피지배, 억압과 눌림의 원리가 아니라 사귐과 협동과 나눔의 공동체적 원리가 있다.64 따라서 삼위일체론은 생태위기를 극복하는 가장 중요한 근거를 제공하는 토대이다.

뿐만 아니라 "하나님이 성령 안에서 성자를 통해 창조자가 된다"는 삼위일체론삼위일체적 창조론은 ①창조세계에 대한 하나님의 초월성하나님은 창조세계를 초월하시는 분, 세계를 초월하시는 하나님과 내재성하나님은 창조세계에 현존하며 활동하시는 분, 세계 안에 내재하시는 하나님을 결합한다는 점에서, ②세계의 통일성과 다양성을 성부, 성자, 성령의 통일성과 차이성에서 발견한다는 점에서, ③ 창조의 선함, 창조의 신음, 창조의 갱신과 완성에 대한 소망을 강조한다는 점에서 생태적 창조론생태신학을 위한 자원을 제공한다.65 그러므로 생태위기, 기후위기를 극복하고자 하는 생태목회를 하기 위해서는 무엇보다도 삼위일체론의 회복이 중요하다고 하겠다.

2. 생태적 창조론 회복의 과제

둘째로, 기후/생태위기를 극복하며, 생태적 책임을 다하고자 하는 생태

---

63) J. Moltmann, 채수일 역, 『그리스도가 계신 곳에 생명이 있습니다』 (서울: 대한기독교서회, 1997), 141-142.

64) 김균진, 『생태학의 위기와 신학』 (서울: 대한기독교서회, 1992), 77.

65) Daniel Migliore, *Faith Seeking Understanding*, 신옥수 백충현 역, 『조직신학개론』, 192-194.

목회는 성경의 창조론이 생태적 창조론임을 재발견해야 한다. 성경의 창조론은 생태적 창조론이라는 주장의 근거는 다음과 같다.[66]

①세상을 하나님의 창조라고 말하는 것, 즉 하나님을 창조자로, 세상을 구성하는 모든 것을 피조물이라고 말하는 것은 하나님의 초월성, 주권성, 즉 창조자와 창조세계 사이에는 존재론적 차이가 있다는 사실을 증거하는 것이고, 하나님을 창조자로 고백하는 것은 초월적인 하나님이 자비롭고 은혜 베풀기를 좋아하는 분이고, 타자에게 생명을 주시고, 타자로 하여금 자신과 함께 사랑과 교제를 나누기를 원하시는 분임을 고백하는 것이다.

②하나님은 창조자이고, 우리는 피조물임을 고백하는 것은 세상의 모든 존재와 우리가 철저하게 하나님께 의존한다는 사실을 고백하는 것이다. 여기서 말하는 하나님에 대한 철저한 의존성은 노예적 의존성을 말하는 것이 아니다. 왜냐하면 하나님은 우리로 하여금 자유롭게 존재하고, 책임적 존재가 되도록 부르시는 분이기 때문이다. 하나님에 대한 의존은 모든 노예적인 의존으로부터의 철저한 해방이다.

③성경의 창조론은 하나님의 창조가 그 유한성에도 불구하고 선하다는 점을 증거한다. a. 창조가 선하다는 진술은 '영적인 것은 선하지만 물질적인 것은 악하고, 인간은 선하지만 자연환경은 악하다.'라는 이원론에 대한 거부이다. b. 창조가 선하다는 진술은 우리에게 유용하든 아니든 하나님이 모든 피조물에게 가치를 부여하셨음을 의미한다. 창조가 선하다고 말하는 것은 모든 존재에 대한 존중의 근거가 된다. 인간뿐 아니라 생물계, 무생물계도 하나님의 창조이고, 그래서 모든 피조물이 존중을 받을 자격이 있다. 우주는 사람을 위해서만 창조된 것이 아니다. 모든 동물도 번성하는 복을 받았으며 '생육하고 번성'하도록 명령을 받았기 때문이다.[67] "하

---

66) Daniel Migliore, *Faith Seeking Understanding*, 신옥수 백충현 역, 『조직신학개론』, 175-195.

67) James A. Nash, *Loving Nature: Ecological Integrity and Christian Responsibility*, 이문균, 『기

나님의 가치평가는 단순히 혹은 주로 인간 중심적인 것이 아니라 우주 중심적이고 생명체 중심적이다."[68] 따라서 주로 하나님과 인간에 대해서만 초점을 맞추어왔던 전통적인 기독교적 사고는 올바른 성서적 사고가 아니다.[69] 그도 그럴 것이 "하나님은 세계를 그의 영광 때문에 창조하였고, 창조의 왕관은 인간이 아니라 안식일이기 때문이다."[70]

④"하나님은 나와 존재하는 모든 것을 창조했다."는 루터의 진술은 모든 피조물이 창조, 죄, 구원에 있어서 인간과 분리될 수 없는 동료피조물[71]임을 제시한다. 성경은 "창조세계 전체가 죄와 구원의 드라마에 신비스럽게 연관되어 있으며 도래하는 하나님의 나라의 소망에 포함되어 있다고 간주한다. 인간과 다른 피조물들은 고통과 소망으로 함께 묶여 있다."[72]고 제시한다. 다시 말해 인간과 모든 만물이 하나님의 피조물이라는 사실은 모든 피조물의 공존성과 상호 의존성을 의미한다.

⑤생태적 창조론은 성경 용어의 올바른 해석을 요구한다. a. 하나님은 모든 피조물 전체에 대해 "좋았다"고 말씀하신다. 이는 하나님이 모든 피조물에 가치를 두고 그것을 기뻐하신다는 것을 의미하는 것이다. 또한 성경은 인간뿐 아니라 모든 피조물이 하나님께 영광을 돌릴 수 있다고 증언한다. 시19:1 b. "정복하라" "다스리라"는 명령은 하나님의 은혜로운 통치방

독교 생태윤리』 (서울: 한국장로교출판사, 1997), 153.

68) James A. Nash, *Loving Nature: Ecological Integrity and Christian Responsibility*, 이문균, 『기독교 생태윤리』, 154.

69) H. Paul Santmire, Nature Reborn: *The Ecological and Cosmic Promise of Christian Theology*, (Minneapolis: Fortress Press, 2000), 13, 17. 샌트마이어는 "특히 미국의 개신교적 표현에 있어서 기독교는 청교도시대 이래로 자연에 대한 인간의 지배론을 지지했다."고 비판한다.(위의 책, 16)

70) J. Moltmann, *Gott in der Sch ffung*, 김균진 역, 『창조 안에 계신 하나님』, 47.

71) "하나님은 모든 만물의 원천이기 때문에 모든 만물은 공동의 관계 가운데 있다고 말할 수 있다. 모든 피조물의 친족관계는 창세기 2장의 창조 이야기에 상징적으로 표현되어 있다."(James A. Nash, *Loving Nature: Ecological Integrity and Christian Responsibility*, 이문균, 『기독교 생태윤리』, 151.)

72) Daniel Migliore, *Faith Seeking Understanding*, 신옥수 백충현 역, 『조직신학개론』, 178.

식을 따라 창조세계에 대한 존중과 사랑과 돌봄의 통치를 하라는 것이지 타자를 지배하고 억압하고 착취하라는 명령이 아니다. 이 명령을 주신 삼위일체 하나님은 창 2장에서 파괴하고, 억압하는 지배자가 아니라 피조세계를 위하여 "노동하는 자" "땀흘리는 자" "섬기는 자"로 나타난다. 따라서 인간의 "지배"[73]와 "정복"의 의미는 하나님의 다스림의 방식에 따라 하나님의 피조물을 잘 돌보기 위해 땀 흘리고 노동해야 한다는 돌봄의 통치를 하라는 의미이다.[74] 달리 말하자면, "하나님이 기뻐하시는 세계는 삼위일체 하나님에게 상응하여 사귐과 협동과 나눔이 지배하는 세계이다. 인간이 인간을, 인간이 자연을 억압하고 착취하며 파괴하는 것은 하나님의 삼위일체적 존재에 모순된다. 하나님이 기뻐하시는 세계는 모든 피조물들이 한 몸을 이룬 가운데서 모든 기쁨과 어려움과 고난을 함께 나누는 세계이다. 그것은 하나님의 공의와 자비와 평화가 다스리며 하나님의 영광이 모든 피조물 안에서 나타나는 세계이다."[75]

3. 생태학적 회심의 과제

셋째로, 기후/생태위기를 극복하며, 생태적 책임을 다하고자 하는 생태목회는 자연세계를 향해 저지른 죄를 회개해야 한다. 생태위기를 극복하고 지구를 잘 돌보는 책임을 수행하기 위해서는 우리 내면에서의 관점의 변화, 가치의 전환이 일어나도록 해야 하는데 이를 일컬어 생태적 회심이라 할 수 있다. 마가렛 불릿-조나스에 따르면 생태학적 회심에는 세 단

---

73) "역사에 걸쳐 이 시대의 정사와 권세처럼 성서적 언어로서 여겨질 수 있는 지배의 구조들은 힘 없는 자들(노예, 어린이, 노동자)의 지위격하를 지지했다....또한 지배의 구조들은 자연에 대한 조직적 착취를 뒷받침했다."(H. Paul Santmire, *Nature Reborn: The Ecological and Cosmic Promise of Christian Theology*, 13)

74) 김균진, 『생태학의 위기와 신학』, 104-107.

75) 김균진, 『생태학의 위기와 신학』, 77-78.

계가 있다.[76] 그녀는 이 세 단계를 창조, 십자가, 부활로 표현하는데 첫 단계는 하나님의 창조세계의 아름다움에 흠뻑 빠져드는 단계, 즉 놀라움, 감사, 경이, 경외감을 느끼는 단계이다. 이 단계는 창조세계를 거룩한 것으로 경험하게 되는 위대한 발견의 단계이다. 이에 대해 캐나다의 주교들은 "눈 앞에 펼쳐진 장관에서부터 가장 미소한 생명체에 이르기까지, 자연은 끊임없는 경탄과 경외를 불러일으키는 원천이다. 자연 역시 끊임없이 그분의 신성을 제시하고 있다."라고 하였고, 일본의 주교들 역시 "각각의 창조물은 언제나 노래를 부르고 있습니다. 그들의 현존이 바로 노랫말이다. 우리가 그것을 감지한다는 것은 곧 하느님의 사랑과 희망 속에서 기쁘게 산다는 것이다."라고 고백하였다.[77] 또한 정교회 신학자 필립 셰라드는 "창조세계는 하나님의 감추어진 존재의 현현이다."[78]라고 하였다.

두 번째 단계는 "창조세계가 드러내는 하나님의 사랑을 우리가 온전히 경험하면 할수록, 자연세계를 향한 무자비한 폭력깔끔하게 베어져나가는 숲, 멸종하는 생물들, 사라지는 흙, 바다의 생물이 살 수 없는 지역, 점점 없어지는 습지, 산성비, 더워지고 불안정해지는 기후을 보고 느끼지 않을 수 없"[79]는 단계이다. 이 단계에 이르게 되면 우리는 마침내 고통을 느끼고 우리가 잃은 것들과 우리의 자녀들이 결코 보지 못할 것들에 대해 애도할 용기를 갖게 되고, 저항과 비통을 느끼게 된다. 이 단계에서는 십자가 아래 우리는 슬픔을 표현할 뿐만 아니라 죄를 고백하기도 하고, 우리가 지구를 파괴함으로써 누렸던 것들을 고백할 수밖에 없게 된다. 이에 따라 그리스 정교회의 총대주교 바르톨로메

---

76) David Rhoads, ed. *Earth and Word: Classic Sermons on Saving the Planet*, 전현식 손승우 역, 『지구와 말씀: 창조세계를 향한 하나님의 긴급한 메시지』(서울: 동연, 2015), 138-144.

77) 프란치스코, 박동호 역, 『찬미받으소서!』, 76.

78) David Rhoads, ed. *Earth and Word: Classic Sermons on Saving the Planet*, 전현식 손승우 역, 『지구와 말씀: 창조세계를 향한 하나님의 긴급한 메시지』, 101.

79) David Rhoads, ed. *Earth and Word: Classic Sermons on Saving the Planet*, 전현식 손승우 역, 『지구와 말씀: 창조세계를 향한 하나님의 긴급한 메시지』, 140.

오Bartholomew 1세는 "자연세계를 향해 범행을 저지르는 것은 죄입니다. 인간이 다른 종들을 멸종에 이르게 하는 것, 하나님의 창조세계의 생물다양성을 파괴하는 것, 인간이 자연이 만들어낸 삼림을 모조리 벗겨내고 습지를 파괴함으로써 기후 변화를 야기해 지구의 보전을 해치는 것, 인간이 질병으로 다른 인간을 해치는 것, 인간이 독성 물질로 지구의 물, 땅, 공기, 생명을 더럽히는 것 … 이 모든 것이 죄"[80]라고 고백한다.

세 번째 단계는 부활의 단계로 "우리가 부활로 인도될 때 우리는 세상으로 나가 창조세계를 위한 돌봄의 과업에 참여하게 된다." 마가렛 불릿-조나스는 "이 단계에 들어서는 확실한 표지는 부활하신 그리스도의 능력으로 우리가 정의를 추구하는 자들이 되고 치유의 행위자들이 될 때 나타난다. 지구를 돌보기 위한 헌신은 우리가 무엇을 사고 또 사지 말아야 할지, 우리가 차를 타고 갈지 말아야 할지, 가정에서 난방을 얼마나 할지, 얼마나 재생하고 재활용할지, 소형 형광등으로 바꾸는 것 같이 사소한 것들을 기꺼이 할지, 투표를 할지, 한다면 누구를 뽑을지, 그리고 나아가 대중적인 시위와 시민불복종운동에 동참할지에 영향을 미친다."[81]고 말한다.

4. 통전적 구원론 회복의 과제

넷째로, 기후/생태위기를 극복하며, 생태적 책임을 다하고자 하는 생태목회는 통전적 구원론을 회복해야 한다. 왜냐하면 전통적인 신학은 "개인의 구원의 문제에 집중함으로써 세계에 대한 인간의 인식과 지배로부터 분리되었"고, "신학의 영역은 내면성 속에 있는 영적인 구원의 확실성

---

80) David Rhoads, ed. *Earth and Word: Classic Sermons on Saving the Planet*, 전현식 손승우 역, 『지구와 말씀: 창조세계를 향한 하나님의 긴급한 메시지』, 436.

81) David Rhoads, ed. *Earth and Word: Classic Sermons on Saving the Planet*, 전현식 손승우 역, 『지구와 말씀: 창조세계를 향한 하나님의 긴급한 메시지』, 142.

이 되었"으며, "세계 전체의 구원의 지상적, 신체적, 우주적 차원은 간과되었"기 때문이다.[82] 그러나 "하나님께서는 오직 인간의 구원만을 위해 아들을 보내신 것이 아니며, 우리에게 부분적 구원을 주신 것도 아니다. 오히려 복음은 창조세계의 모든 부분과 우리의 삶과 사회의 모든 면에 좋은 소식이다. 그러므로 하나님의 선교를 우주적 의미에서 인식하는 것과 모든 생명, 즉 온 세상 oikoumene이 하나님의 생명의 그물망 안에 서로 연결된 것을 확언하는 것은 매우 중요하다."[83] 다시 말해 "우리는 이 땅the earth은 폐기되고 오직 영혼만 구원받는다는 것을 믿지 않는다. 땅과 우리의 몸들은 모두 성령의 은혜를 통하여 변화되어야 한다. 이사야의 비전과 요한계시록이 증언하는 것처럼, 하늘과 땅은 새로워질 것이다.사 11:1~9, 25:6~10, 66:22; 계 21:1~4"[84]

5. 통전적 생명선교론 회복의 과제

다섯째로, 기후/생태위기를 극복하며, 생태적 책임을 다하고자 하는 생태목회는 통전적 생명선교론을 회복해야 한다. 예수 그리스도의 구원사역은 세상 안으로 온전한 생명, 풍성한 생명, 충만한 생명을 가져오는 것이기 때문이다. 하나님의 선교, 예수의 선교, 성령의 선교는 처음부터 생명을 살리고, 생명을 풍성하게 하는 통전적 생명의 선교이다. 그래서 "예수가 있는 곳에 생명이 있고, 병자들이 치유되며, 애통하는 자들이 위로받고, 버림받은 자들이 용납되며, 죽음의 마귀들이 추방된다고 공관복음서는 말한다. 성령이 임재하는 곳에 생명이 있다고 사도행전과 사도들의 편지들은 말한다. 왜냐하면 여기서 죽음을 이기는 생명의 기쁨과 영원한 생

---

82) J. Moltmann, *Gott in der Schöpffung*, 김균진 역, 『창조 안에 계신 하나님』, 52.

83) Kenneth R. Ross, et al., ed. *Ecumanical Missiology*, 한국에큐메니칼학회 역, 『에큐메니컬 선교학』 (서울: 대한기독교서회, 2018), 538.

84) Kenneth R. Ross, et al., ed. *Ecumanical Missiology*, 한국에큐메니칼학회 역, 『에큐메니컬 선교학』, 543.

명의 능력이 체험되기 때문이다."[85] 뿐만 아니라 "예수 그리스도는 생명을 부정하는 모든 것과 대결하시고 그것들을 변혁하기 위해 사회에서 가장 주변화된 사람들과 관계를 맺고 그들을 끌어안는다. 그것들은 빈곤, 차별, 비인간화를 초래하며 유지시키고, 사람과 땅을 착취하고 파괴하는 문화들과 제도들을 포함한다. 주변부로부터의 선교는 권력의 역학, 글로벌 제도들과 구조들, 그리고 지역의 상황적 현실들의 복합성들을 이해할 것을 요청한다."[86]

여기서 우리는 생명선교란 단순히 영혼의 구원만을 추구하는 선교가 아니라 사회정의, 경제정의, 생태정의를 추구하는 통전적 생명선교임을 알 수 있다. 다시 말해 생태학적 관점에서 생명선교는 생태의 사회, 문화, 정치, 경제의 총체적 차원의 정의를 추구하는 것이라 할 수 있다.[87] 따라서 생명선교는 "모든 생명을 파괴하는 가치와 제도가 우리의 경제와 정치 안에, 심지어 우리의 교회 안에서 활동하고 있는 곳곳에서 그것들에 저항하고 변혁하려고 노력한다. '하나님에 대한 우리의 신실함과 하나님의 값없는 생명의 은사는 우상숭배적 가정들, 불의한 제도들, 그리고 우리의 현세계 경제질서 안에 지배와 착취의 정치와 대결하도록 강권한다. 경제와 경제정의는 창조세계를 위한 하나님의 의지의 핵심에 닿아 있기 때문에 항상 신앙의 문제가 된다.'"[88]

V. 기후/생태위기 극복을 위한 생태목회의 목회적 과제

---

85) J. Moltmann, 이신건 역, 『생명의 샘』 (서울: 대한기독교서회, 2000), 34.

86) Kenneth R. Ross, et al., ed. *Ecumanical Missiology*, 한국에큐메니컬학회 역, 『에큐메니컬 선교학』, 548.

87) 프란치스코 교황의 회칙, 〈찬미받으소서!〉는 생태학에는 환경, 정치, 경제, 사회, 문화의 차원이 결부되어 있다는 점을 의식하며 환경적 생태학, 경제적 생태학, 사회적 생태학, 문화적 생태학, 일상생활의 생태학이란 용어를 사용한다.

88) Kenneth R. Ross, et al., ed. *Ecumanical Missiology*, 한국에큐메니컬학회 역, 『에큐메니컬 선교학』 (서울: 대한기독교서회, 2018), 546.

필자는 생태목회의 목회적 과제로 1.녹색교회 형성의 과제, 2.성경적 생태의식 고취의 과제, 3.생태영성 추구의 과제, 4.생태예배 회복의 과제, 5.생태적 삶 실천의 과제, 6.마을목회 추구의 과제 등 여섯 가지 과제를 제시하고자 한다.

1. 녹색교회 형성의 과제

첫째로, 기후/생태위기 상황 속에서 생태적 책임을 다하고자 하는 생태목회는 무엇보다 우리의 교회를 녹색교회로 만들어야 한다. 녹색교회를 정의하기 전에 먼저 녹색의 의미를 살펴보자. 색상 심리학에서 녹색은 균형과 조화의 색상이고, 성장의 색상이다. 또한 그것은 머리와 가슴, 가슴과 정서의 균형을 잡아주는 색상이고, 갱신과 재생의 색상이며, 사랑과 양육의 능력을 주는 색상이다. 녹색은 고갈된 에너지를 갱신하고 회복한다. 그것은 현대인의 삶의 스트레스로부터 벗어나게 해주고, 행복감a sense of well being을 회복시켜주는 성소이다. 하나님이 지구를 녹색으로 채우신 이유가 바로 여기에 있다. 뿐만 아니라 녹색은 옳고 그름에 대한 강한 의식을 가지고 있고, 선한 판단으로 초대하는 색상이기도 하고, 자연사랑, 정원사랑, 가족사랑, 친구사랑을 증진시키는 색상이며, 관대하고, 친절하고, 나누기를 좋아하는 색상이기도 하다. 또한 그것은 안정성, 인내심, 지속성, 역경에 대한 대처능력과 관련되어 있는 색상이고, 번영, 풍부, 물질적 부의 색상이다.[89]

이런 상징적 의미에 바탕을 두고 생태학적 위기 상황 속에서 나온 말들이 바로 녹색가치, 녹색사유, 녹색운동, 녹색정치, 녹색당, 녹색경제, 녹색세상, 녹색교회, 녹색신앙, 녹색영성 등이다. 이 용어들은 모두 생태위기를 인지한 사람들이 그 위기를 만들어낸 잘못된 사고체계와 사회체제를

---

89) http://www.empower-yourself-with-color-psychology.com/color-green.html

거부하며, 새로운 사고체제와 새로운 사회체제의 형성을 위해 노력하고자 하는 의지의 표현이라고 할 수 있다. 이런 점에서 녹색은 환경운동, 생태주의를 상징하는 색상이다.

그러면 녹색교회란 무엇인가? '녹색교회 21'이라는 의제가 세워지고 녹색교회운동이 본격적으로 시작된 것은 1998년부터이다. 예장녹색교회협의회는 녹색교회를 "하나님의 창조세계의 보존과 생명문화운동에 앞장서는 교회"[90]라고 설명하고 있고, 양재성은 녹색교회를 가리켜 "생명과 평화의 나라인 하나님 나라 건설을 위해 환경운동에 나서는 모델 교회" "생명을 살리고 평화로운 세상을 세우는" 교회라고 정의하였고, 유미호는 "녹색교회는 부활의 주님을 모시고 기뻐하며 잔치에 참여하는 예배와 생명을 살리는 선교, 생명을 양육하는 교육, 생명을 섬기는 봉사, 생명을 나누는 친교가 균형을 이루는 생명공동체"[91]라고 정의한다. 이에 근거하여 그는 녹색교회를 다음과 같이 구체적으로 설명한다.[92]

> 무엇보다 녹색교회는 교회 성장에 연연해하지 않는다. 그들이 말하는 성장은 교인 수의 증가가 아니라 한 생명의 행복감이 아지는 것을 말한다. 따라서 건물을 키우거나 주차장을 넓히기보다는, 함께 살아가는 자연과 이웃이 정말로 원하는 게 무엇인지 살핀다. 병들어 신음하는 생명들에게 가장 필요한 것이 무엇인지에 민감하며, 모든 생명들이 평화롭게 공존하는 세상을 위해 아낌없이 예산을 쓴다. 교회의 이익을 위해 투기하는 일은 절대 없다. 오히려 교회가 보유하고 있는 땅을 공동의 자산으로 내놓거나 보호해야 할 가치가

---

90) 예장녹색교회협의회, 한국교회환경연구소 편, 『녹색교회와 생명목회』 (서울: 동연, 2013), 219.

91) http://www.greenchrist.org/bbs/board.php?bo_table=ref_3&wr_id=100&page=

92) 위의 자료.

있는 것을 구입해서 자연으로 돌려보낸다. 숨쉬기 힘들어하는 생명들을 찾아가 막힌 부분을 터주는 일이라면 주님께서 자신을 내주셨듯이 기쁨으로 헌신한다.

이들 녹색교회는 사람에만 관심을 두고 사람의 구원에만 관여하는 하나님은 상상하지 못한다. 향기로운 꽃, 맑게 노래하는 온갖 새와 벌레들, 아니 모든 생명 안에서 하늘과 땅, 비와 바람, 온 우주, 그리고 하나님의 얼굴을 본다. 모두가 그들에게 거룩하게 다가선다. 모든 생명 안에는 하나님이 부여하신 동일한 생명의 가치가 있음을 알기 때문이다. 그래서 위험에 처한 생명의 외침을 들을 수 있으며, 그를 위해 기도하며 헌신한다. 주님이 그랬듯이 그들과 함께 호흡하길 희망하기 때문이다.

이상의 논의들을 토대로 생태학적 관점에서 말하자면 녹색교회란 생명, 생태, 성장, 사랑, 양육, 회복, 치유, 새롭게 함, 다시 태어남, 관대함, 조화, 균형 등의 녹색가치를 소중히 여기며, 생태적 책임, 지구돌봄의 책임을 다하고자 하는 교회라고 할 수 있고, 신학적 관점에서 말하자면 하나님사랑, 생명사랑생명존중, 이웃사랑, 자연사랑의 정신을 가지고 인간과 자연, 인간과 인간이 공존하는 정의롭고 평화로운 세상, 아름다운 세상을 만들어나가는 하나님나라 공동체라 정의할 수 있다. 이런 점에서 녹색교회운동은 곧 하나님나라 운동이라 할 수 있다.

2. 성경적 생태의식 고취의 과제

둘째로, 기후/생태위기 상황 속에서 생태적 책임을 다하고자 하는 생태목회는 성경적 토대 위에서 생태의식을 고취시켜야 한다. 생태학자들 가운데는 성경이 생태계 위기를 낳은 주요 원인이라고 생각하는 사람들이 있다. 물론 성경의 잘못된 해석으로 인해 생태계 파괴 등을 부추기고 정당화한 면이 있음을 부인할 수 없다. 우리는 역사 속의 기독교가 여러 가지 면에서 성경을 편협하고 잘못되게 해석해온 오류, 예를 들면, 원주민 학살, 제국주의, 노예제도, 불의한 권력의 지지, 여성차별, 자연파괴 등을 정당화하기 위한 잘못된 성서해석이 있었음을 인정한다. 따라서 올바른 성서해석의 중요성은 아무리 강조해도 지나침이 없다.

성경이 자연 적대적인 책이라는 비판이 있지만 분명한 점은 자연을 인간 마음대로 훼손하거나 파괴해도 된다는 사고는 성경 어디서도 허용되지 않는다는 사실이다. 성서의 자연관을 보면, 성경 안에서 자연은 하나님을 증거하는 매개물로 나타난다. 시편 19:1-4 등 성경의 여러 구절에서 자연은 하나님의 창조물로서 하나님의 영광과 능력을 증거하는 놀라운 역할이 있음을 증언하고 있다. 또한 자연은 하나님을 찬양하는 존재이고시 148:3-13, 자연은 하나님이 즐기시는 대상이며잠 8:30-31, 자연은 모든 생명을 유지하기 위한 자원이다.[93] 그리고 성경은 인간이 하나님으로부터 지구동산을 돌보는 정원사로 부름받은 자로 규정한다. 이런 점에서 성경은 자연 적대적인 책이 아니라 오히려 자연 친화적인 생태학의 보고라 할 수 있다.

이러한 이해를 토대로 우리 교회는 그리스도인들로 하여금 지구정원사로서의 책임을 다할 수 있도록 생태적 의식을 고취시키고, 생태학적 가치를 내면화할 수 있도록 해야 한다. 기독교환경교육센터 살림이 제시한 25가지의 생태학적 가치들을 보면 다음과 같다. 감사 감수성, 겸손, 동료피조물들의 소리를 경청하는 태도, 피조물의 고통에 대한 공감, 공생, 공존의 가치, 희망, 창조세계와의 관계치유, 생태와 문명의 조화를 통한 균형, 공동체적 나눔, 창조주에게 시선을 돌리는 멈춤, 분별력, 비움, 창조성, 사랑, 풍성함, 공동체와 필요에 대한 감수성, 아름다움, 용기, 하나님의

---

93) 정원범, 『신학적 윤리와 현실』 (서울: 쿰란출판사, 2004), 157-161.

정의, 지혜, 책임감, 평화, 내면적 성숙, 배려, 봉사, 신뢰 등이다.[94]

3. 생태영성 추구의 과제

셋째로, 기후/생태위기 상황 속에서 생태적 책임을 다하고자 하는 생태목회는 생태영성을 고취시켜야 한다. 생태영성이 없이는 생태적인 삶을 살아갈 수 있도록 격려하고, 동기를 부여하고, 의미를 부여하는 추진력이 생기기 어렵기 때문이다.[95] 잘못된 인간관, 잘못된 자연관, 그리고 인간의 자기중심적이고 이기적이고 탐욕적인 삶의 방식이 지구의 생태학적 위기를 초래했다는 사실로 인하여 생태학은 곧 영성의 문제일 수밖에 없다.

생태영성이란 무엇인가? ① 생태영성은 생태학적 위기상황에 대한 인식으로부터 출발하는 영성이다. 즉 그것은 생명파괴적인 죽임의 현실을 자각하는 죽음 자각의 영성이요 동시에 그것은 죽임의 세력에 저항하는 생명의 영성이다. 오늘날 우리는 도처에서 대량학살이 이루어지고 갖가지 테러와 폭력으로 인해 무고한 수많은 생명이 살해되고 있으며 그 외에도 수많은 동물과 생물종이 멸종되어가고 있는 삶의 현실 속에서 살아가고 있다. 그러나 그에 대한 우리의 감각은 마치 죽은 듯하다. 엄청난 생명파괴 현상들을 보면서 그것을 아무런 흥분도 느끼지 못하고 받아들인다. 그러나 "생명의 영성은 이러한 내면적 마비, 마음의 무관심의 갑옷과 다른 사람들의 고통에 대한 냉정함을 깨뜨린다."[96]

② 생태영성은 생명사랑의 영성이다. 몰트만에 따르면, 참된 영성이란 충만하고 나누어지지 않는 생명사랑을 회복하는 것이다.[97] 이에 대해 그는 이렇게 고백한다.

---

94) 기독교교육센터 살림 편, 『지구정원사 가치사전』 (서울: 도서출판 동연, 2021)
95) 프란치스코, 박동호 역, 『찬미받으소서』, 177.
96) J rgen Moltmann, *Die Quelle des Lebens*, 이신건 역, 『생명의 샘』, 115.
97) 위의 책, 115.

내가 하나님을 사랑할 때, 나는 육체의 아름다움과 율동의 리듬, 눈빛, 포옹, 이 오색찬란한 창조세계의 온갖 느낌, 향기, 소리를 사랑합니다. 나의 하나님, 내가 당신을 사랑할 때, 나는 모든 것을 포용하고 싶습니다. 왜냐하면, 나는 당신의 사랑스러운 창조 세계 안에서 내 모든 감각으로써 당신을 사랑하기 때문입니다. 당신은 내가 만나는 모든 것들 안에서 나를 기다리고 계십니다.

이처럼 생태영성은 하나님이 지으신 모든 창조세계를 사랑하는 생명사랑의 영성이다. 이 영성운동에서 하나님 체험은 곧 생명체험이요, 하나님 사랑은 곧 생명사랑이다.

③ 생태영성은 인간과 자연의 영성을 아우르는 통전적 영성이다.[98] 전통적 신학과 영성은 하나님의 구원을 주로 하나님과 인간과의 관계에서만 찾았다. 그리하여 하나님은 자연을 결여하였고, 자연은 하나님을 결여하게 되었다. 자연의 영역이 구원의 영역, 신학적 논의의 영역에서 배제된 것이다. 그 결과 오랫동안 기독교는, 자연은 인간이 지배해야 할 대상이지 하나님의 사랑의 대상이요 구원의 대상이 된다는 생각을 할 수 없었다. 그러나 하나님의 사랑과 구원은 자연을 배제한 인간에게만 있지 않다. 오히려 참된 영성은 인간과 자연의 모든 차원에서 하나님의 존재와 아름다움을 느끼게 되는 생태영성이다. 이에 대해 어거스틴과 마틴 루터는 각각 다음과 같이 주장하였다.[99]

어떤 사람은 하나님을 발견하기 위해 책을 읽습니다. 그러나 여기

---

98) Stanley J. Grenz, *Revisioning Evangelical Theology: A Fresh Agenda for 21st Century* (Downers Grove, Illinois: Intervarsity Press, 1993), 45-55; Simon Chan, *Spiritual Theology*, 김병오 역, 『영성신학』 (서울: IVP, 2002), 28-29. 참고.
99) 총회한국교회연구원 편, 『지구 생명체의 위기와 기독교의 복음』 (서울: 도사출판 나눔사, 2019), 209-210.

위대한 책, 창조세계의 책이 있습니다. 위를 보십시오! 그리고 아래를 보십시오. 그리고 이 책을 읽으십시오. 우리가 발견하기 원하는 하나님은 결코 잉크로 쓰여 진 책 안에 있지 않습니다. 대신 하나님은 높으신 당신께서 만드신 것들을 우리 눈앞에 두셨습니다. 그것보다 더 큰 목소리를 청할 수 있겠습니까?

하나님은 단지 성경책에만 복음을 기록하지 않았습니다. 그분은 또한 무한한 나무와 꽃과 구름과 별 위에 복음을 기록하였습니다.… 모든 창조 세계는 가장 아름다운 성경입니다. 그 안에서 하나님은 당신 자신을 묘사하였고 그리셨습니다.

이처럼 생태영성은 자연만물이 하나님의 존재와 아름다움을 드러내는 계시의 책이라는 점을 자각하는 영성이며, 동시에 하나님과 인간과 자연만물의 상호연관성을 자각하는 영성이라 할 수 있다. 바울이 "한 지체가 고통을 겪으면 모든 지체가 함께 고통을 겪습니다. 한 지체가 영광을 받으면 모든 지체가 함께 기뻐합니다고전 12:26라고 말한 것처럼, 지구의 모든 창조물은 상호 긴밀한 관계 속에 존재하고 있다. 따라서 그리스도인들은 모든 만물의 상호의존성과 상호연관성을 새롭게 인식하며, 인간도 자연의 일부라는 사실과 모든 피조물 역시 하나님을 찬양하는 동료 피조물이라는 사실을 인식하여 다른 피조물의 가치와 권리를 무시하거나 함부로 파괴하는 오만을 버리고, 단순함, 소박함, 지속가능성, 자연과의 조화 등 생태학적 삶의 태도를 가지고 하나님의 피조세계인 생태계의 아름다움을 가꿔나가야 할 것이다.

4. 생태예배 회복의 과제

넷째로, 기후/생태위기 상황 속에서 생태적 책임을 다하고자 하는 생태목회는 생태학적 예배를 회복해야 한다. 우리의 예배는 창조주 하나님에 대한 예배이면서 동시에 구속주 하나님에 대한 예배이어야 하는데 그동안의 예배를 보면, 주로 구속주 하나님에 대한 예배였기 때문이다. 루터에 따르면 "하나님을 예배한다는 말은 내적 혹은 외적 이중의 의미를 지니고 있다. 즉 하나님의 은혜를 인정하면서 그에게 감사하는 것이다."[100] 다시 말해 예배란 하나님의 은혜, 즉 구속의 은혜뿐 아니라 창조의 은혜에도 감사하고, 하나님께 영광을 올려드리는 것이라 할 수 있다. 그런데 그동안의 예배는 주로 구속의 은혜만 강조했지 창조 역시 하나님의 은혜의 행위임을 인정하며 감사하고 영광을 돌리는 데는 소홀히 하였다.

따라서 심각한 기후위기 상황 속에서 우리는 "하나님을 창조자로 고백하는 것은 …하나님이 선하며 타자에게 생명을 주는 분임을, 타자로 하여금 자신과 함께 교제함으로써 존재하도록 타자에게 공간을 마련하는 분임을 고백하는 것"[101]임을 기억하고, 또한 "하나님을 창조자로 고백하는 것은 그분이 자비롭고 베풀기를 좋아하는 분임을 고백하는 것이다.…창조는 하나님의 자기비움의 행동이다."[102]라는 사실을 기억하면서 생태예배를 드릴 수 있어야 한다. 왜냐하면 매퀴리가 말한 대로 예배란 그리스도인의 신앙을 행위와 실천으로 생명력 있게 이어주는 중요한 원동력이기 때문이다.[103]

5. 생태적 삶 실천의 과제

다섯째로, 기후/생태위기 상황 속에서 생태적 책임을 다하고자 하는 생태목회는 교회와 그리스도인들이 생태적인 삶을 실천하도록 하는 일에 힘

---

100) M. Luther, *Table Talk*, 708. 김영한 편역, 『루터신학 개요』, 대한예수교장로회총회출판국, 1991, 198. 재인용.

101) Daniel Migliore, *Faith Seeking Understanding*, 신옥수 백충현 역, 『조직신학개론』, 180.

102) Daniel Migliore, *Faith Seeking Understanding*, 신옥수 백충현 역, 『조직신학개론』, 181.

103) J. Macquarrie, 장기천 역, 『영성에의 길』(서울: 전망사, 1986), 24, 28.

을 쏟아야 한다. "지금까지 자본주의적 산업사회 안에서의 삶_{에너지를 과다하}_{게 사용하는 소비지향적인 삶-필자 삽입의} 방식은 우리의 세계를 위협하는 생태학적 재앙의 근본 원인"[104]이 되었다. 따라서 생태위기를 극복하기 위해서는 소비지향적인 삶의 방식을 지구생태계와 조화를 이루는 생태적 삶으로 전환해야 한다. 생태적인 삶에 대해서 〈찬미받으소서〉는 다음과 같이 제안한다.[105]

에너지를 보전하는 방식들을 촉진하는 일과 같이 국가와 지역의 수준에서 해야 할 일은 여전히 많습니다. 그런 방식들에는 에너지 효율성을 극대화하고 원료 사용을 줄이는 생산형태의 산업을 장려하는 것, 에너지 효율성이 떨어지거나 더 많이 오염시키는 상품을 시장에서 퇴출시키는 것, 운송체계들을 향상시키는 것, 에너지 소비와 오염 수준을 감축시키기 위한 목적으로 하는 건축과 개축을 권장하는 것이 포함될 것입니다. 지역 수준의 정치 활동 역시 소비를 조절하는 것, 폐기물처리 및 재활용의 경제를 발전시키는 것, 특정 종들을 보호하는 것, 그리고 다양화시킨 농업과 작물 순환의 계획을 수립하는 것으로 방향을 잡을 수 있습니다.

환경에 대한 책임 교육은 다음과 같이 주변 세상에 직접적으로 그리고 의미 있게 영향을 주는 행동 방식들을 장려할 수 있습니다. 플라스틱과 종이 사용을 피하기, 물 소비를 줄이기, 찌꺼기를 분리하기, 합리적으로 소비될 수 있는 것만 조리하기, 다른 생물에 대한 보살핌을 보여주기, 대중교통 이용하기나 자동차 함께 타기, 나무 심기,

---

104) J. Moltmann, *Ethik der Hoffnung*, 곽혜원 역, 『희망의 윤리』, 271.
105) 프란치스코, 박동호 역, 『찬미받으소서』, 174, 151.

불필요한 전등 끄기, 혹은 다른 어떤 실천이든 말입니다.

6. 마을목회 추구의 과제

여섯째로, 기후/생태위기 상황 속에서 생태적 책임을 다하고자 하는 생태목회는 마을목회를 추구해야 한다. 왜냐하면 오늘의 시대가 그 어느 때보다도 전 지구적이고, 총체적인 생태/생명위기의 시대이기 때문이다. 한국일에 따르면, "마을목회란 잃어버린 지역사회와의 관계를 회복하고 그것을 기초로 교회와 목회의 본질을 회복하자는 운동이다."[106] 황홍렬에 따르면, "마을목회는 목회자가 교회의 교인들을 돌보는 목회를 넘어서서 교회/기독교 기관과 그리스도인들이 마을의 주민들과 마을공동체의 회복과 성장을 위해 다양한 모습—마을을 살리는 학교, 마을기업, 마을을 살리는 문화, 생태마을, 마을을 살리는 생활정치 등—으로 돌보고 섬겨 하나님의 나라를 마을에 이루는 하나님의 선교에 동참하는 목회를 가리킨다."[107] 한마디로 마을목회란 자연의 재앙, 문명의 재앙을 초래하고 있는 기후/생태위기 상황 속에서 생명을 살리고, 마을을 공동체로 살려내는 하나님나라 목회이다.[108]

VI. 나가는 말

오늘날 인류가 당면한 가장 큰 위기는 무엇일까? 아마도 많은 사람들은 코로나19 전염병이라고 답할 것이다. 그러나 세계경제전문가 100인을

---

106) 예장마을만들기네트워크, 「마을만들기를 위한 신문자료집」 (홍성: 마을목회연구소 「농촌」, 2016), 25.
107) 강성열·백명기 편, 『한국교회의 미래와 마을목회』, 159.
108) 이에 대해서는 정원범, 『세상 속 하나님나라 공동체』 (논산: 대장간, 2021)의 1부 4장 "마을목회와 한국교회"을 참고할 수 있음.

대상으로 한 설문조사에서 그들은 기후위기가 우리 인류가 당면한 가장 큰 위협이라고 대답하였고, 세계경제포럼의 2021년 글로벌 리스크 보고서에서도 같은 진단을 내렸다. 이렇게 기후위기가 인류가 당면한 가장 큰 위협인 이유는 너무도 분명하다. 현재 나타나고 있는 기후재난은 생물과 인간을 포함한 지구생명공동체 멸종의 서막을 보여주는 징후이기 때문이다. 이렇게 지구의 파멸을 향해 가는 시대에 우리에게 주어진 긴급한 사명이 있다면 그것은 바로 인류생존의 터전이고 하나님의 창조물인 지구생명공동체를 살리는 일일 것이다. 바라기는 하나님사랑, 이웃사랑과 지구 돌봄의 명령을 받은 우리 교회가 이러한 시대적 사명을 잘 수행함으로써 탄식하고 있는 지구세계와 점점 힘들어지고 있는 사회적 약자들에게 희망의 메신저로 거듭나는 역사가 일어나길 희망한다.

4장 • 생태학적 위기와 기독교

I. 들어가는 글

지구적인 생태계 위기의 시대를 맞이하면서 우리는 서구의 기독교전통
이 생태학적 위기 상황을 극복하기 위한 어떠한 자원도 가지고 있지 못하
다는 생태학자들의 비판에 직면해 있다.[109] 뿐만 아니라 생태학자들로부
터 기독교 신앙이 생태계 위기의 주범이라는 비판도 받고 있다. 기독교가
생태계 악화의 주된 요인이거나 적어도 중대한 책임이 있다는 것이다. 기
독교는 매우 인간 중심적이기 때문에 본질적으로 또는 적어도 역사적으로
자연에 대해 무관심하거나 적대적인 입장을 견지해왔으며 그래서 반생태
적 종교라는 것이다. 생태학계는 기독교가 물질의 이용과 영적인 고양을
위하여 자연만물을 지배 또는 훼손하는 것을 옹호한다고 비난한다. 결과
적으로 기독교는 새로운 종교나 다른 종교를 위해 자리를 내어주든지 폐
기되어야 하며 아니면 적어도 철저하게 바뀌어져야 한다는 비판이다.[110]

---

109) H. Paul Santmire, *Travail of Nature*: *The Ambiguous Ecological Promise of Christian Theology* (Minneapolis: Press, 1985), 1.

110) James A. Nash, *Loving Nature*: *Ecological Integrity and Christian Responsibility* (Nashville:

이들의 비판대로 과연 기독교는 반생태적 입장을 견지해 온 것이 사실인가? 그리고 실로 기독교는 생태학적 위기의 극복을 위한 어떠한 해답의 실마리도 제공할 것이 없는 것인가? 이러한 물음들은 오늘의 구체적인 삶의 현실 속에서 책임 있는 신앙인으로 살아가고자 할 때 피할 수 없는 물음들이다. 따라서 본고를 통해 우리 먼저 기독교에 대한 생태학계의 비판을 정리하면서 기독교적인 입장을 밝히고자 하며, 다음으로 성서시대와 기독교 역사 속에 나타난 자연관을 고찰하고, 마지막으로 생태계의 위기를 극복하기 위한 기독교의 생태학적 패러다임을 제시하고자 한다.

II. 생태계 위기의 원인과 기독교

기독교가 생태계 위기의 주범이라는 비판은 대체로 다음의 세 가지 관점에서 이루어진다.[111] 첫째, 기독교는 자연을 비신성화시킨다. 둘째, 기독교는 너무 인간 중심적이고 인간은 모든 자연만물을 지배하라는 신적인 위임을 받았다고 가르친다. 셋째, 기독교는 대체로 자연과 물질을 거룩한 것, 영적인 것에 비하여 낮은 지위에 있다고 생각한다.

먼저, 기독교가 생태계파괴를 부추겼다고 비판하는 사람들은 기독교가 자연 만물 안에 영이 깃들어 있다는 이교적 세계관을 거부했다고 주장한다. 기독교가 생태계 위기의 주범이라고 비판하는 린 화이트Lynn White, Jr.는 이 점에 대해 다음과 같이 말한다.[112]

그리스도인에게는 나무 한 그루는 하나의 물리적인 사실에 불과할

Abingdon Press, 1991), 68.

111) David Kinsley, *Ecology and Religion: Ecological Spirituality in Cross-Cultural Perspecyive* (Upper Saddle River, New Jersey: Prentice-Hall, Inc., 1995), 103.

112) 린 화이트, "생태계의 위기에 관한 역사적 근거," 프란시스 A 쉐퍼, 송준인 역, 『공해』 (서울: 두란노서원, 1994), 91, 94.

수도 있다. 나무가 신성하다는 개념은 기독교나 서방의 정신세계에는 완전히 낯선 개념이다. 근 이천년 동안 기독교선교사들이 신성시되는 나무를 찍어 넘어 뜨렸다. 왜냐하면 자연 속에 정령이 있다고 생각하는 사람들이 그 나무들을 우상시하였기 때문이다.

오늘날 점차적으로 파괴되어가고 있는 이 지구의 환경 문제는 바로 중세 서구 세계에서 비롯된 역동적인 기술과 과학의 산물이며 바로 그것에 대해서 성 프란시스가 너무나도 원초적인 방법으로 반기를 들었던 것이다. 과학과 기술의 성장을 역사적으로 이해하려면 기독교적인 교리에 깊이 뿌리박은 자연에 대한 분명한 태도와 반드시 결부지어 생각해야만 한다.

이렇게 기독교는 자연 만물 속에 신령이 있다고 생각했던 애니미즘을 무너뜨리고 자연을 비신성화함으로써 과학, 기술 발전의 토대를 마련하였으며 동시에 자연 만물의 감정과는 관계없이 자연을 이용하고 착취하는 길을 열어 놓았다는 것이다. 요컨대, 오늘날의 지구환경파괴의 원인은 과학 기술에 있으며 과학 기술의 성장의 배경에는 기독교의 비신성화된 자연관이 있다는 것이다.

두 번째 비판의 관점은 기독교의 강한 인간중심주의와 인간의 자연 지배 개념이다. 린 화이트에 따르면 "기독교는 특히 서구의 기독교는 더욱 그러하지만 이 세상에 있는 어떠한 종교보다도 인간 중심적인 종교이다."[113] 자연이란 인간에게 이바지하는 것 외에는 아무런 존재이유가 없다는 기독교의 인간중심주의가 결국은 생태계 위기의 원인이 되었다는 것이

---

113) 위의 책, 87.

다.[114]

칼 아메리Carl Amery 역시 생태계 위기의 근본 원인이 창조 신앙의 인간 중심적 세계관에 있다고 비판한다. 그에 따르면, "기독교는 하나님과 모든 피조물 사이의 계약을 인간 중심적으로 축소시켰으며 이로 인하여 인간 이외의 다른 피조물을 경시하는 생각과 태도를 형성하였다. 기독교는 자연의 짐승들, 물고기, 새, 풀과 나무 등을 하나님의 축복과 보호에서 배제하였으며 그들을 단지 인간을 위한 대상으로만 간주하여 자연의 훼손과 파괴는 물론 생태계의 위기를 초래하였다."[115]는 것이다.

세 번째 비판의 관점은 기독교가 자연과 물질의 지위를 하락시켰다는 것이다. 비판가들에 따르면 이러한 경향은 세상적 정체성과 물질적 제한을 넘어서려는 기독교의 영적 상승의 동기와 연결되어 있다. 이런 견해에 있어서 인간의 영적 본향은 땅이 아니라 하늘이다. 지상에서의 삶은 외국 땅에서의 체류로 이해된다. 그리고 일차적인 신학적 관심사는 하나님과 영혼의 구원인 반면, 세상, 땅, 인간이외의 생명체들과 자연은 부차적인 관심사들이다.[116] 결국 기독교는 이러한 영적 동기가 지배적인 동기가 됨으로써 자연환경을 파괴하는 데 기여했다는 것이다.

이상의 비판들은 역사상의 기독교 신학전통을 생각할 때 근거 없는 이야기가 아니다. 그도 그럴 것이 전통적인 기독교는 아무래도 인간중심주의의 특성을 드러냈으며 그리하여 자연환경파괴를 부추기는데 기여한 측면이 많기 때문이다.[117] 이 점에 대해 내쉬는 다음과 같이 말한다.[118]

---

114) 위의 책, 94.

115) 김균진, 『생태학의 위기와 신학』 (서울: 대한기독교서회, 1992), 29.

116) David Kinsley, *Ecology and Religion: Ecological Integrity and Christian Responsibility*, 106-107.

117) James A. Nash, *Loving Nature: Ecological Integrity and Christian Responsibility* 74.

118) 위의 책, 72-74.

대부분의 신학자들의 신학적 초점은 죄와 구원, 타락과 구속, 전 생태계를 배제한 신-인 관계에 맞추어져 왔다. 그 초점은 자연의 역사를 외면하고, 심지어 자연역사가 인간역사에 끼쳤던 심대한 영향을 잊었다고 해도 좋을 만큼 압도적으로 인간 역사에만 집중되어져 왔다. 이 초점은 자주 이 세계에 대한 기독교의 태도에 있어서 심각한 이분법적 관점과 관련을 맺어 왔다: 몸과 영혼, 물질적인 것과 영적인 것, 자연과 초자연, 자연과 인간, 세속적인 것과 성스러운 것, 창조와 구속, 심지어 여성과 남성으로 구분되었는데 후자는 늘 우월한 것으로 간주되었으며 그 상호의존성은 빈약하게 이해되어왔다.

인간중심주의는 기독교 신학과 경건의 주된 규범이었으며 지금도 그러하다. 그리고 인간중심주의는 기독교적인 문화권 속에서 환경파괴를 자극하고 정당화하는데 기여하였다.

샌트마이어 역시 말하기를, "말하자면, 19세기와 20세기 초 개신교 신학은 전반적으로 자연과 관계를 끊었고 그로 인하여 자연을 마음대로 처리하고자 했던 근대 산업주의의 정신을 사실상 허용했다."[119]고 지적했다. 이런 점에서 우리는 전통 기독교가 자연파괴에 대한 일정한 책임이 있다는 사실을 솔직히 인정할 필요가 있다.

그러나 그렇다고 해서 생태계 위기의 원인이 전적으로 기독교에 있다는 생태학계의 비판은 정당한 분석이었다고 할 수 없다. 왜냐하면, 환경파괴란 기독교 이전의 고대 문명국가들 안에도 이미 존재했었기 때문이다. 말

---

119) H. Paul Santmire, *The Travail of Nature: The Ambiguous Ecological Promise of Christian Theology*, 122.

하자면, "고대의 풍요로왔던 메소포타미아, 페르시아, 이집트, 서 파키스 탄 등 문명의 보금자리들이 불모지로 변했다. 그것은 외적인 원인도 있었 지만 인구의 증가와 자원의 관리 능력의 부족으로 땅의 생산력이 소모되 었고 자원이 고갈된 데서 찾아진다."고 할 수 있기 때문이다.[120] 이런 점에 서 생태계 위기의 원인을 기독교에서 찾고자 하는 것은 논리의 단순화라 고 볼 수밖에 없다.

그렇다면 생태계 위기의 진정한 원인은 무엇인가? 우리는 기독교가 기 독교권에서 환경파괴를 부추기고 정당화하는데 기여한 부분이 있다는 사 실을 인정하고 또 그 원인은 하나가 아니라 복합적인 것이라고 전제하면 서 그 원인으로 "엄청난 인구의 증가, 상업주의와 산업주의의 형태를 취한 확장주의적 자본주의, 학문에 있어서 데카르트의 기계론적 사고방식의 승 리, 베이컨의 자연에 대한 통제력으로서의 통치권 개념의 승리"[121] 등을 들 수 있을 것이다. 그러나 보다 근원적으로 말한다면, 생태계 위기의 근본 원인은 하나님 없는 인간의 이기적인 욕망에 있다고 할 수 있다.[122] 즉 "생 태계의 위기는 제국주의적 확장– 필요를 채우게 하기 위해 하나님이 허락 하신 것을 남용하고, 필요이상으로 정복하고, 통치하기보다는 독재를 꿈 꾸며, 자연의 잠재적인 환대를 자애롭고 정당하게 육성하는 데 실패하는 등– 의 결과이다."[123]

III. 기독교 자연관의 역사

1. 성서시대

---

120) 김균진, 『생태학의 위기와 신학』, 30.
121) James A. Nash, *Loving Nature*, 75.
122) 김균진, 『생태학의 위기와 신학』, 49.
123) James A. Nash, *Loving Nature*, 106.

우리는 전통적인 기독교가 생태계 위기에 대한 일정한 책임이 있음을 지적하였다. 그렇다면 성서에 대해서는 어떻게 말할 수 있을까? 생태계 위기에 대한 책임의 귀속 문제를 성서에까지 소급시켜 적용할 수 있을까? 드레버만은 생태계 위기의 책임을 성서에까지 귀속시킬 수 있다고 단언하여 다음과 같이 말한다.

> 성서는 자연 적대적인 책이다. 성서는 인간과 함께 하는 하나님의 역사에만, 그리고 자연을 희생하면서까지 인간의 무한적 번성에만 관심을 가지고 있을 뿐, 인간과 자연의 하나됨에는 관심이 없다. 성서의 자연 적대감은 역사적으로 하나님의 절대 초월론의 필연적 대가였다. 우리는 이 기독교의 명제의 필연적 결과를 단번에 인식할 수 있는, 성서적 세계상의 인간 중심적 일방성을 현재도 유지하거나 방어할 근거는 조금도 없다.[124]

그러나 과연 성서는 자연 적대적인 책일까? 대답은 분명하다. 그렇지 않다. 물론 성서 안에는 예컨대 땅을 정복하고 지배하라는 구절 등이 있는 것이 사실이다. 그러나 이런 경우에도 지배라는 말은 "절대로 자연에 대한 인간의 자기중심적인 착취나 남용을 위한 면죄부가 아니다."[125] 오히려 그것은 "피조 세계를 선하게 관리해야 할 피조 세계에 대한 인간의 책임을 규정하는 본문이다."[126] 아무튼 어떤 경우이건 자연환경을 인간이 마음대로 훼손하거나 파괴해도 된다는 사고는 성경 어디에서도 허용되지 않는다는 사실이다. 왜냐하면 자연환경이란 인간의 것이 아니라 하나님의 것이

---

124) 김도훈, "자연의 생태 신학적 이해," 한국통합신학회편, 『신학논단』제1집, 2000. 55-56.
125) Pannenberg, W., *Anthropologie in theologisher Perspektive* (Gottingen, 1983), 75; 조용훈, "지구환경위기의 원인 논쟁과 기독교," 한국기독교윤리학회, 『한국기독교윤리학 논총』, 1999, 219. 재인용.
126) 김명용, 『이 시대의 바른 기독교 사상』 (서울: 장로회신학대학교출판부, 2001), 105.

기 때문이다.

그러면 성서가 말하는 자연관은 무엇인가? 첫째로, 성서 안에서 자연은 하나님을 증거하는 매개물로 나타난다.[127] 다윗은 "하늘이 하나님의 영광을 선포하고 궁창이 그 손으로 하신 일을 나타내는 도다. 날은 날에게 말하고 밤은 밤에게 지식을 전하니 언어가 없고 들리는 소리도 없으나 그 소리가 온 땅에 통하고 그 말씀이 세계 끝까지 이르도다."시편 19: 1-4a 라고 노래함으로써 자연이란 하나님의 영광과 능력을 증거하는 놀라운 기능이 있음을 증언하였다. 이 점에 대해 바울 역시 "이는 하나님을 알만한 것이 저희 속에 보임이라 하나님께서 이를 저희에게 보이셨느니라 창세로부터 그의 보이지 아니하는 것들 곧 그의 영원하신 능력과 신성이 그 만드신 만물에 분명히 보여 알게 되나니 그러므로 저희가 핑계치 못할지니라"롬 1: 19-20 고 말하고 있다.

둘째로, 자연은 모든 생명을 유지하기 위한 자원이다. 하나님이 자연만물을 창조하신 목적 가운데 하나는 다른 피조물들을 서로 떠받치게 하려는 데 있다. 시편 104편에서, 하나님은 들의 짐승들10-11절, 새들12절과 나무들16절의 갈증을 풀게 하기 위해서 샘을 만드셨다. 그는 가축을 위해 풀을 만드셨고14절 새가 둥지를 만들도록 하기 위해 나무를 마련하셨으며17절 야생 염소를 위해 산을 만드셨고 오소리를 위해 바위를 만드셨다.18절 또한 하나님은 사람의 소용을 위해 채소를 자라나게 하시며 식물이 나게 하신다.14절 여기서 우리는 자연만물이 인간을 위해서만 창조되었다는 인간중심주의는 성서적이지 않다는 사실을 확인하게 된다. 분명히 모든 것이 인간을 위해서만 창조된 것이 아니다. 또한 혈육 있는 모든 생물을 각기 암수 한 쌍씩 방주로 이끌어 들이라는 하나님의 명령은 노아를 위한 그들의

---

127) Richard A. Young, *Healing the Earth*: *A Theocentric Perspective on Environmental Problems and their Solutions* (Nashville, Tennessee: Broadman and Holman Publishers, 1994), 90.

가치와는 상관없는 것이었다.창6: 19-20 그 가운데 많은 동물들은 부정한 것으로 분류된 동물들이었으며 그 짐승들은 노아나 그 가족들을 위한 공리주의적 가치를 조금도 갖고 있지 않았다. 그럼에도 불구하고 모든 동물들이 구원을 받았다. 어떠한 동물도 하나님 보시기에 하찮거나 무가치하지 않았다는 사실이다.128

셋째로, 자연은 하나님을 찬양하는 존재이다. 성서는 자연을 하나님을 찬양하는 존재로 묘사한다. 창조주 하나님에 대한 자연의 찬양은 특히 시편에서 많이 나타난다.

> 해와 달아 찬양하며 광명한 별들아 찬양할지어다. 하늘의 하늘도 찬양하며 하늘 위에 있는 물들도 찬양할지어다. 그것들이 여호와의 이름을 찬양할 것은 저가 명하시매 지음을 받았음이로다.… 산들과 모든 작은 산과 과목과 모든 백향목이며 짐승과 모든 가축과 기는 것과 나는 새며 세상의 왕들과 모든 백성과 방백과 땅의 모든 사사며 청년 남자와 처녀와 노인과 아이들아 다 여호와의 이름을 찬양할지어다.시 148: 3-13

자연은 그저 인간을 위한 이용의 대상으로 존재하는 피조물이 아니다. 그것은 하나님을 찬양을 하기 위해 창조된 존재들이다. 자연은 하나님을 찬양하고 하나님은 그 찬양을 귀하게 보신다. 그러기에 자연을 파괴하는 것은 찬양의 통로를 가로막는 것이요 그로써 하나님께 무례를 범하는 것이라 할 수 있다.129

넷째로, 자연은 하나님이 즐기시는 대상이다. 잠언 저자는 창조 시 하

---

128) 위의 책, 92.
129) 위의 책, 93-94.

나님 곁에 계셨던 지혜에 대해 묘사할 때 이 점을 증언하였다. 즉 "내가 그 곁에 있어서 창조자가 되어 날마다 그 기뻐하신 바가 되었으며 항상 그 앞에서 즐거워하였으며 사람이 거처할 땅에서 즐거워하며 인자들을 기뻐하였었느니라"8:30-31 하나님이 그의 피조물을 즐거워하셨다는 사실은 자연의 영역이 인간의 필요를 채워주는 것과 상관없이 중요하고 가치 있는 것이라는 점을 보여준다. 하나님은 자연만물을 인간의 육체적 필요만을 채우도록 하기 위해 창조하지 않으셨다. 하나님은 자연 만물이 심미적 가치를 갖도록 그렇게 창조하셨다. 왜냐하면 당신뿐만 아니라 그의 피조물들이 그것을 즐기도록 하려는 것이 그의 뜻이었기 때문이다. 그런 점에서 창조 세계의 아름다움을 즐기는 것은 영적인 삶의 한 부분이요 영성의 징표이다. 요컨대 자연은 인간의 욕망 충족을 위한 단순한 이용의 대상, 조작의 대상이 아니다. 그것은 하나님의 영광과 능력을 증거하고 찬양하는 존재이며 모든 생명체의 유지를 위한 자원일 뿐만 아니라 하나님이 즐기시고 또 모든 피조물이 함께 즐겨야 하는, 미적 가치를 지닌 존재이다.130

2. 고대시대

전술된 성서의 자연관과는 다르게 교회는 역사적으로 볼 때 자연을 다분히 인간 중심적으로 생각해 왔다. 그렇다고 해서 역사 속의 기독교가 반생태학적 특성만을 가지고 있다고 생각해선 안 된다. 왜냐하면 교회는 전통적으로 자연에 대한 인간의 관계에 대해서 단일한 입장을 취해 온 것이 아니기 때문이다. 기독교의 자연관에는 애매성이 있다는 사실이다. 샌트마이어에 따르면, 교회 역사 속에서 기독교 신학은 두 개의 신학적 동기들에 의해서 그러니까 영적인 동기를 통해서는 반환경적 전통을, 생태학적

---

130) 위의 책, 95.

동기를 통해서는 친환경적 전통을 만들었다.131 이제 우리는 이 애매성을 전제하면서 기독교 신학의 자연관을 역사적으로 살펴보기로 하자.

오리게네스185-254는 자연 만물이 인간의 용도를 위해 만들어졌다고 했지만 그와 어느 정도 동시대에 살았던 이레네우스ca. 130-200는 그와는 달리 육체적 몸과 물질적 피조물에 대해 적극적인 견해를 가진다. 그에게 있어서 자연은 인간을 위해 특별히 피조된 처소로서 인간을 구속하기 위해 인간의 형태를 취하신 하나님이 축복하시고 돌보시는 세계이다. 그리고 피조세계 전체는 인간과 더불어 구속되어야 하는 구속의 대상이다. 많은 다른 신학자들과는 달리, 그는 아담의 죄로 인해 땅이 저주를 받았다는 주제를 최소화시켰다. 그러니까 그는 타락이후에도 대부분의 피조물들은 하나님에게 계속 순종한다고 가르쳤다. 그리하여 자연은 자체의 선성을 보유한다. 이처럼 이레네우스는 피조세계와 하나님의 계획에 있어서 인간의 중심성을 강조하기는 하지만 물질 세계에 대한 긍정적인 입장을 보여 주었다.132

자연 친화적인 작품들 중에 가장 오래된 것은 3세기에 알렉산드리아의 주교였던 디오니시우스Dionysius the Great, A.D. 200-265의 작품이다. 그는 하나님에 의해 창조된 모든 자연질서의 연대성을 강조했고 인간을 포함한 모든 하나님의 피조물들은 공동의 처소를 공유한다고 지적했다.133 아르노비우스A.D. about 300도 동일한 사고를 했는데 모든 것이 인간의 사용을 위해 만들어 졌다고 생각하는 자연을 향한 인간 중심적인 오만을 반박했다. 그는 말하길, 자연의 모든 것들은 "부분을 위해서 이루어진 것이 아니라 전

---

131) 위의 책, 35; H. Paul Santmire, *The Travail of Nature: The Ambiguous Ecological Promise of Christian Theology* 75.

132) David Kinsley, *Ecology And Religion: Ecological Spirituality in Cross-Cultural Perspective*, 118.

133) Richard A. Young, *Healing The Earth*, 35.

체의 권익을 고려한다."고 말한다.134

이미 언급된 대로, 오리게네스185-254는 자연의 목적에 대한 그의 견해에 있어서 매우 인간 중심적이다. 이교도 켈수스를 반박할 때, 그는 "인간을 최고의 지위에 올려놓았고 합리적 본성 일반을 비합리적 동물들보다 우선적 위치에 놓았으며 신은 모든 것들을 주로 합리적 본성 때문에 창조했다."고 했던 스토아학파의 주장은 옳다고 지적했다. 이러한 스토아 철학에 근거하여 그는 모든 것이 인간의 사용을 위해 만들어졌다고 주장했다.135 즉 인간이외의 피조물들은 본질적인 영적 본성이나 목표도 가지고 있지 못하며 다만 인간의 목적을 위해서만 피조되었다는 것이다. 결국 그에게 있어서 인간이외의 피조물들은 인간에 대한 관계이외에는 어떠한 다른 역할이나 가치도 지니고 있지 않았다.136

터툴리아누스ca. A.D. 160-230도 "만들어진 피조물들은 자신을 위해서 만들어진 바, 그 존재보다 열등하다. 즉 피조물들은 하나님에 의해 나중에 그에게 종속되도록 만들어진 바, 그 인간을 위해 만들어졌다."고 말함으로써 오리게네스와 같은 입장을 보였다.137

필로의 작품들 역시 자연에 대한 인간 중심적, 공리주의적 견해를 반영한다. 그는 창1:28을 주석하면서 하나님은 "인간을 위해 세상 안의 모든 것들을 준비하셨다."고 말했다. 또 다른 곳에서는 그는 짐승들은 "인간을 위해서 그리고 인간을 봉사하기 위해서" 만들어졌다고 했으며 "다른 살아 있는 피조물들은,… 주인에 대한 종으로서 인간을 섬기기 위해 속박된 상태에 맡겨졌다."고 했다.138

---

134) 위의 책, 35.
135) 위의 책, 36.
136) David Kinsley, *Ecology And Religion: Ecological Spirituality in Cross-Cultural Perspective*, 108.
137) Richard A. Young, *Healing The Earth*, 36.
138) 위의 책, 36.

아우구스티누스354-430는 신플라톤주의에 의해 영향을 많이 받았던 초기 작품이나 성적 욕구와의 씨름에 대한 고백 등으로 인하여, 때때로 물질 세계와 인간의 몸에 대해 매우 낮은 평가를 하는 사상가로 분류되어지는 것이 사실이다.139 이러한 그의 초기 사상기의 자연관을 보면, 그것은 다른 피조물들이 인간의 필요를 위해 존재한다는 인간 중심적 입장을 보여주었다. 그러나 그의 사상의 성숙기에 오면, 창조 세계와 육체적 몸의 아름다움과 선함에 대해 언급하고 있으며 전 창조의 궁극적 목적은 아름다움이며 하나님을 영화롭게 하는 것이라고 주장한다. 즉 그는 "그러므로 사물의 본질을 우리의 편의나 불편과 상관없이 그 자체로 놓고 볼 경우, 바로 그 속에서 창조주께 영광을 드리는 일이 이루어지고 있다.… 그러기에 자연의 실체들은 선익하다. 왜냐하면 그들이 존재하고 또 그들 나름의 존재 양식과 존재 성격을 지니면서 그들 방식으로 자체 내부에 평화와 조화를 실현하고 있기 때문이다."라고 주장했다.140

이처럼 그는 타락이 인간에게만 영향을 준 것이지 자연에는 영향을 주지 않았다고 보았다. 또한 그는 사탄은 물질 세계의 주인이 아니고 다만 죄된 인간으로 이루어진 "세상"의 주인일 뿐이라고 주장했다. 따라서 그는 인간의 죄에도 불구하고 볼 수 있는 눈을 가진 사람들은 우주에서, 하나님의 초월적이고 풍부한 아름다움을 도처에서 묘사하고 있는 찬란한 아름다움의 세계를 응시할 수 있다고 가르쳤다.141

이렇게 해서 아우구스티누스는 한편으로 인간 중심적이고 공리주의적인 자세로 창조세계에 접근하면서도, 다른 한편으로는 존재하는 모든 것

---

139) David Kinsley, *Ecology And Religion*, 119.

140) Sean McDonagh, *The Greeting of the Church* (maryknoll, New York: Orbis Books, 1990), 성찬성역, 『교회의 녹화』 (왜관: 분도출판사, 1992), 278; Richard A. Young, *Healing The Earth*, 37.

141) H. Paul Santmire, *The Travail of Nature*: *The Ambiguous Ecological Promise of Christian Theology*, 66.

은 인간에 대한 유용성의 관점과는 관계없이 그 자체로 아름다우며 그 나름의 고유한 목적을 가진다고 가르침으로써142 생태학적 민감성을 보여 주었다고 하겠다.

한편, 서방교회와는 달리 동방정통교회는 인간은 자연의 일부이고 다른 형태의 생명들에 대해 겸손히 연민을 가져야 한다고 가르쳤다. 헬라교부들 가운데는 동물들에 대해 친절한 태도를 나타낸 교부들이 있다. 대 바질330년경-379년은 동물들을 포함한 모든 피조 세계와의 친교의식의 증진을 위해 다음과 같이 기도하였다.143

오 하나님, 우리 안에 친교의식을 키워주시어 우리 형제인 살아 있는 모든 생물, 주께서 우리와 더불어 살라고 대지를 고향으로 주신 온갖 동물들과 정답게 살아가게 하소서. 우리가 지난 날을 돌아보며 부끄러워 하옵는 것은 인간의 강력한 지배권을 잔인 무도하게 휘둘러 응당 주께 찬양 노래를 불러 드려야 할 대지의 음성을 고통 어린 비명으로 만든 일이옵니다. 저들이 다만 우리만을 위해 살지 않고 스스로를 위하고 주님을 위해 살아가며 감미로운 생명을 사랑하고 있사오니 부디 우리가 깨달아 알게 하소서.

또한 그는 롬 8:20-21에 근거하여 동물들의 구원을 위해 기도했다. 동방교회는 언제나 인간 이상을 포함하는 우주적 구원관을 가지고 있었으며 성육신의 목적은 타락의 결과로부터 전 창조 세계를 회복하는 것이라고 주장했다.144

---

142) Sean McDongh, 성찬성 역, 『교회의 녹화』278; David Kinsley, *Ecology and Religion*, 119.

143) Andrew Linzey and Tom Regan, *Compassion for animals* (SPCK, London, 1988), 34; Sean McDonagh, 성찬성 역, 『교회의 녹화』(왜관: 분도출판사, 1992), 277. 재인용.

144) Richard A. Young, *Healing The Earth*, 37.

크리소스톰은 사람들에게 동물들을 긍휼히 대할 것을 격려했는데 "우리는 여러 가지 이유로 그들에게 매우 친절함과 온화함을 보여주어야 하지만 무엇보다도 그들은 우리자신과 동일한 기원을 가지고 있기 때문이다."[145]라고 말했다. 7세기의 시리아인 성 이삭 역시 "모든 피조물에 대한 자비심으로 불타는 마음," "어떤 피조물이라도 상처를 받거나 고통을 주는 모습을 보고 듣는 것을 참지 못하는 마음"을 갖도록 모든 피조물에 대한 자비심을 호소했다.[146]

이처럼 동방교회는 인간의 위치가 자연 안에 있어야 함을 인정하면서 겸손하게 살아야 한다는 이상과 최후의 변화를 기대하는 가운데 인간과 다른 피조물의 소외를 최소화하려고 노력해야 한다는 이상을 통해서,[147] 서방교회에 비해 생태학적 민감성을 보다 분명하게 보여 주었다. 이런 점에서 동방교회는 생태학계의 비판에 대항할 수 있는 중요한 증거를 제공한다.

3. 중세시대

중세교회에 있어서 자연 친화적 입장을 가장 확실하게 보여 주고 있는 사례는 아시시의 프란시스[1182-1226]이다. 이는 기독교를 반생태적 종교라고 비판했던 린 화이트까지도 그를 "생태학자들의 수호성인"[148]이라고 부르고 있는 사실에서 분명하게 드러난다. 그는 무엇보다도 모든 피조물에 대한 가족적 연대의식을 가지고 창조주 하나님과 모든 피조물에 대한 사랑을 나타내었다. 그는 다음과 같이 말한다.[149]

---

145) Robin Attfield, *The Ethics of Environmental Concern* (New York: Columbia University Press, 1983), 35.
146) 위의 책, 35.
147) James A. Nash, *Loving Nature: Ecological Integrity and Christian Responsibility* 81.
148) Richard A. Young, *Healing The Earth*, 39.
149) Sean McDonagh, 성찬성 역, 『교회의 녹화』, 285-286.

지극히 높으시고 온전히 능하시며 한없이 선하신 주여!

모든 찬미와 모든 영광, 모든 영예와 모든 축복이

주님의 것이옵니다.

이 모두는 오로지 주님, 지극히 높으신 분만의 것이옵니다.

사멸할 입술은 하나같이

주의 이름을 부르기에 합당치 못하나이다.

내 주시여, 주께서 만드신 만물,

저들이 드리는 온갖 찬미는 주의 것이오니,

맨 먼저 내 친애하는 형제 태양,

낮을 끌어오는 이,

주는 그 이를 통해 우리에게 빛을 주시나이다.

그이는 얼마나 아름다운가,

그의 광채가 얼마나 찬란히 빛나는가!

그이는 지극히 높으신 주님의 모상.

내주시여, 자매인 달과 별,

저들이 드리는 온갖 찬미는

주의 것이옵니다.

주는 하늘에서 저들을 만드셨으니

밝고 귀하고 아름다워라.

내 주시여, 형제인 바람과 대기, 저들이 드리는 온갖 찬미는 주의

것이옵니다.

평온하고 사나운 날씨의 온갖 상태,

주는 친히 창조하신 만물을 저들로 기르시옵니다.

내 주시여, 자매인 물이 드리는 온갖 찬미가 주의 것이오니,

그이는 지극히 유익하고 소중하며 겸손하고 순결하나이다.

내 주시여, 형제인 불이 드리는 온갖 찬미가 주의 것이오니,

주는 그이를 통하여 밤을 밝히시나이다.

그이는 얼마나 아름다운가, 얼마나 활달하던가!

힘과 기운이 넘쳐 흐르는도다.

내 주시여,

자매요 어머니인 땅이 드리는 온갖 찬미가 주의 것이오니,

그이는 지고한 권능으로 우리를 먹이며,

오색화초에서 갖가지 열매를 키워내고 있나이다.

이처럼 프란시스는 태양, 달, 별, 바람, 공기, 물, 불 등 자연 만물을 형제요 자매로 부를 정도로 만물 자체에 대한 우정과 연민과 사랑을 가지고 있었다. 그는 꿩, 매미, 양, 쥐, 토끼, 물새, 물고기, 꿀벌, 벌레 등을 보살펴 주고 축복해주었다. 인간을 잡아먹고 싶어하는 늑대를 형제라고 부르면서 늑대를 질책한 다음, 양처럼 순하게 만들기도 했는데 늑대는 그후로 사람이나 짐승을 해치지 않겠다고 맹세하였다고 한다. 이외에도 이러한 동물들과의 관계를 보여주는 이야기는 많기도 하고 잘 알려져 있기도 하다. 예컨대 그는 심지어 새들에게도 설교를 하였는데 그들은 설교를 듣고 "당신의 창조주께서 그처럼 당신에게 풍부하게 대하시니 그는 당신을 너무도 사랑하십니다."라고 말했다고 한다. 어떤 매는 규칙적으로 기도할 시간이 되었다고 밤에 그를 깨웠으며 어떤 동물들은 그와 껴안는 것을 즐거워했으며 때로는 그에게 선물들을 가져다주기도 하였다.[150]

이처럼 프란시스가 보여준 자연만물에 대한 애정어린 관계는 생태학적 감성을 탁월하게 보여 준 대표적인 사례임에 틀림없다. 그러나 그는 하나

---

150) James A. Nash, *Loving Nature*, 85-86.

님을 자연과 전적으로 동일시하거나 하나님의 초월적인 차원을 훼손하는 일은 분명히 피했다.151 결국 프란시스는 인간 이외의 피조물들을 '형제와 자매'라고 말함으로써 만물을 지배하고 소유하려는 의지로 특징을 이루어 왔던 삶의 방식과는 전혀 다른 바, 세상을 살아가는 또 하나의 삶의 방식을 보여 주었으며 뿐만 아니라 하나님과의 화해라는 개념을 자연과의 화해라는 개념과 분리시켜서 생각해서는 안 된다고 하는 신학적 모범을 보여 주었다.152

생태학적 통찰력을 보여 주는 또 하나의 사례는 베네딕트에게서 발견된다. 베네딕트는 노동을 기도와 결합시킴으로써 모든 종류의 육체노동을 고귀한 것으로 만들었다. 그는 아울러 각 수도원이 자급자족해야 한다고 강조했다. 그래서 육체노동에는 내부의 허드렛일과 숙련작업, 정원가꾸기, 밭일구기, 가축기르기 등이 포함되었다. 수도원의 안정이란 수도사들이 땅을 재생산하도록 가꾸는 법을 배워야 한다는 점을 의미했다. 실제로 베네딕트 수도사들은 땅의 비옥함을 유지하면서도 땅을 창조적이고 자급자족하는 방식으로 관리하는 법을 배웠다. 자연세계에 대한 베네딕트회의 접근모형은 땅이 주는 유익한 것들에 감사하고 땅이 인간에게 지속적으로 결실을 맺어줄 수 있도록 소중히 다루는데 그 특징이 있었다. 그들은 인간이 세상을 지키는 충실한 청지기가 되어 땅을 망치는 일이 없도록 하라고 부르심을 받았다고 보았다.153 이처럼 자연에 대한 그들의 관계는 수동적이고 신비적인 존경이 아니라 능동적이고 창조적인 관리였다. 이렇게 베네딕트는 능동적인 돌봄이 없는 자연에 대한 단순한 사랑은 적절하지 못하다고 하는 생태학적 책임성에 대한 표준적 개념을 보여 주었다는 점에서 그의 응답은 자연세계에 대한 깊은 애정과 일치감만을 보여주었던 프

---

151) Sean McDonagh, 성찬성 역, 『교회의 녹화』, 286.

152) Richard A. Young, *Healing The Earth*, 39.

153) Sean McDonagh, 성찬성 역, 『교회의 녹화』, 283-284.

란시스의 응답에 비해 보다 더 실제적이었다고 하겠다.[154]

샌트마이어에 따르면, 토마스 아퀴나스[1225-1274]의 자연관은 신 중심적이면서 동시에 인간 중심적이다.[155] 왜 피조물은 다양하게 존재하는 것인가 하는 문제에 대해 토마스는 신 중심적인 대답을 한다. 그는 다음과 같이 말한다.[156]

> 하나님은 그의 선하심을 전달하기 위하여 만물들을 만드셨다. 그의 선하심은 하나의 피조물에 의해서만 표현될 수 없기 때문에, 그래서 하나님의 선하심에 대한 하나의 표현으로 부족한 것이 다른 것에 의해 보충되도록 하기 위해서 그는 많은 다양한 피조물들을 만드셨다. 하나님 안에서 단순하고 한결같은 선하심은 피조물들 안에서는 다수이고 분할되어 있다. 그러므로 전 우주는 함께 어떤 단일한 피조물보다 더 완전하게 하나님의 선하심에 참여하며 그 어떤 단일한 피조물보다 더 잘 하나님의 선하심을 나타낸다.

즉 무한한 하나님은 유한한 세상에 그의 선하심을 전달하시기를 원하시며 그의 선하심은 하나의 피조물에 의해 표현될 수 없기 때문에 피조물들을 다양하게 만드셨다는 것이다. 다시 말해 세상의 피조물은 하나님의 선하심을 나타내도록 하기 위해 만들어졌다는 것이다. 그러나 그에게 있어서 피조물의 본질적 특성은 그 피조물들이 계층적 본성을 지닌다는 점이다.[157] 모든 피조물 가운데 인간이 가장 영적이고 합리적 존재이다. 그래서 아퀴나스에게 있어서 인간은 가장 탁월한 존재이다. 그에 따르면, 보다

---

154) Richard A. Young, *Healing The Earth*, 40; Ian G. Barbour, *Technology, Environment, and Human Values* (New York: Praeger Publishers, 1980), 25.

155) H. Paul Santmire, *The Travail of Nature*, 90.

156) 위의 책, 90.

157) David Kinsley, *Ecology and Religion*, 109.

낮고 보다 덜 영적인 피조물들은 보다 높은 피조물들을 봉사함으로써 하나님의 선을 나타낸다. 그러한 피조물들은 인간이 하나님의 선하심에 참여하는 만큼 하나님의 선하심에 참여하지 못한다. 그래서 그러한 피조물들은 인간에게 종속되어 있다. 그는 다음과 같이 말한다.[158]

우리가 보듯이, 불완전한 존재들은 보다 고상한 존재들의 필요에 봉사한다; 식물들은 땅으로부터 그들의 영양분을 빨아들이고 동물들은 식물들을 먹고 살고 다시금 이것들은 인간의 용도에 봉사한다. 그러기에 우리는 무생물들은 생명체들을 위해 존재하고 식물들은 동물들을 위해 존재하고 동물들은 인간을 위해 존재한다고 결론을 내릴 수 있다.… 인간이 합리적 동물이므로 물질적 본성을 가진 모든 것은 인간을 위해 존재한다.
우리는 모든 물질적인 것은 인간을 위해 만들어졌다고 믿는다. 그러므로 모든 것은 인간에게 종속되어 있다고 할 수 있다. 이제 그것들은 두 가지 방식으로, 즉 첫째로 인간의 육체적 삶의 영양물로서 둘째로, 인간이 하나님을 인식하는 것을 도움으로써 인간에게 봉사한다.
동물들과 식물들의 삶은 그 자신들을 위해서가 아니라 인간을 위해 보존되어진다.

이러한 표현들 속에서 우리는 아퀴나스의 신 중심적이면서 동시에 인간 중심적, 공리주의적 자연관을 보게 된다. 이러한 자연관은 그로 하여금 동물들에 대한 잔인함은, 동물들의 어떠한 내재적 가치 때문이 아니라 동물을 학대하는 것이 인간으로 하여금 인간에게 잔인하게 만들 수 있기 때문

---

158) 위의 책, 109; H. Paul Santmire, *The Travail of Nature*, 91.

에, 또는 그러한 학대가 재산의 상실로 인도할 수 있기 때문에, 나쁜 것이라고 가르치도록 이끌었다.159

4. 종교개혁 시대

루터1483-1546의 자연관에도 역시 인간 중심적 색조가 나타난다. 그는 창세기 주석에서 말하기를, "하나님은 말하자면 미래의 인간을 위해 집을 마련하기 위해서 모든 것을 창조하셨다."고 했으며 "낮과 밤은 휴식을 통해 우리의 몸에 원기를 회복시키기 위해 교대로 찾아온다. 태양은 작업이 이루어지도록 하기 위해 빛난다," "하나님은 나에게 음식과 의복, 집과 가정, 가족과 재산과 더불어 나의 몸과 영혼, 나의 모든 손발과 감각들, 나의 이성과 나의 마음의 모든 기능들을 주셨으며 계속하여 그것들을 유지하셨다."고 말했다.160 즉 하나님은 모든 피조물을 인간의 생명의 유익과 필요를 위하여 봉사하게 하기 위해 창조하셨다는 것이다.

그러나 루터에게 인간 중심적인 관점만 있는 것은 아니다. 그는 자연 안에서의 하나님의 역사하심과 자연 자체의 경이로움, 그리고 인간과 자연과의 연대성에 대해서 다음과 같이 말한다.161

> 우리는 이제 장래의 삶의 여명기에 살고 있다. 왜냐하면 우리는 자연만물에 대한 지식, 즉 아담의 타락으로 상실된 지식을 다시 얻기 시작했기 때문이다.… 그러나 우리가 하나님의 능력과 선하심을 숙고할 때 우리는 하나님의 자비로 꽃들 속에서의 하나님의 놀라운 역사하심과 이적을 인식하기 시작할 수 있다. 그러므로 우리는 그를 찬양하고 찬미하며 그에게 감사한다.

---

159) Richard A. Young, *Healing The Earth*, 40.
160) H. Paul Santmire, *The Travail of Nature*, 124.
161) 위의 책, 131.

이제 만일 내가 하나님의 아들을 믿고 그가 인간이 되셨음을 생각한다면, 모든 피조물들은 나에게 전보다 백 배나 아름답게 보일 것이다. 그리고 나는 그가 만물의 주이시며 만물의 중심임을 숙고할 때 태양, 달, 별들, 나무들, 사과들, 배들을 정확하게 식별하게 될 것이다.

또한 새 하늘과 새 땅이 있을 것이며 달의 빛은 태양의 빛처럼 될 것이며 태양의 빛은 7배가 될 것이다.… 그것은 광대하고 아름다운 하늘과 즐거운 땅이 될 것이며 에덴 동산보다 훨씬 더 아름답고 즐거운 것이 될 것이다.

이런 표현들을 통해 우리는 루터의 사상에 인간 중심주의적 특징만이 아니라 자연에 대한 심오한 신학적 인식이 자리하고 있음을 확인하게 되며 이 점은 칼뱅(1509-1564)의 경우에도 마찬가지로 나타난다.

5. 근대이후 시대

샌트마이어가 말한 대로 칸트 이후 대부분의 개신교 신학자들의 신학체계는 주로 하나님과 인간을 두 개의 축으로 하여 이루어져 왔다. 하나님이 본질적으로 자연과 분리되어 생각되어졌고 인간이 본질적으로 자연과 분리되어 논의되어졌다. 종교개혁신학의 하나님과 인간이라고 하는 두 개의 초점은 그대로 보존되었지만 종교개혁자들의 완곡한 자연의 신학은 더 이상 전제되지 않았다.[162] 결국 그들의 신학은 점점 더 자연과 무관한 하나님과 인간의 신학, 곧 고도로 정신화된 신인학a highly spiritualized theanthropology이 되어졌고 그리하여 자연은 세속주의의 세력에게 넘어갔다. 이것은 특히 알브레히트 리츨에게 있어서 사실이며 이러한 신-인 중심적 흐

---

162) 위의 책, 133.

름은 그 이후의 신학자들, 예컨대 빌헬름 헤르만, 아돌프 폰 하르낙, 불트만, 부룬너, 바르트 등에게서 그대로 이어져갔다.[163] 불트만, 부룬너, 바르트의 경우가 크게 다르지 않기에 바르트의 경우만을 통해 보자면, 그가 형식적으로, 그리고 실질적으로 자연에 대해 논의한 것은 사실이다. 그러나 그에게 있어서 창조세계는 은혜의 계약역사를 위한 공간 구성물에 불과하다. 말하자면 그에게 있어서 자연은 인간과 하나님의 계약 역사의 무대이다. 또한 자연은 인간이 창조세계에 대한 하나님의 지배권과 유사한 바, 제한되지만 거부할 수 없는 지배권을 행사하는 활동무대이다. 이처럼 바르트는 모든 것이 하나님과 인간 사이의 계약을 위해서 발생하며 자연은 신적으로 부여된 그 자체의 의미를 갖고 있지 못하다고 보았다.[164] 더욱이 그는 하나님과 세계의 엄격한 구분을 통해 자연을 하나님으로부터 소외시켰는데 이로써 하나님은 자연의 세계와 무관한 하나님으로 이해되었고 자연 세계는 하나님의 구원과 관계없는 세계로 이해되었다.[165]

그러나 우리는 근대 이후 시대에 기독교 신학의 이러한 큰 흐름 속에서도 생태학적 민감성을 보여주는 또 다른 흐름이 있었음을 놓칠 수 없다. 18세기 후반기 영국의 복음주의 운동에 참여한 사람들, 특히 퀘이커교도와 감리교도들은 동물학대에 반대하는 싸움의 선구자들이었다. 노예철폐 운동의 대변자로 잘 알려진 윌버포스는 그 지도자 가운데 한 사람이었다. 영국 성공회도 역시 참여하였다. 18세기, 험프리 프리맷은 성서를 근거로 다른 동물과의 관계에서도 사랑이 요구된다는 것과 동물학대는 이단임을 주장하였다. 19세기 초, 영국과 미국의 동부 지역에서는 동물학대에 대한 목사의 고발이 흔한 일이 되었다. 또한 19세기 영국에서 모리스, 반스라는

---

163) 위의 책, 137-155.
164) 위의 책, 152-153; H. Paul Santmire, "Healing the Protestant Mind: Beyond the Theology of Human Dominion," ed. Dieter T. Hessel, *After Nature's Revolt: Eco-Justice and Theology* (Minneapolis: Fortress Press, 1992), 62.
165) 김균진, 『생태학의 위기와 신학』, 122.

두 명의 목사는 야생 조류 보호운동에 참여하기도 했다.166 이외에도 생태학적 민감성을 보여 준 사례들이 많이 있지만 그 가운데 가장 대표적인 사례는 알버트 슈바이처1875-1965의 사례일 것이다. 그는 "생명경외의 윤리"라는 글에서 모든 생명을 존중하는 한 사람을 묘사했는데 그렇게 함으로써 자신을 묘사했다.167

> 어떤 사람이 자신이 도울 수 있는 모든 생명을 도우라는 요구에 순종하고 살아있는 어떤 것을 해치는 것을 피할 때만이 그 사람은 진실로 윤리적 인간이다. 그는 어떤 생명체가 가치 있는 존재로서 동정심을 어디까지 받을만한가를 묻지 않으며 그것이 감정을 느낄 수 있는지 없는지 그리고 어느 정도로 느끼는지를 묻지 않는다. 그는 나무에서 잎을 따지 않고 꽃을 따지 않으며 벌레를 밟지 않으려고 조심한다. 만일 여름에 그가 등불 옆에서 일하고 있다면 그는 날개를 퍼득이며 테이블 위에 떨어지는 곤충을 보는 것보다는 창문을 닫고 후덥지근한 공기를 들이마시는 것을 더 좋아한다.

이러한 슈바이처의 입장은 인간과 다른 생명체의 가치와 권리를 윤리적으로 같은 수준에서 생각하며 생물의 권리를 절대화하는 것이 아닌가 하는 비판이 가능하지만 그의 생명경외사상은 근대 이후에 생태학적 감성을 탁월하게 보여준 대표적인 사례임에 틀림없다.

Ⅳ. 생태학적 패러다임과 기독교

앞에서 우리는 생태계 위기의 근본 원인이 하나님 없는 인간의 이기적

---

166) James A. Nash, *Loving Nature*, 87-88.
167) David Kinsley, *Ecology and Religion*, 123-124.

인 욕망에 있다고 하였다. 일반적으로 말한다면 오늘날의 지구적인 생태계 위기의 근원적인 원인은 인간중심주의적 세계관에 있다고 할 수 있다. 이에 대해 박이문은 다음과 같이 말한다.[168]

> 과학기술 문명 그리고 전 과학 기술 문명은 다같이 인간중심적 세계관에 바탕을 둔다. 인간 중심적 테두리에서 인간은 자신을 자연의 주인으로서 자처하면서 자연이 자신의 도구에 지나지 않는다는 전제하에 자신에 의한 자연의 무제한한 정복과 자기 중심적 약탈을 정당화해 왔고 그러한 과정을 진보로 규정하고 그것을 믿어 왔다. 현재 인류가 경험하고 있는 생태학적 파괴 즉 과학기술 문명의 위기는 바로 이러한 인간 중심적 세계관의 필연적인 결과에 지나지 않는다.

이렇게 생태계위기의 원인이 자연을 바라보는 근본적인 사고의 틀에 있다면 생태계 위기의 극복이란 바로 그 자연에 대한 패러다임의 전환이 없이는 불가능한 것이라는 사실은 자명하다. 그렇다면 생태학적 패러다임을 어떻게 전환시켜야 할까? 생태학적 패러다임에 대한 기독교의 입장은 무엇인가? 기독교의 생태학적 패러다임은 인간중심주의도 아니고 생명또는 생태중심주의도 아니다.[169] 어떤 학자가 말한 대로, "모든 것에 관하여 그렇듯이, 자연에 관해서도 구약성서와 신약성서의 관점은 철저하게 신 중심주의이다."[170]

---

168) 박이문, 『문명의 위기와 문화의 전환』 (서울: 민음사, 1996), 38

169) Ian G. Barbour, *Technology, Environment, and Human Values*, 25.

170) Gene McAfee, "Ecology and Biblical Studies," in *Theology for Earth Community*, ed. Dieter Hessel (Maryknoll, N. Y.: Orbis, 1996), 36; steven bouma-prediger, *for the beauty of the earth: a christian vision for creation care* (Grand Rapids, Michigan: Baker Academic, 2001), 120. 재인용.

첫째로, 인간중심주의는 성서적인 생태학적 패러다임이 될 수 없다. 왜 나하면, 그것은 인간이 모든 것의 중심에 있다고 생각하고 우주의 모든 것 또는 자연을 인간의 가치와 인간의 이익의 관점에서 생각하기 때문이며 그래서 자연을 경시하고 자연을 착취하고 파괴하는 결과를 초래할 수밖에 없기 때문이다. 이 점에 있어서 세속적 인간중심주의와 전통적 기독교의 인간중심주의 모두 그 책임을 피할 수 없다. 기독교적 인간중심주의 역시 문제가 되는 것은 그것이 모든 창조세계와 그것의 미래의 구속에 대한 하나님의 관심이라는 보다 폭 넓은 신학적 맥락을 제대로 파악하지 못하기 때문이다. 결국 자연과 생명에 대한 인간중심주의는 그것이 필연적으로 인간과 자연에 대한 착취와 파괴를 초래한다는 점에서 생태학적 대안이 될 수 없다.[171]

둘째로, 새로운 생태학적 대안으로 떠오르고 있는 생명중심주의 또는 생태중심주의 역시 성서적인 생태학적 패러다임이 될 수 없다.[172] 왜냐하면 그것은 지구생태계를 모든 생명의 근원이요 지탱자로 보기 때문이며 자연이 그 자체로 본질적인 가치와 권리를 가지고 있고 그리하여 자연은 인간과 동등한 가치를 가지고 있다고 보기 때문이다. 이렇게 생태계의 모든 실재는 상호 연관된 전체의 부분들로서 본질적 가치에 있어서 동등하다고 하는 생명중심주의는 독재적인 인간중심주의에 대한 이상적인 대안인 것처럼 보인다. 그러나 그것은 1) 초월적 하나님을 인정하지 않는다는 점에서, 2) 인간의 가치와 다른 생명체의 가치와 권리 사이에 충돌이 생길 때 그 갈등을 해결할 길이 없다는 점에서[173], 3) 그리고 인간을 비인격화시키고 인간의 특수한 지위를 무시한다는 점에서 심각한 문제를 제기한다. 특히 인간에게서 인간으로서의 독특한 지위를-예컨대 다른 피조물들을 가꾸고 돌보아야 할 책임과 사

---

171) Richard A. Young, *Healing The Earth*, 116-122.
172) 위의 책, 124-127.
173) James A. Nash, *Loving Nature*, 182

명을— 박탈한다는 것은 곧 인간의 인간성을 박탈하는 것이기에 생명중심주의는 생태계 위기를 극복하기 위한 대안이 될 수 없다. 판넨베르크가 말한 대로, "인간은 자연에 대한 모든 지배를 포기할 수 있거나 포기해도 되는 것이 아니다. 오직 그러한 지배에 대한 책임짐을 통해서만 환경위기가 극복될 수 있을 것이다."[174]

셋째로, 생태계 위기를 극복하기 위한 기독교의 생태학적 패러다임은 신중심주의이다.[175] 하나님을 우주의 중심으로 생각하는 신중심주의는 ① 인간에게 가치를 결정하는 절대적 권리를 부여함이 없이, 인간 중심적인 오만을 허용함이 없이 인간의 독특한 지위를 보존한다. ②신중심주의만이 진정한 청지기직을 부여한다. 그도 그럴 것이 초월적인 하나님을 상정하지 않고 지구에 대한 청지기직을 주장하는 것은 곧바로 자기 자신의 이익을 위한 관리로 전락할 것이기 때문이다. ③신중심주의는 모든 피조물의 실존을 위한 이유를 제공한다. 피조물에 대한 신적인 이유는 하나님이 그들에게 의도하셨던 삶을 살아 갈 권리를 부여한다. 신중심적 입장을 갖는 것과 환경을 착취하는 것은 모순된다. 하나님의 피조물을 착취하는 것은 자연에 대한 하나님의 목적을 무시하는 것이 되며 결국은 하나님 자신을 무시하는 것이 되기 때문이다. ④신중심주의는 인간중심주의와 생명중심주의의 관심사 중 어느 것도 소홀히 다룸이 없이, 그리고 양자의 단점을 묵인함이 없이 양자의 관심사를 모두 포괄할 만큼 큰 개념이다. 인간을 섬기는 자는 지구를 무시하는 경향이 있고 지구를 섬기는 자는 인간을 무시하는 경향이 있다. 그러나 하나님을 섬기는 자는 인간과 지구의 필요에 민감하다. 왜냐하면 그 사람은 모든 창조세계에 대해 하나님이 관심을 보이시고 행하시는 대로 생각할 것이기 때문이다. ⑤신중심주의는 생태학적

---

174) Pannenberg, W., *Anthropologie in theologischer Perspektive*, 76; 조용훈, "지구환경위기의 원인 논쟁과 기독교," 222. 재인용.

175) Richard A. Young, *Healing The Earth*, 128-130.

유토피아 즉 평화와 조화가 회복되어질 미래의 하나님 나라에 대한 희망을 제공한다. 이렇게 해서 신중심주의는 환경 문제에 대한 가장 만족스러운 분석과 가장 현실적인 해답을 제공하는 생태학적 패러다임이라고 하겠다.[176]

V. 나가는 글

지금까지 우리는 생태계 위기의 원인에 대한 기독교의 입장과 성서 시대와 기독교 역사에 나타난 자연관, 그리고 생태계 위기의 극복을 위한 진정한 생태학적 패러다임이 무엇인가에 대해 살펴보았다. 이상의 논의를 통하여 우리는 첫째로, 전통적인 기독교가 적지 않은 경우 신-인 관계에 집중된 신학적 초점과 인간중심적 세계관을 가짐으로써 자연경시, 자연파괴를 부추기는데 기여한 측면이 있기에 생태계 위기에 대한 전적인 책임은 아니라 할지라도 일정한 책임이 있다는 사실과 둘째로, 이러한 약점에도 불구하고 기독교 신앙의 토대인 성서와 올바르게 이해된 기독교 신학은 생태계 보존을 위한 중요한 근거와 자원을 제공해주었으며 그런 점에서 기독교는 반생태적 종교일 수 없다는 사실과 셋째로, 기독교는 생태계의 위기를 극복할 수 있는 진정한 생태학적 패러다임으로 인간중심주의도 아니고 생명중심주의 또는 생태중심주의도 아닌 신중심주의를 제시하고 있다는 사실을 지적하였다.

이러한 사실을 전제로 하여 생태계 위기를 극복하기 위한 기독교인의 과제에 대해 간단히 언급해본다면, 첫째로, 기독교인은 생태계 위기의 심각성은 신앙적 문제라는 자각과 그 위기의 원인이 인간 중심적 세계관과 인간의 이기적 욕망에 있다는 신앙적 자각을 가지고 인간중심적 세계관에

---

176) 위의 책, 260.

서 하나님중심적 세계관으로의 일대 변혁을 이루기 위해 노력해야 한다.

둘째로, 생태계 위기를 극복하기 위한 견고한 토대를 제공하기 위해 기독교 신앙과 신학에 내포되어 있는 생태학적 차원을 개발해야 한다. 예컨대 자연만물은 하나님이 귀하게 여기시고 돌보시는 가치 있는 존재라는 사실과 그기에 기독교인에게는 하나님이 소중히 여기시는 모든 창조세계를 존중하고 돌보아야 하는 책임이 있다는 사실과 그렇게 하지 않는 것은 곧 죄라는 사실을 인식할 수 있어야 한다.

셋째로, 생태계 보존을 위한 생태학적 삶의 방식 또는 생태학적 덕목을 계발해야 한다. 예컨대 세상의 모든 것은 서로 연결되어 있다는 상호의존성과 연대성, 소비의 절제, 쓰레기의 감소, 포괄적인 재활용 등을 장려하는 검약성, 지구가 감당할 수 있는 능력의 한계 안에서 살아가야 한다는 지탱가능성, 다른 피조물의 가치와 권리를 무시하거나 자연에 대한 인간의 권리를 남용하지 않는 겸손 등은 기독교인이 계발해야 할 중요한 생태학적 덕목들이다.

넷째로, 지구적인 생태계의 위기가 초래된 데에는 개인적인 행동의 문제뿐만 아니라 사회, 정치, 경제적인 구조 및 제도의 문제가 자리하고 있다는 자각과 그기에 이 위기의 극복을 위해선 사회, 정치, 경제적인 제도 및 규정의 개혁이 필수적이라는 자각을 가지고 환경적대적인 사회, 정치, 경제적 활동을 금지하고 통제하고 처벌할 수 있는 국가적이고 국제적인 정책이 수립될 수 있도록 다방면의 노력과 협력을 증진시켜가야 할 것이다.

5장 • 코로나 19와 한국교회*

Ⅰ. 들어가는 말

2020년 10월 26일 전 세계의 코로나 확진 상황 등에 대해 TBS 뉴스는 다음과 같이 보도하였다.[177]

> 미국과 유럽에서 코로나19가 빠르게 확산하면서 전 세계 코로나19 신규 확진자 수가 50만 명에 육박하고 있습니다. 세계보건기구WHO 가 집계한 전 세계 코로나19 신규 확진자 수는 현지 시간으로 24일 기준 46만 5천 319명으로 사흘 연속 하루 기준 역대 최다를 기록했고 사망자는 6천 570명입니다. 이에 따라 전 세계 코로나19 누적 확진자수는 4천 230만 명을 넘어섰고, 누적 사망자수는 115만 명에 육박했습니다. 신규 확진자 중 절반 가까이는 유럽 지역에서 발생했습니다. 프랑스에서는 하루 코로나19 신규 확진자가 5만 2천 명을 넘어섰고, 스페인과 이탈리아 정부는 강력한 '봉쇄' 조처에 나섰

---

* 『코로나19와 한국교회의 회심』 (서울:동연, 2020)에 실렸던 글임.
177) http://tbs.seoul.kr/news/newsView.do?typ_800=4&idx_800=3409557&seq_800=20402134

습니다. 스페인은 밤 11시부터 다음날 오전 6시까지 이동을 제한하는 국가경계령을 발동했고 이탈리아 정부는 음식점 등의 영업시간을 제한하고 영화관, 헬스클럽, 극장을 폐쇄하는 조처를 취했습니다. 미국의 상황도 계속 악화되는 상황으로 존스 홉킨스 집계를 보면 현지 시간으로 24일 기준 신규 확진자 수가 8만3천718명으로 역대 최대를 기록했습니다. 이에 중서부 일부 지역에선 의료대란 조짐도 나타나고 있습니다. 세계보건기구WHO는 너무 많은 국가에서 신규 확진자 수가 기하급수적으로 늘어나고 있다며 일부 국가들은 위험 경로에 있다고 경고했습니다.

10월 18일 아시아경제의 보도에 따르면 "국가별 누적 확진자 수는 미국이 834만3140명으로 세계에서 가장 많았고 인도749만4551명, 브라질522만4362명, 러시아39만9334명가 뒤를 이었다. 국가별 누적 사망자 수도 미국이 22만4283명으로 가장 많았다. 브라질15만3690명, 인도11만4064명, 멕시코8만6059명, 영국4만3579명, 이탈리아3만6474명 순으로 나타났다."[178]

현재 전 세계 코로나19 누적 확진자수 4천 230만 명, 전 세계 코로나19 누적 사망자 수 115만 명이라는 숫자는 코로나의 상황이 얼마나 심각한지를 잘 보여주고 있다. 그러나 코로나로 인한 피해는 단지 보건의 문제를 넘어 사회, 경제 전반에 걸쳐서 심각한 충격을 주고 있다. WHO는 코로나19 여파로 전 세계가 한 달에 3750억 달러약 444조 원가 넘는 경제적 손실을 보고 있다고 분석했는데 사무총장은 "주요 20개국G20만 해도 경기부양책으로 10조 달러 이상을 썼다. 글로벌 금융위기 당시 푼 자금의 3배 반이 넘는 규모"라고 설명했다.[179] 한마디로 경제적 피해 상황이 매우 심각하다

178) https://www.asiae.co.kr/article/2020101819212863690
179) https://biz.chosun.com/site/data/html_dir/2020/08/14/2020081400550.html

는 것인데 코로나19 사태로 인해 수많은 기업들은 문을 닫고 있고, 수많은 사람들은 일자리를 잃고 거리로 내몰리고 있는 상황이다.

이런 현실에 대해 한국교회는 어떤 반응을 보이고 있을까? 무엇 때문에 코로나 상황 속에서 오늘의 교회는 점점 더 신뢰를 잃어가고 있는 것일까? 어떻게 해야 교회는 추락하고 있는 신뢰를 다시 회복할 수 있을까? 이런 문제의식을 가지고 필자는 2장에서 코로나19에 대한 교회의 반응을 정리하고자 하며, 3장과 4장에서는 교회의 사회적 신뢰를 회복하기 위한 대안을 제시하고자 한다. 그 대안으로 첫째는 콘스탄틴주의적인 교회를 벗어나 교회의 본래 모습, 즉 예수님이 세우고자 하셨던 대조사회의 공동체적인 삶을 회복해야 한다는 사실과 둘째는 시대적인 과제에 응답하기 위해 공공성을 잃어버린 교회를 벗어나 생태적인 삶과 사회적 경제를 선교의 과제로 삼는 교회로 거듭나야 한다는 사실을 제시하고자 한다.

II. 코로나19에 대한 교회의 반응

1. 성찰을 거부하는 반응

지난 8월 28일, 경향신문 사설은 "코로나 반성은커녕 대면 예배 고집하는 개신교 지도자들"이라는 제목 하에 "'2차 대유행'으로 치닫고 있는 코로나19 사태의 주된 책임이 교회에 있다는 것은 부인하기 어렵다."라고 하였다. 그도 그럴 것이 코로나19 2차 확산의 최대 진원지인 전광훈의 사랑제일교회의 반사회적 행태1000명에 육박하는 확진자를 발생시킴는 말할 것도 없고 적잖은 교회 지도자들이 대면 예배를 고집하면서 교회발 코로나 확진자들을 양산하였기 때문이다.

교회발 코로나19 감염 확산세가 심각해지자 정부는 8월 30일부터 전국적으로 비대면 예배만 허용하는 행정명령을 내렸다. 그러자 교계에선 거세게 반발하였다. 특히 부산기독교총연합회는 부산시가 종교의 자유를 침해한다면서 대면 예배를 강행하겠다고 하였다. 부산기독교총연합회는 이 같은 내용을 담아 부산지역 16개 구군 기독교연합회와 소속 1800여 지역 교회에 공문을 보냈고, 부산시를 상대로 행정명령 집행정지 소송까지 제기하겠다고도 했다. 또한 수도권 중형교회의 최모 목사는 8월 31일 천지일보와의 인터뷰에서 정부의 비대면 예배 조치가 "교회 탄압"이라고 분개하며 "목회자들이 정부에 맞서 들고 일어서야 한다"고 말하기까지 하였다.[180]

이런 교회의 모습을 보면서 의정부시의 이모43.여씨는 "이웃을 사랑하고 배려해야 하는 종교인들이 진정 맞느냐"고 비판했고, 양주시의 전모 40.여씨는 '타인의 생명에 위협을 주면서까지 왜 모이는 것이냐? 꼭 사람들이 모여야지 하나님을 만날 수 있는 것이냐"며 성토하였으며, 우종학 서울대학교 물리천문학부 교수는 자신의 페이스북 계정에 "예배 모임이 칼이 돼 남들의 목숨을 위태하게 하면, 모이지 않는 것이 신앙"이라고 비판하였다.[181]

뿐만 아니라 교계의 비판도 줄을 이었는데 손봉호 교수는 기윤실 홈페이지에 "대면 예배만 예배란 주장은 성경적 근거도 없다"며 "일각에서는 헌금 때문에 대면 예배를 고집한다고 비아냥거리는데 한국 교회가 받을 수 있는 최대의 모독이다. 부디 사실이 아니기를 바란다."라고 하였고, 기독교윤리실천운동본부는 '코로나19의 폭발적 재확산 상황에서 한국교회에 드리는 호소문'에서 다음과 같이 호소하였다.[182]

사랑제일교회와 광복절 광화문 집회 발 코로나19 재확산이 전 국민의 삶을 위협하고 있습니다. 특히 사랑제일교회 교인들과 광화문

---

180) http://www.newscj.com/news/articleView.html?idxno=774894
181) 위의 글.
182) https://cemk.org/17741/ 참고: 요4:21-24, 롬12:1

집회 참석자들이 진단검사를 거부하거나 방역을 방해하고 가짜뉴스를 퍼뜨림으로 인해 정부가 행정력을 낭비하고 있고 전 국민이 공포에 떨고 있으며 엄청난 생활의 불편과 경제적 손실을 입고 있습니다. 이러한 상황은 교회와 기독교인들의 삶에도 직접적인 영향을 미치고 있습니다. 대부분의 교회가 정부의 방역수칙을 잘 지키고 있음에도 불구하고 몇몇 교회의 비상식적이고 반사회적인 행동, 그리고 일부 교회 관련 단체들의 몰상식적인 대응으로 인해 교회가 방역방해집단으로 오해받고 있는 상황입니다. 이로 인해 대다수의 기독교인들이 괴로워하고 있습니다.... 넷째, 수도권 교회의 비대면 예배 조치에 대해 예배 금지와 종교탄압으로 몰아가는 한국교회연합한교연과 일부 기독교단체들은 즉각 그 행동을 멈추어야 할 것입니다. 이는 우리 국민과 성도의 안전을 위해 정부의 지침을 따라 비대면 예배를 준비하고 있는 대다수 교회들의 뜻을 왜곡되게 일반 사회에 전달할 수 있습니다. 그리고 이러한 행동으로 인해 한국교회가 비상식적이며 반사회적인 방역 방해집단이라는 이미지가 강화될 경우 이는 한국교회의 미래에 치명적인 악영향을 미칠 것입니다. 진정으로 한국교회를 사랑한다면 이 행동을 멈추어야 할 것입니다.

기독교는 이웃사랑의 종교입니다. 예배는 교회의 가장 중요한 기능이지만 이 시점에 현장 예배를 드리는 것은 교인과 국민의 생명과 건강에 위해를 가할 가능성이 높습니다. 따라서 하나님이 기뻐하시는 예배라고 할 수 없습니다. 더군다나 지금은 온라인 예배라는 긴급 처방이 가능한 상황입니다. 아울러 국민의 안전을 도모하고 생명을 보호하고자 하는 정부의 합법적인 정책에 협력하는 것은 성경과 신앙고백이 가르치는 그리스도인의 의무입니다. 한국교회는 사랑제일교회와 광복절 광화문 집회로 인한 코로나19의 폭발적 확산

의 위기 앞에서 그 책임을 통감하고 우리의 어두운 부분과 단절하며
보다 적극적인 이웃사랑을 실천해야 할 것입니다.

2. 비대면 콘텐츠 개발을 시도하는 반응

코로나19 팬데믹을 거치면서 다양한 사회적 변화가 나타났는데 그 중
가장 뚜렷한 것이 비대면 사회언택트 시대로의 진입이다. 코로나19로 인한
사회적 거리두기로 인해 비대면 사회가 되면서 재택근무, 온라인 수업, 온
라인으로 즐기는 문화예술까지 비대면 시스템이 빠르게 확산되고 있다.
코로나19가 우리의 사회, 우리의 문화, 우리의 경제를 비대면언택트 사회,
비대면 문화, 비대면 소비, 비대면온라인 경제로 바꾸고 있는 것이다.

이러한 비대면 시대에 교회는 어떻게 반응하고 있을까? 청어람ARMC
가 8월 20일부터 26일까지 805명을 대상으로 소셜미디어를 통해 온라인으
로 진행했던 설문조사에 따르면, 응답자 805명 중 57%464명가 지금 출석
하는 교회의 예배가 '현장 예배와 온라인 중계를 병행하고 있다'고 응답했
고, 32%258명가 온라인으로만 진행한다고 했으며, 온라인 예배 없이 현장
예배로만 진행하는 경우는 6%55명에 불과했다. 즉 코로나19 재확산 위기가
고조되던 시점에 90% 가까운 교회가 온라인 예배를 시행하고 있는 것으로
나타났다.[183]

이렇게 80% 이상의 교회들이 온라인 예배를 드리고 있지만 작은 교회
들은 기술과 장비, 인력이 부족해 온라인 예배, 온라인 교육이 쉽지 않은
실정이다. 이에 따라 온라인 교육자료를 전국의 모든 교회와 나누기 위
해 자체 교회교육 프로그램을 사용해 오던 교회들이 장신대 기독교교육연
구원과 함께 '교육자료 나눔운동'에 나섰다. 현재는 14개 교회가 참여하고
있지만 더 많은 교회가 참여할 것으로 예상이 되는데 교육자료온라인 설교에

---

183) http://www.newsnjoy.or.kr/news/articleView.html?idxno=301312

활용할 수 있는 교육 동영상부터 가정에서 부모와 함께할 수 있는 주중 신앙교육, 사순절 절기 프로그램 등의 자료는 연구원 페이스북facebook.com/Putsceri을 통해 이용할 수 있다고 한다.[184]

현재 코로나19 상황 속에서 우리의 일상은 많은 것이 비대면으로 이루어지고 있다. 수업도, 회의도, 소비도 비대면이 대세를 이루고 있고, 언택트 시대로의 변화에 발맞춰 교육의 현장에서는 다양한 온라인 교육 콘텐츠들이 개발되고 있다. 우리 교회도 마찬가지로 아이들이 온라인 상으로 흥미롭게 예배도 드리고, 재미있게 신앙교육도 받을 수 있도록 하기 위한 다양한 온라인 교육 콘텐츠의 개발이 요구되고 있는데 이러한 콘텐츠 개발에 참여하는 교회들이 점점 더 늘어날 것으로 예상된다.

3. 의미와 본질을 찾는 성찰의 반응

청어람ARMC에서 코로나19가 성도들의 신앙생활에 미친 영향 등을 조사하는 설문 중 '코로나 시대에 교회가 가장 신경 쓰고 보완해야 할 점은 무엇이냐'고 묻는 질문을 보면, 전체 응답자 805명[185] 중 27%224명가 사회와의 긴밀한 소통, 섬김, 봉사라고 응답했고, 25%208명는 위기 상황에 대한 올바른 해석과 교훈 제시, 22%178명는 변화에 적응하는 새로운 운영과 혁신, 22%177명는 예배를 비롯해 신앙의 기본기 회복이라고 대답했다. 여기서 볼 수 있듯이 적잖은 교인들은 코로나19에 대한 올바른 해석과 교훈, 신앙의 본질을 제시해주기를 원하는 것으로 나타났고, 또한 목회자들도 설교나 SNS 등을 통해 코로나19에 대한 의미와 신앙, 예배, 교회의 본질을 제시하려고 노력하였다. 대표적인 사례 몇 가지를 소개한다면, 우선 안

---

184) http://m.kmib.co.kr/view.asp?arcid=0924126276

185) 응답자 805명 중 일반 성도는 71%(576명), 목회자는 23%(188명)이었고, 가나안 성도는 5%(40명)이었다.

중덕 목사의 '코로나 감염시대가 전해주는 메시지'이다.[186]

마스크를 착용하라는 것은 [잠잠하라]는 뜻입니다.

막말과 거짓말을 하지 말며, 불필요한 말을 줄이고, 남의 말에 귀를 기울이라는 말입니다.

입을 다물면 사랑스러운 것들에 시선이 머물게 되고, 아름다운 소리와 세미한 속삭임이 들려올 것입니다.

손을 자주 씻으라는 것은 [마음을 깨끗이 하라]는 뜻입니다.

악한 행실과 죄에서 돌이켜 회개하고 성결하라는 말입니다.

안과 밖이 깨끗하여야 자신도 살고 남도 살 수 있다는 말입니다.

마음의 거울을 닦아야 자신이 보이고, 마음의 창을 닦아야 이웃도 보일 것입니다.

사람과 거리두기를 하라는 것은 [자연을 가까이 하라]는 뜻입니다.

사람끼리 모여서 살면서 서로 다투지 말고, 공기와 물과 자연의 생태계를 돌보며 조화롭게 살라는 말입니다.

자연을 가까이 할수록 마음이 넉넉하여 모든 것을 사랑하게 될 것입니다.

대면 예배를 금지하라는 것은 [언제 어디서나 하나님을 바라 보라]는 뜻입니다.

위안을 얻거나 사람에게 보이려고 예배당에 가지 말고,

천지에 계신 하나님을 예배하라는 뜻입니다.

하나님을 대면할 수록 그의 나라와 그의 뜻에 가까이 이르게 될 것입니다.

집합을 금지하라는 것은 [소외된 자들과 함께 하라]는 뜻입니다.

모여서 선동하거나 힘 자랑하지 말고, 사람이 그리운 이들의 벗이 되라는 말입니다.

우는 자들과 함께 울고, 홀로 외로이 무거운 짐을 지고 가는 이들의 짐

---

186) http://www.kookminnews.com/news/view.php?idx=28976

을 나누어 질수록 세상은 사랑으로 포근해질 것입니다.

그런가 하면 이찬수 목사분당우리교회는 코로나19는 우리 그리스도인과 교회의 부끄러운 민낯을 드러내는 사건이라고 하였고, 김경진 목사소망교회는 "하나님이 이 땅에 전염병을 허용한 것은 이단의 실체를 만천하에 드러내고, 독단으로 가득한 교회의 모습을 똑바로 보게 하려는 경고"[187]라고 하였다. 또한 이상학 목사새문안교회는 교회의 본질에 충실해야 한다는 점을 다음과 같이 강조하였다.[188]

지금 많은 교회가 코로나 이후를 말합니다만, 아직 전염병은 끝나지 않았습니다. 백신과 치료제가 개발되어 보급되기 전까지 우리는 계속해서 강화되거나 혹은 완화된 형태의 사회적 거리두기를 하고, 방역에 만전을 기하면서 신앙생활을 하고 교회를 섬기는 방법을 익혀 나가야 합니다. 이 기간은 1년이 될 수도 있고, 2년이 될 수도 있습니다. 이 기간에 가장 중요한 부분은 교회가 본질에 충실하는 것입니다. 풍랑이 심하여 배가 심하게 요동할 때는 배 안에 생명을 지키기 위해 절대 필요하지 않은 물건은 바다에 버려야 하는 이치입니다. 마찬가지로, 코로나 상황에서 한국교회는 본질과 비본질을 잘 구분하여, 본질에 더욱 충실하고 비본질적인 것은 당분간 "내려놓는" 훈련을 해야 한다고 봅니다. 이번 전염병 사태를 통해 한국교회가 배운 부분이 있습니다. 교회의 본질이 무엇인가 하는 부분입니다. 사역도 못하고, 교제도 못하고, 봉사도 못하는데, 어쨌든 재정적인 부분만 아니면 교회는 지금까지 유지되어 왔습니다. 이것들

---

187)https://www.chosun.com/opinion/taepyeongro/2020/09/14/MDBAT3AU6NB5DFN3UHNI-YJHHYI/

188) https://www.cts.tv/news/view?ncate=THMNWS01&dpid=264144

이 본질이 아니었다는 뜻입니다. 교회의 본질은 교회의 주인이 되시는 [삼위 하나님], 그 분의 말씀, 그리고 하나님이 성도들 삶에 침투해서 직접 말씀하시는 예배의 현장이었습니다. 온라인 일지라도 예배가 영과 진리로 드려지는 자리면 하나님은 일을 하셨습니다. 코로나가 종식되기 전까지 교회는 현장에 나와 예배를 드리건, 온라인으로 예배를 드리건 결국 교회의 본질은 하나님 자신이지 인간의 모임이나 사역, 프로그램들이 아니었다는 것을 염두에 두고 하나님 자신에게 집중할 수 있도록 성도들을 도와야 한다고 봅니다.

한편, 예장통합 교단 소속 목회자 1135명을 대상으로 코로나19 상황에서의 목회 실태 및 전망을 묻는 설문조사에서 한국교회가 향후 관심을 가져야 할 주제를 묻는 질문에 '예배의 본질에 대한 정립'이라는 응답이 43.8%로 가장 높았으며, 이어 '교회 중심의 신앙에서 생활신앙 강화21.2%', '교회의 공적인 역할 강화12.9%', '온라인 시스템 및 콘텐츠 개발6.9%' 등의 순으로 응답했다.189

4. 원인과 문명전환의 과제를 찾는 성찰의 반응

많은 전문가들은 지구 온난화를 비롯한 환경 문제들이 코로나바이러스와 같은 신종 바이러스를 촉발시켰다고 주장한다. 최재천교수도 기후변화, 생태계 파괴, 인간에 의한 야생동물 서식지의 파괴가 코로나 바이러스 발생의 원인이라고 하였고190, 제레미 리프킨도 "코로나19 위기의 주요 원인은 기후변화"191라고 하였다.

이렇게 코로나바이러스 발생의 원인을 생태계파괴, 기후변화로 파악하

189) http://www.dailywrn.com/15787
190) 최재천 외, 『코로나 사피엔스』 (서울: 인플루엔셜, 2020), 25-30.
191) 제레미 리프킨 외, 『오늘부터의 세계』 (서울: 메디치미디어, 2020), 19.

는 사람들은 예외 없이 인간이 자연의 일부라는 새로운 가치관, 세상의 모든 것은 하나의 망으로 연결되어 있다는 새로운 세계관, 생태 중심의 새로운 삶의 방식으로 전환할 것을 강력히 주장한다. 이에 따라 교계에서도 문명 전환의 과제를 강조하고 있는데 우선 한국기독교교회협의회NCCK의 사례를 들 수 있다. NCCK는 '코로나19 재확산 상황에 대한 한국기독교교회협의회 입장문'을 통해 다음과 같이 말한다.[192]

> 우리는 지금 코로나19 이전 시대와 이후 시대를 구분하며 '회복'을 상상하던 시기를 지나 코로나19와 함께 하는 시대의 새로운 일상을 준비하지 않으면 안 되는 전 인류적 생명위기 시대를 살아가고 있습니다. 탐욕의 문명 세계를 발전시켜온 인류를 향해 "멈춰라, 성찰하라, 돌이키라"는 하나님의 명령은, 생태적 회심과 문명사적 전환을 요청하는 보다 근본적이고 종말론적인 경고를 담고 있습니다. 우리의 목표가 단순히 코로나19 이전 시대로의 회복이 아니라 생명 중심의 변혁적 전환을 이루어야 한다는 메시지입니다.

필자도 제4회 한국교회 생명신학 포럼의 기조발제에서 "생명문명으로의 전환을 위한 코로나19의 교훈"이라는 제목으로 다음과 같이 문명전환의 과제를 제시한 바 있다.[193]

> 우리는 풍성한 생명을 누리기 위한 생명문명으로의 전환을 어떻게 이루어가야 하는지 살펴보고자 한다. 생명문명으로의 일대 전환을 위해 우리는 무엇보다도 과거의 대역병을 포함하여 코로나19가 가르쳐주

---

192) http://kncc01.kode.co.kr/newsView/knc202008170001
193) 정원범, "생명문명으로의 전환을 위한 코로나19의 교훈," 「제4회 한국교회 생명신학 포럼 자료집」, 10.

는 교훈이 무엇인가를 발견해서 우리의 의식과 삶의 태도와 방식을 바꾸어 나가야 할 것이다.

첫째로, 코로나19는 인간의 잘못된 삶의 결과라는 점에서 지금까지 우리가 살아온 삶의 방식에 있어서 무엇이 잘못된 것이었는지를 가르쳐준다. ① 정상적인 일상의 삶을 무너뜨리고 있는 코로나19는 우리 인류가 지금까지 형성해온 문명은 살리는 문명이 아니라 가난한 나라들과 사회적 약자들과 생태계를 착취하고 약탈하면서 지구의 생명체계를 파괴해온 제국주의 문명이었음을 가르쳐준다. 따라서 인간의 문명을 생명문명으로 전환하기 위해서 우리는 인간뿐만이 아니라 인간이 아닌 다른 존재들^{자연}을 착취의 대상이 아니라 함께 더불어 살아가야 되는 존재라고 생각하는 인식의 대전환을 가져와야 한다.

② 코로나19는 인간의 문명이 생태계 파괴를 당연시해왔던 인간중심적인 문명이었음을 가르쳐준다. 따라서 풍성한 생명문명으로의 전환을 위해서 우리는 인간중심적인 문명을 지구중심적, 생명중심적 문명으로 바꾸어야 함과 동시에 인간의 안녕^{행복}이 자연의 안녕^{행복}과 직결되어 있다고 생각하는 인식의 대전환을 가져와야 한다.

③ 코로나19는 인간의 문명이 무한 개발과 무한성장, 무한 생산과 무한 소비, 무한 경쟁을 추구하는 탐욕적인 문명이었음을 가르쳐준다. 따라서 지속가능한 문명으로의 전환을 위해서 유한한 인간으로서 우리는 본래적으로 한계를 가진 존재라는 사실을 인정해야 한다.

④ 코로나19는 우리의 세계관이 영혼과 육체, 인간과 자연, 남성과 여성을 분리시키고 후자에 대한 전자의 지배를 정당화시켜온 이원론적인 세계관이었음을 가르쳐준다. 따라서 생명문명으로의 전환을 위해서 우리는 이원론적인 지배의식을 버리고 통전적인 평등의

식을 가져야 한다.

Ⅲ. 교회의 회심1: 대안공동체로서의 본질을 회복하는 교회

1. 콘스탄틴주의적인 교회 벗어나기

지난 7월 초, 정부가 교회 내 소모임을 제한하자 종교의 자유를 침해하고 기독교를 탄압한다고 주장한 바 있던 한교총은 8월 18일 입장문에서 "최근 몇 교회가 방역 수칙을 준수하지 않고 교인들과 지역사회의 감염 확산 통로가 된 것 깊이 사과드린다"고 했고,[194] 한국기독교목회자협의회도 "최근 논란의 중심에 선 일부 교회들이 국민 건강과 안전을 위한 코로나19 예방 지침을 제대로 준수하지 않아 전국적으로 코로나19 확진자 수가 급속도로 증가하고 있는 상황에 대해 예수 그리스도를 주로 고백하는 이들로서 책임을 통감합니다. 생명이신 예수 그리스도의 사랑으로 고통받는 이들을 어루만져야 할 교회가 우리 사회를 고통스럽게 하는 상황이 개탄스럽습니다."라고 사과했다.[195]

그리고 한국기독교교회협의회도 "교회 내 소모임 금지 조치가 해제된 7월 24일 이후, 교회에서의 감염은 가파르게 증가하였습니다. 금지 조치가 해제되더라도 교회 안에서의 소모임과 식사, 기타 감염 위험을 높이는 종교 행위를 자제할 것을 지속적으로 요청했지만, 안일한 태도로 코로나19 이전의 행위들을 답습한 교회들이 우리 사회 전체를 심각한 위험으로 몰아넣었습니다. 우리는 교회가 코로나19 재확산의 중심에 있음을 참담한 심정으로 인정하며, 우리 사회의 모든 구성원들에게 깊은 사죄의 말씀을 드립니다."라고 사과하였다.[196]

---

194) http://www.newsnjoy.or.kr/news/articleView.html?idxno=301184
195) 위의 자료.
196) 위의 자료.

얼마 전 코로나 확산의 주범이었던 전광훈과 극우 기독교 세력에 대해 개신교계 내 진보 개혁성향의 10여개 단체로 구성된 '개신교 회복을 위한 비상대책위원회' 역시 "전광훈과 극우 기독교 세력은 사랑과 화해가 본질인 기독교를 차별과 혐오의 종교[197]로 바꾸더니 이제는 극도의 혐오의 대상으로 전락하도록 만들어 버렸습니다...〈우리의 사죄〉 ① 우리는 하나님과 국민들 앞에 교회가 빛과 소금의 역할을 하지 못했음을 고백합니다. 그동안 한국교회가 성장과 번영만을 추구하며, 이웃을 돌아보지 못했음을 사죄합니다. ② 우리는 이번 코로나19 사태 앞에서도 물질을 추구하는 탐욕을 사죄합니다. ③ 전광훈과 같은 무리들이 한국교회의 지도자로 설치고, 이단과 사이비가 판치는 현실 속에서 교회의 자정능력을 상실했음을 사죄합니다. ④ 한국교회가 방역당국에 최선을 다해 협조하지 못했음을 사죄합니다."[198]라고 고백했다.

한국 근대화와 사회변혁의 원동력이었던 한국 개신교가 어쩌다가 이런 지경에까지 이르게 된 것일까? 여러 가지 분석이 가능하겠지만 가장 큰 이유는 아무래도 한국교회가 교회다움을 상실한 채 세상과 다를 바 없는 곳이 되었기 때문이다. 이처럼 교회가 세상과 다를 바 없는 곳이 된 이 현상을 존 하워드 요더는 콘스탄틴주의라고 하였다. 콘스탄틴주의란 교회와 세상사회, 국가와의 동일시 또는 융합의 현상을 말한다.[199]

기장 총회는 교회발 코로나 확산 사태를 '전광훈 현상'이라고 정의하면서 "극우적 정치이념과 근본주의적 믿음이 결합한 '전광훈 현상'은 한국교회의 민낯이었다"고 하였고, 배덕만교수는 "최근 한국 사회에서 전광

---

197) 기장 총회는 전광훈 현상을 보면서 "분단 체제에서 화해의 가교가 돼야 할 교회가 대결과 증오를 부추겼다. 극단적 혐오와 막말을 서슴지 않았다"고 하였고, "전광훈 현상'을 배태하고 비호하거나 또는 방관해온 그동안의 한국 교회의 잘못을 통렬하게 참회해야 한다"고 주장했다.

198) https://www.logosian.com/news/articleView.html?idxno=1422

199) 정원범, 『교회다운 교회: 참된 기독교 영성의 회복』 (서울: 동연, 2016), 26.

훈, 한기총, 반동성애 운동, 태극기 부대로 상징되는 극우적 개신교 진영은, 한국 현대사의 질곡 속에서 근본주의 친미주의 반공주의의 화학작용으로 탄생한 독특한 기독교 현상이다"[200]고 분석했다. 이런 설명들은 모두 대부분 보수화된 한국 개신교가 얼마나 보수적이고 극우적인 정치권력과 밀접하게 결합되어 있는지, 또한 세상의 대세로 잡은 것이면 무엇이든지 그것을 사실과 진리로 받아들이는 입장을 취해왔는지를 잘 보여준다고 할 것이다. 이런 점에서 한국교회는 세상의 소금과 세상의 빛이 되기 위해서 무엇보다 세상과 다를 바 없는 삶의 방식을 취하고 있는 콘스탄틴주의적 교회로부터 하루속히 벗어나야 할 것이다.

2. 예수님이 세우기 원하셨던 교회: 대조사회 공동체

본래 예수님이 세우고자 하셨던 교회의 모습은 어떤 모습이었을까? "예수님 사역의 일체의 유일한 의향은 하나님의 백성들을 모으는 일이었고,[201] 예수님은 자신이 모으고자 하셨던 하나님의 백성, 곧 교회를 대조사회Kontrastgesellschaft 또는 대척사회Gegengesellschaft로 이해했다.[202] 로핑크는 이에 대해 이렇게 말한다.

> 예수는 모아야 할 하나님의 백성을막 10:42-45가 이미 말해주듯이 대조사회로 이해한다. 다시 말해서 국가나 민족으로 이해하는 것이 아니다. 그것은 그러나 독자적인 생활권을 형성하여 세상에서 여느 사람들이 예사로 살고 있는 것과는 달리 살며 달리 상종하는 그런 공동체이다. 예수가 모으려는 하나님 백성이야말로 대안사회라고 일

---

200) https://www.newsnjoy.or.kr/news/articleView.html?idxno=225974
201) Gerhard Lohfink, *Wie Hat Jesus Gemeinde Gewollt?* 정한교 역, 『예수는 어떤 공동체를 원했나?』 (왜관: 분도출판사, 1996), 56.
202) 위의 책, 204, 207.

118 · 정원범 교수 은퇴 기념집

컫기에 손색이 없다. 이 사회 안에서는 이 세상 권세들의 폭력구조가 아니라 화해와 우애가 지배해야 하는 것이다.203

하나님의 백성이란 이스라엘 국가를 뜻하는 것이 아니다. 하나님의 백성은 또 그렇다고 한적한 벽지에서 구원을 대망하는 경건자들의 영적 공동체만도 아니다. 온 실존으로-따라서 온 사회적 차원에서도- 하나님의 선택과 소명을 의식하는, 하나님의 뜻에 따라 지상의 다른 모든 백성과 구별되어야 할 그런 이스라엘이다.204

교회는 지상의 소금이요 세상의 빛이며 드넓게 빛을 비추는 도시다. 교회는 사람들에게 수긍될 수 있는 사회질서의 삶을 사는 공동체다. 세상을 위한 교회다. 그러나 바로 그렇기 때문에 교회는 그 자신이 세상이 되어서는 안 되고, 세상 안에서 번영해서는 안 되며, 교회 본연의 모습을 간직해야 한다.205

요컨대 교회란 한마디로 이교 사회세상와 근본부터가 철저히 다른 새로운 삶의 방식을 따라 사는 새로운 사회, 새로운 사회질서로서 세상과 날카롭게 맞서는 대조사회 공동체라는 것이고,206 예수님의 사역은 바로 이러한 새로운 공동체를 세우는 것이었다.207 결국 "교회란 일반 사회 속에서 하나님의 대조사회로서 존재"해야 하며, "교회 전체가 대안적 성격을 띤

---

203) 위의 책, 102.
204) 위의 책, 207.
205) 위의 책, 119.
206) John Howard Yoder, *The Polotics of Jesus*, 신원하, 권연경 역, 『예수의 정치학』 (서울: IVP, 2007), 101-102; Gerhrd Lohfink, *Wie Hat Jesus Gemeinde Gewollt?* 정한교 역, 『예수는 어떤 공동체를 원했나?』, 220-221, 268.
207) John Howard Yoder, *The Polotics of Jesus*, 신원하, 권연경 역, 『예수의 정치학』, 376.

사회라야 한다"는 것이다.208

3. 대조사회의 공동체적인 삶을 실천하는 공동체 교회

로핑크에 따르면 예수님과 바울의 가장 중요한 관심사는 마지막 때에 하나님의 뜻에 따라 최종적으로 달성될 하나님 백성들을 모으는 일, 곧 그리스도인 공동체들을 세우는 것이었다.209 그도 그럴 것이 예수님의 가르침과 사역의 핵심이 하나님 나라였기 때문이고, 하나님 나라하나님의 통치는 언제나 하나님의 백성들의 공동체를 전제로 하기 때문이다.210 예수 그리스도를 중심으로 모여진 하나님의 백성들은 하나님의 다스림211에 순종하면서 대조사회의 삶, 즉 철저하게 하나님 나라의 새로운 삶의 방식을 따라 살아가야 하는데 그렇게 될 때 그리스도인 공동체하나님의 백성들는 하나님 나라의 현존을 가리키는 징표가 된다.212 이런 점에서 교회의 가장 중요한 과업은 세상에 대한 대조사회가 되는 것이다.213 교회가 세상에 대한 하나님의 대조사회라는 사실을 강조하고 있는 로핑크는 계속해서 말하기를 "교회는 교회 자신을 위해서가 아니라 온전히 또 오로지 세상을 위해서 존

---

208) Gerhard Lohfink, *Wie Hat Jesus Gemeinde Gewollt?* 정한교 역, 『예수는 어떤 공동체를 원했나?』, 210, 227

209) Gerhard Lohfink, *Wie Hat Jesus Gemeinde Gewollt?* 정한교 역, 『예수는 어떤 공동체를 원했나?』, 174. 교회공동체로 사는 것이 인류를 위한 가장 큰 섬김이며 그리스도를 선포하는 최선의 길이라고 확신하는 에버하르트 아놀드는 이렇게 말한다: 1. 공동체는 사회, 정치적 문제에 대한 해답이다. 2. 공동체는 신앙의 응답이다. 3. 공동체 안에서의 삶은 성령 안에서의 삶이다. 4. 공동체는 다가오는 하나님나라의 징표이다. 5. 공동체는 사랑과 일치로의 부르심이다. 6. 공동체는 희생을 의미한다. 7. 공동체는 신앙의 모험이다.〔김난예, 정원범, 『공동체 영성의 향기』 (논산: 대장간, 2019), 205−206.〕

210) 위의 책, 57.

211) "하나님의 백성은 하나님의 통치권에 의하여 장악되는 바로 그만큼−그 실존의 모든 차원에서− 달라질 것이다."(위의 책, 128)

212) 위의 책, 124. 하나님의 다스림이 바야흐로 이미 하나님의 백성들 안에서 현재의 일이 되고 있고, 교회 또는 그리스도인 공동체들 안에서 하나님 나라가 이미 현재의 일이 되고 있다.(위의 책, 125)

213) Gerhard Lohfink, *Wie Hat Jesus Gemeinde Gewollt?* 정한교 역, 『예수는 어떤 공동체를 원했나?』, 242.

재하는 바로 그 까닭에, 교회가 세상으로 변해서는 안 되며, 교회 본연의 모습을 간직하고 있어야 한다."214고 말한다.

그러면 교회가 교회 본연의 모습, 즉 대조사회의 삶을 산다는 것은 어떤 삶을 산다는 것일까? 이에 대한 로핑크의 설명을 도표로 정리해보자.215

세상(세상의 사회들)	교회 = 하나님의 백성, 그리스도의 몸
일반 사회, 이교도 사회, 세상의 지배질서	교회 = 세상 속에 있는 하나님의 대조사회 하나님의 공동체, '새로운 창조'로서의 공동체, 하나님의 새로운 사회질서, 새로운 공동체, 하나님의 새로운 세상, 하나님 나라의 새로운 질서, 하나님 나라의 사회질서
한때는 / 어두움	지금은 / 빛 "한때 여러분은 어둠이었으나 지금은 주 안에 빛입니다. 빛의 자녀답게 살아 가십시오"(엡 5:8, cf: 딛 3:3-6, 골 3:8-14)
옛 사람 / 옛 사회	교회 = 새 사람들로 이루어진 새로운 사회
옛 사회, 이교도 사회의 인간: 분노, 격정, 악의, 모독, 욕설, 거짓말	그리스도인 = 하나님의 새 사회의 새 인간 자비, 친절, 겸손, 온유, 인내, 사랑 (골 3:8-14)
지배욕, 권력욕에 사무친 세상의 사회 / 지배와 권력의 추구 인간이 인간 위에 군림	교회= 지배관계, 지배구조에서 벗어난 새로운 사회, 지배의 단념, 지배욕이 배제된 사회 "제자 공동체 안에서는 지배관계가 없어져야 한다."216(막 10:42-45) "교회가 그 권위를 걸핏하면 지배에 의하여 확보하려 한다는 것은 교회 본연의 모습을 흐리게 하는 가장 큰 비극의 하나다.… 진정한 권위는 지배를 단념하고 무력해졌을 때라야 빛이 난다. 이것이 십자가에 못박힌 분의 권위다"217

---

214) 위의 책, 242-243.
215) 위의 책, 69-282.
216) 위의 책, 92.
217) 위의 책, 203.

끝없는 적대(대립)관계, 계급사회, 여성차별 사회	교회= 모두가 평등한 하나님의 새로운 세상을 가리키는 징표 하나님의 새로운 세상이 공동체 안에서 이미 시작되었다: 그리스도 안에서의 새로운 공동체 안에서는 유대인도 없고, 헬라인도 없으며, 노예도 없고, 자유인도 없으며, 남자도 없고, 여자도 없다.(갈 3:26-29, 고전 12:13,)[218] "새로운 창조로서의 공동체, 즉 하나님의 새로운 세상을 가리키는 징표로서의 공동체"[219]
신분의 차별, 특권이 있는 사회: 유대사회는 옆에 언급된 부류의 사람들에게 동등한 인간 가치를 부인하며 상종조차 거부함	교회= 차별과 특권이 없는 사회 압도적인 성령의 체험을 통해 모든 사회적 차별의 지양되고, 모든 사회적 장벽이 철폐되고 특권과 천대가 배제된 새로운 화합의 공동체(요엘 3:1-5, 행전 2:17-18) "예수는 화합된 사회인 이스라엘을 원한다. 그래서 부자도 가난한 사람도, 식자도 무식한 사람도, 갈릴래아 시골 사람도 예루살렘 도시인도, 건강한 사람도 병자도, 의인도 죄인도 상종한다. 아니, 더욱 꼬집어 말해야겠거니와 바로 가난한 사람, 굶주린 사람, 우는 사람, 지치고 짓눌린 사람, 병자, 죄인, 세관원, 창녀. 사마리아 사람, 여자, 어린이들을 위하여 편든다."[220]
혈연 가족	교회 = 새로운 하나님 가족, 새로운 가정 모든 그리스도인이 서로 형제, 자매가 되고, 형제애를 나누는 예수님의 새 가정 "요컨대 당시에는 공동체에 자기 집을 제공하는 사람들의 가정에서야말로 자기네 자신의 경계선들을 타파하고 공동체를 지향하는 개방된 새 가정의 구조가 모범적으로 드러난다고 말하지 않을 수 없다"[221]
폭력이 난무하는 세상	교회 = 폭력의 단념, 비폭력의 새로운 사회질서의 가장 중요한 표징 "폭력을 수단으로 해서 권리를 쟁취해서는 안 된다. 폭력으로 권리를 쟁취하느니 차라리 불의를 감수해야 한다."[222] "교회라는 메시아 백성 안에서는 이미 폭력이란 없다. 거기서는 모두가 '평화의 아들들'이 되어 있다."[223]

---

218) 위의 책, 158-168.

219) 위의 책, 168.

220) 위의 책, 153.

221) 위의 책, 183.

222) 위의 책, 101.

223) 위의 책, 290.

오늘날 한국교회는 세상과 다를 바 없는 곳이 되었고, 심지어는 세상보다 더 세상적인 곳이 되었다는 이야기를 듣곤 한다. 그러나 고대교회는 그렇지 않았다. 아니 고대교회는 철저하게 대조사회였다. 그들은 바울서신 등에서 언급되었던 새로운 공동체 건설을 위한 기본 요구들[224]을 실천했던 교회였다. 먼저 유스티누스의 기록을 보자.[225]

> 전에는 음란한 일들에 빠졌었지만, 이제는 오로지 순결에만 충실하는 우리들입니다. 교묘한 요술들에 휩쓸렸었지만, 이제는 만들어진 것이 아닌 인자하신 하나님께 성별된 우리들입니다. 돈과 재산을 무엇보다도 소중히 여겼었지만, 이제는 가진 것을 공동의 일에 이바지하고자 내어놓고 누구든지 아쉬운 사람과 나누어 가지는 우리들입니다. 서로 미워하고 죽이고 하면서 우리의 동족이 아닌 사람들과는 생활 관습들이 달라서 한 번도 공동유대를 유지해 본 적이 없었지만, 그리스도께서 나타나신 후로 이제는 밥상공동체를 이루며 함께 사는 우리들입니다.

디오니소스도 어떤 편지에서 이런 글을 남겼다.[226]

---

224) 서로 앞장서서 남을 존경하십시오(롬 12:10), 서로 합심하십시오(롬 12:16), 서로 받아들이십시오(롬 15:7), 서로 충고하십시오(롬 15:14), 서로 거룩한 입맞춤으로 인사하십시오(롬 16:16), 서로 기다리십시오(고전 11:33), 서로를 위하여 같이 걱정하십시오(고전 12:25), 서로 사랑으로 남의 짐을 져주십시오(갈 6:2), 서로 위로하십시오(살전 5:11), 서로 건설하십시오(살전 5:11), 서로 화목하게 지내십시오(살전 5:13), 서로 선을 행하십시오(살전 5:15), 서로 사랑으로 참아주십시오(엡 4:2), 서로 친절하고 자비로운 사람이 되십시오(엡 4:32), 서로 순종하십시오(엡 5:21), 서로 용서하십시오(골 3:13), 서로 죄를 고백하십시오(약 5:16), 서로를 위해 기도하십시오(약 5:16), 서로 진심으로 다정하게 사랑하십시오(벧전 1:22), 서로 대접하십시오(벧전 4:9), 서로 겸손으로 대하십시오(벧전 5:5), 서로 친교를 나누십시오(요일 1:7), 위의 책, 170-171.
225) 위의 책, 261.
226) 위의 책, 264.

우리의 형제들은 대부분이 넘치는 사랑과 친절로 자기 자신을 돌보지 않고 서로 의지하며 두려움 없이 병자들을 거두어들여 세심하게 보살피고 그리스도 안에서 시중을 들었으므로 병자들과 똑같이 지극히 기쁜 마음으로 죽어갔습니다. – 다른 이가 앓는 병에 전염되면서, 다른 사람의 병에 자기도 걸리면서, 자발적으로 그들의 공통을 넘겨받으면서– 이렇게 해서 우리 형제들은 가장 튼튼한 사람들까지도 세상을 떠났습니다.… 이교도들의 경우는 사정이 판이했습니다. 그들은 병들기 시작하는 사람을 아무리 소중히 여기던 사람이라도 팽개치고 달아났고, 반쯤 죽은 이를 길바닥에 던져버렸으며, 시체를 매장도 하지 않고 마치 오물처럼 버려두었습니다.

아리스테데스는 그의 「호교론」에서 고대교회 그리스도인들의 삶이 얼마나 아름다운 모습이었는지에 대해 다음과 같이 증언하고 있다.[227]

오 황제여,… 사실 그들은 하나님을 알고 있으며 그분을 만유의 창조자요 직공장이라고 믿고 있는 것입니다... 그분에게서 그들은 계명을 받았으며, 그 의미대로 기입하여 놓고 준수하고 있습니다.…
그래서 그들은 간통과 음행을 자행하지 않고, 거짓 증언을 제시하지 않으며 맡겨진 재물을 횡령하지 않고, 자기 것이 아닌 것을 탐내지 않으며, 부모를 공경하고, 이웃들에게 친절을 다하며, 판관이면 정의에 따라 판결합니다. 사람 모습의 우상들에게 기도하지 않으며, 남이 자기에게 행하기를 원하지 않는 바를 자신도 남에게 행하지 않습니다. 우상들에게 제물로 바쳐졌던 음식은 불결하기 때문에

---

227) 위의 책, 266.

먹지 않습니다. 자기를 능멸하는 사람을 설득하여 친구로 삼으며, 원수들에게 열심히 자선을 베풉니다.…

노예들에게 남녀를 가리지 않고 … 권유하여, 자기들은 그들을 사랑하고 있으니 그리스도인이 되라고 합니다. 또 과연 그렇게 되면 이 사람들을 차별없이 형제들이라고 부릅니다.…그들은 어디를 가나 겸손과 친절을 다합니다. 그들에게는 거짓말을 찾아 볼 수가 없습니다. 그들은 서로 사랑하고 있습니다.

과부들을 멸시하지 않으며, 고아들을 학대자에게서 해방시킵니다. 가진 사람은 못 가진 사람에게 아쉬움 없이 내어 줍니다. 뜨내기가 눈에 띄면 자기네 집으로 맞이해들이며 마치 친형제처럼 반깁니다. 사실 그들은 육이 아니라 영으로 하나님 안에서 서로 형제라고 부르는 까닭입니다.

그들 가운데 어느 가난한 사람이 세상을 떠난 것을 그들 가운데 누군가가 보면, 그는 재력대로 장례를 주선합니다. 또 그들 중 누군가가 그리스도의 이름 때문에 감옥에 갇혔다거나 궁지에 빠져 있다는 소식이 들리면, 모두들 그에게 필요한 것을 돌보아주고 될 수 있다면 그를 풀려나게 합니다. 또 그들 속에 누군가가 가난한 사람이나 궁핍한 사람이 있는데 자기들에게 먹고 남는 것이 없다면 이틀이나 사흘씩 단식을 하여서 궁핍한 사람에게 필요한 양식을 마련해 줍니다.… 오 황제여, 이것이 그리스도인들이 삶아가는 삶의 법칙입니다.

이상의 사실을 통해 우리는 고대교회가 당시의 부패한 이교도 사회와 얼마나 철저하게 대조되는 아름다운 하나님의 공동체였던가를 하는 사실을 확인하게 된다.

지난 8월에 기독교 8개 언론CBS, CTS, CGN, GoodTV, C채널, 국민일보, 극동방송,

기독신문과 코로나19 설문조사 TF팀은 성인 1000명을 대상으로 '코로나19의 종교 영향도 및 일반국민의 기독교개신교 인식 조사'를 지앤컴리서치에 의뢰해 실시한 적이 있는데 조사 결과를 보면, 코로나19 이전과 이후 종교별 신뢰도 변화를 묻는 질문에 응답자 63.3%가 개신교에 대한 신뢰도가 "더 나빠졌다"고 응답했다.[228]

한국교회는 어떻게 잃어버린 신뢰를 회복할 수 있을까? 이 질문과 관련하여 로핑크는 말하기를, "그리스도인이 사회에 이바지할 수 있는 더 없이 큰 봉사는 아주 간단하다: 즉 교회가 참으로 교회가 되는 그것이다."[229] 라고 말했다. 다시 말해 코로나 상황 속에서 점점 더 불신을 당하고 있는 한국교회는 세상의 소금과 빛이 되기 위해 무엇보다도 성경과 고대교회가 보여주고 있는 교회의 정체성, 즉 교회란 세상에 대한 하나님의 대조사회라는 사실을 자각해야 할 것이고, 더 나아가 실제로 세상을 위한 대조사회의 삶을 실천할 수 있어야 할 것이다.

Ⅳ. 교회의 회심2: 시대적 과제에 응답하는 공동체 교회

1. 공공성을 잃어버린 교회 벗어나기

코로나19 상황 속에서 한국교회가 점점 더 불신을 당하고 있는 이유는 첫째로, 교회가 교회 본래의 모습을 잃어버렸기 때문이고, 둘째로, 교회가 교회의 공공성을 잃어버렸기 때문이다. 레슬리 뉴비긴은 서구교회가 사회 주변부로 밀려나게 된 것은 기독교의 복음을 공적인 진리가 아니라 사적인 진리로 선포하였기 때문이고신앙의 사사화, 그에 따라 교회의 공적 역할을 포기했기 때문이라고 하였다. 이런 현상은 한국교회의 경우와 크게 다르

---

228) https://www.kidok.com/news/articleView.html?idxno=208020

229) Gerhard Lohfink, *Wie Hat Jesus Gemeinde Gewollt?* 정한교 역, 『예수는 어떤 공동체를 원했나?』, 278.

지 않다고 본다. 서구교회와 마찬가지로 한국교회 역시 그동안 공적 영역과 사적 영역을 나누는 이분법적 시각을 가지고 "개인의 영적 구원이라는 좁은 사적인 영역으로 물러나서 복음의 진리성을 공적으로 증언하고 공적인 영역의 문제들에 대하여 공적 진리로서의 빛에 비추어 책임 있게 발언하고 행동하는 일을 소홀히 해왔다."230 다시 말해 한국교회는 공적 문제에 대한 관심을 가지고 공적 문제들에 대한 해결방안을 모색하려는 공공신학적 관점을 갖지 못했기 때문에 일부 교회는 코로나 확산 상황 속에서 비대면 예배를 요청한 정부의 방역지침을 무시하고 지역 주민의 우려를 외면하면서 현장 예배를 강행하는 잘못을 저질렀다고 볼 수 있다. 따라서 그동안 교회의 공적 책임을 소홀히 해 왔던 교회는 교회의 본질을 회복하려는 노력과 함께 공공성을 상실한 교회의 모습을 버리고, 교회의 공적 책임을 다하는 건강한 교회로 거듭날 수 있어야 할 것이다.

2. 생태적 삶을 추구하는 교회

최재천 교수가 말한 대로 기후변화, 생태계 파괴, 인간에 의한 야생동물 서식지의 파괴가 코로나 바이러스 발생의 원인이라고 한다면, 우리 교회는 먼저 그동안 하나님의 피조세계를 잘 관리하는 생태적인 삶을 살지 못한 데 대하여 회개해야 할 것이다. 기독교가 생태계 파괴에 일조했다는 지적들이 많이 있기 때문이다. 칼 아메리는 다음과 같이 말한다.231

기독교는 하나님과 모든 피조물 사이의 계약을 인간중심적으로 축소시켰으며 이로 인하여 인간 이외의 다른 피조물을 경시하는 생각과 태도를 형성하였다. 기독교는 자연의 짐승, 물고기, 새, 풀과 나

---

230) 류태선, 『공적 진리로서의 복음』 (서울: 한들출판사, 2011), 10.
231) 김균진, 『생태학의 위기와 신학』 (서울: 대한기독교서회, 1992), 29

무등을 하나님의 축복과 보호에서 배제하였으며 그들을 단지 인간을 위한 대상으로만 간주하여 자연 훼손과 파괴는 물론 생태계의 위기를 초래하였다.

센트마이어 역시 "말하자면 19세기와 20세기 초 개신교 신학은 전반적으로 자연과 관계를 끊었고, 그로 인하여 자연을 마음대로 처리하고자 했던 산업주의의 정신을 사실상 허용했다."[232]고 지적했다. 따라서 한국교회는 코로나 사태를, "생태계를 파괴해가며 성장과 발전을 이루고자 했던 현대 문명을 향해 지금이라도 방향과 태도를 바꾸라는 경고"로 알고, 생태적인 삶으로의 전환을 살아낼 것을 결단해야 한다.

그도 그럴 것이 지금의 상황은 지금까지의 삶의 방식을 그대로 유지하게 될 때 2050년이 되면 더 이상 거주할 수 없는 지구가 될 것이라고 예측이[233] 될 정도로 심각한 생태 위기 상황이기 때문이다. 김용휘는 이 위기상황을 다음과 같이 정리한다.[234]

코로나 바이러스는 동물의 서식지를 파괴하고, 야생동물을 남획하면서 생긴 재앙, 즉 환경파괴에서 비롯된 환경재앙이다. 그런데 코로나 외에도 생태 위기는 갈수록 점점 더 심각해지고 있다. 기후변화, 종 다양성 소멸, 열대림 파괴, 사막화, 토양침식, 홍수와 가뭄, 폭염과 한파, 지하수 고갈과 오염, 산호초 파괴, 쓰레기 매립지 확

232) H. Paul Santmire, *The Travail of Nature: The Ambiguous Ecological Promise of Christian Theology* (Minneapolis: Fortress Press, 1985), 122.

233) David Wallace-Wells, The Uninhabitable Earth, 김재경 역, 『2050 거주 불능 지구』 (파주: 청림출판, 2020)

234) https://ecosophialab.com/%EC%83%9D%ED%83%9C%EC%A0%81-%EB%AC%B8%EBA%85%EC%9C%BC%EB%A1%9C%EC%9D%98-%EC%A0%84%ED%99%98%EC%9D%98-%EC%8B%9C%EA%B0%84-%EC%BD%94%EB%A1%9C%EB%82%98-19%EB%A5%BC-%ED%86%B5%ED%95%9C-%EC%8B%A4%EC%A1%B4/

대, 독성 폐기물과 살충제 및 제초제, 농약과 화학비료로 인한 땅의 황폐화, 핵폐기물, 미세먼지, 천연자원의 고갈, GMO 농산물 등등 이루 다 헤아리기도 힘들다.

이 중에서도 우리의 생존을 위협하는 가장 심각한 문제가 기후변화이다. 최근의 세계적인 홍수와 가뭄, 기록적인 폭염과 한파는 대부분 기후변화로 인한 것이다. 최근 유럽은 150년 만에 최악의 폭염으로 약 3만 5천 명이 사망했으며, 인도는 50도가 넘는 폭염으로 약 1,500명이 사망했다. 중국과 브라질, 파키스탄은 기록적인 폭우와 홍수로 수천 명이 사망하는가 하면, 스페인과 포르투갈, 아프리카는 극심한 가뭄으로 고통받고 있다. 또한 기후변화로 인해 북극과 남극의 빙하가 녹으며 영구동토층이 감소하고 있으며, 제트기류의 이상과 바닷물의 열 순환이 방해받고 산호초가 멸종하고 있다. 그리고 북쪽 수림대와 아마존의 밀림도 감소하고 있다. 기후변화로 지난 100년간 약 1도가 상승했으며, 그 속도는 점점 더 빨라지고 있다.

2006년 발표된 영국 정부의 '기후변화의 경제학' 보고서에 따르면 지구의 온도가 1도 오를 경우, 안데스산맥 빙하가 녹으면서 이를 식수로 사용하고 있던 약 5,000만 명이 물 부족으로 고통을 겪으며, 매년 30만 명이 기후 관련 질병으로 사망한다고 한다. 지구의 온도가 3도 오를 경우 아마존 열대우림이 붕괴되고, 최대 50%의 생물이 멸종 위기에 처하게 되며, 4도가 오르면 이탈리아, 스페인, 그리스, 터키가 사막으로 변하고 북극 툰드라의 얼음이 사라져서 추운 지방에 살던 생물들이 멸종한다고 예측하고 있다. 5도 오를 경우 히말라야의 빙하가 사라지고, 바다 산성화로 해양 생태계가 손상되며, 뉴욕과 런던이 바다에 잠겨 사라지게 된다고 한다. 그리고 평균기온

이 6도 오를 경우 인간을 포함해서 현재 생물종의 90%가 멸종한다
고 예측하고 있다.

그는 계속해서 『2050년, 거주 불능 지구 한계치를 넘어 종말로 치닫는
21세기 기후재난 시나리오』를 쓴 데이비드 월러스 웰즈의 이야기를 다음
과 같이 설명한다.

그는, 미래에 인류가 멸망한다면 그것은 '기후변화' 때문일 것이라
고 경고하고 있다. 지금의 추세대로 간다면 2050년에는 북극과 남
극의 빙하가 줄어드는 것은 물론 지표면의 30% 이상에서 극심한 사
막화가 동반된다고 한다. 지구 곳곳에서 산불, 폭염, 가뭄, 침수 등
의 이상기후를 겪을 것이고, 강우량이 절반으로 떨어지는 엘니뇨
현상이 만연할 것이라고 한다. 그 결과 기후재난을 피해 목숨을 부
지하려는 새로운 유형의 '기후 난민'이 등장할 것이라고 예측한다.
뿐만 아니라 곳곳에서 폭염이 1년에 100일 이상 지속될 것이고, 전
세계 곡물 수확량이 80%가 감소할 것이며, 더불어 만성적 물 부족
문제에 처할 것이다. 이로 인해 국가 간 식량 전쟁이 불가피할 것이
라고 한다. 또한 UN은 2050년에 기후난민이 2억 명에 달할 것으로
예측하고 있으며, 생존에 취약한 빈민층이 10억 명에 달할 것으로
내다보고 있다. 또 IPCC유엔 산하의 기후변화에 관한 정부 간 협의체의 보고
서에 의하면 지구가 2도 상승하는 경우 1.5도 상승할 때보다 대기오
염으로 인한 사망 인구가 약 1억 5,000만 명 더 늘어난다고 한다.

이처럼 생태계 파괴와 기후 변화로 인한 결과가 인류의 생존을 위협할
정도로 치명적인 것이라고 한다면, 하나님 사랑, 이웃사랑을 위해 존재하

는 교회는 마땅히 이 세상을 인간과 인간이, 인간과 자연이 함께 공존, 상생하는 하나님의 생명공동체로 거듭나게 하는 일을 위해 생태적인 사명을 다 할 수 있어야 한다.

3. 사회적 경제를 선교과제로 삼는 교회

미국의 정책연구소IPS가 지난 3월 조사했던 보고서에 따르면, 코로나19 여파로 미국에서 한 달 새 2,600만 명이 일자리를 잃었지만 억만장자들의 재산은 오히려 3,800억 달러약 467조 원 늘어났으며, 이 기간 억만장자 중 최소 8명은 코로나19에도 보유자산을 10억 달러1조 2천억 원나 늘렸다고 한다. 이런 보고서를 낸 연구소장 척 콜린스는 '코로나19 이후 미국의 억만장자는 더 부자가 됐다. 이제 중단돼야 한다'고 주장했다.[235]

우리나라도 올해 1월부터 시작된 코로나19로 인해 고소득층과 저소득층 양극단의 빈부격차가 심화되었다는 보고가 있다. 통계청 자료를 분석한 한 기자에 따르면 "계속되는 사회적 거리두기 기간 장기화로 많은 자영업자들과 취업 준비생들이 경제적인 문제로 고통을 호소하고 있는 반면 고소득층의 사람들은 이러한 시기를 발판 삼아 부를 축적하고 있는 정 반대적인 상황인 것이다. 통계청의 '2020년 1분기 가계동향조사' 발표에 따르면 가장 소득이 적은 1분위 가구의 지난해 같은 기간보다 근로소득이 3.3% 줄었다. 반면 상위 20%는 2.6% 늘었다. 올해 1분기 우리나라 전체 가구의 소비지출에서도 양극단의 차이를 볼 수 있다. 상위 20%는 소비가 3.3% 감소하였지만 소득 하위 20%는 10% 줄었다."고 한다.[236]

코로나로 인해 더욱 심화되는 이런 양극화 상황은 교회로 하여금 이 시대의 중요한 선교적 과제가 어떠해야 하는지에 대해 심각한 도전을 던지

---

235) https://www.sedaily.com/NewsVIew/1Z1NWPOPQK
236) http://www.iconsumer.or.kr/news/articleView.html?idxno=12981

고 있다고 본다. 사실 부익부 빈익빈의 양극화 현상은 코로나 사태 이전부터 있었던 일이다. 이런 양극화 상황의 근본 원인은 무엇일까? 그것은 자본주의, 특히 신자유주의적인 자본주의의 불가피한 결과이다. 세계교회협의회가 말한 대로 "자본에 집중하는 신자유주의는 모든 사물, 모든 인간을 가격을 매겨 판매하는 상품으로 만들어버린다. 인간의 존엄성보다 물질적 풍요를 우선시하므로 인간을 비인간화하고 탐욕을 위하여 생명을 희생시킨다. 그것은 죽임의 경제이다."[237] 최근에 김누리 교수도 "첫째, 자본주의는 인간을 소외시킵니다.… 자본주의에서는 사물이 인간을 지배합니다. 둘째, 자본주의는 사회를 파괴합니다. 사회적 공동체를 파괴하고 일종의 정글로 만듭니다. 셋째, 자본주의는 무한히 자연을 침탈하고 파괴합니다."[238]라고 지적했다.

이런 상황에서 자본주의 시장경제가 야기했고, 코로나 상황이 보다 심화시키고 있는 불평등과 빈부격차 등 다양한 사회문제에 대한 중요한 대안으로 부상되고 있는 것이 있는데 바로 사회적 경제이다. 사회적 경제란 사회적 목적 추구를 우선으로 하는 모든 활동을 지칭하는 개념으로, 국제협력개발기구에 따르면 사회적 경제는 "국가와 시장 사이에 존재하면서 사회적 요소와 경제적 요소를 모두 가진 조직들"이다.[239] 말하자면 자본보다 사람과 사회적 목적을 중요하게 생각하면서 신뢰, 협동, 공감, 자립, 연대, 호혜의 정신을 가지고 공동체적 가치의 실현을 목적으로 하는 경제가 바로 사회적 경제이다.

따라서 가난한 사람들을 특별히 사랑하고 계시는 하나님의 사랑과 정의[240]의 선교에 참여해야 하는 사명을 가진 교회는 사회적 약자들의 일자

---

237) WCC, 김승환 역, 『경제세계화와 아가페운동』 (도서출판 흙과생기, 2010). 16

238) 최재천 외, 『코로나 사피엔스』 (서울: 인플루엔셜, 2020), 147-149.

239) 고동현 외, 『사회적 경제와 사회적 가치』 (서울: 한울아카데미, 2016), 62.

240) Chris Marshall, Biblical Justice : A fresh approach to the Bible's teaching on Justice, 정원범 역, 『성서는 정의로운가』 (춘천: KAP, 2016), 57-66.

리를 창출하면서 승자독식의 사회를 함께 더불어 살아가는 공동체로 만들어 가고자 하는 사회적 경제를 이 시대의 중요한 선교적인 과제로 삼아야 하리라 본다. 그러기 위해서는 코로나 사태의 원인과 그 폐해, 그리고 신자유주의적 자본주의의 폐해가 무엇인지를 자각하는 것이 필요하고, 아울러 하나님이 원하시는 경제하나님의 경제는 만민이 풍요한 생명을 누리며, 풍요한 것을 나누며 살아가는 은혜의 경제, 인간의 존엄, 창조세계의 보존을 중시하는 생명의 경제라는 사실을 자각하는 것이 필요할 것이다.[241]

V. 나가는 말

적지 않은 사람들이 이제 세계는 코로나 이전과 코로나 이후로 나누어질 것이라고 말한다.[242] 질병관리본부는 "코로나 이전 세상은 이제 다시 오지 않는다."고 했고, 헨리 키신저도 "코로나19 팬데믹이 끝나도 세계는 그 이전과 전혀 같지 않을 것이며 코로나19가 세계질서를 영원히 바꿔 놓을 것"이라고 했다. 과거의 역사를 돌아볼 때 이런 판단은 그리 지나친 말이 아닌 것 같다. 왜냐하면 수만 명, 수천만 명의 목숨을 앗아갔던 전염병들은 과거에 기존의 사회, 경제질서를 바꾸어 놓았던 역사가 있기 때문이다. 14세기 중반 유럽에서 시작된 흑사병은 중세 유럽의 봉건제도의 몰락과 시민계급의 성장을 가져왔고, 16세기 스페인 정복자들이 옮긴 천연두원주민의 90%가 목숨을 잃음는 남미 원주민 문명을 무너뜨리면서 대항해시대를 불러왔고, 급기야 유럽의 금융 질서를 바꾸었다. 또한 1차 세계대전 중 유럽에서 발병한 스페인 독감으로 인해 영국은 몰락했고, 미국이 신흥 경제 대국으로 떠오르는 세계 경제 재편이 시작됐다.

---

241) WCC, 『경제세계화와 아가페운동』, 16-17, 20-21.
242) 유발 하라리, 토머스 플드먼, 헨리 키신저 등

이런 점에서 "우리가 알던 세상은 끝났다." "이제는 완전히 다른 세상이다."라는 말도 과장된 말이 아니다. 그러나 문제는 앞으로 일어날 세상의 변화를 어떻게 긍정적인 방향, 즉 인류의 삶을 건강하고도 지속 가능한 방향으로 만들어낼 것이냐의 문제라고 본다. 과연 인류가 지속 가능한 방향으로 문명의 전환을 이루어낼 수 있을까? 이 물음에 대해 장윤재 교수는 "언제 인류가 자신의 도덕적 결단으로 스스로 문명의 길을 바꾼 적이 있던가! 그럴 일은 앞으로도 없을 것이다."[243]라고 말하기도 했지만, 실제로 역사를 보면 인간은 위기를 만나 뭔가 긍정적인 세상의 변화를 일궈낸 사례들이 많이 있다. 예를 들면 영국은 2차 세계대전을 계기로 국가보건의료서비스를 시작하게 되었고, 브라질은 2008년 금융위기 상황에서 사회보장제를 신설했으며, 태국은 90년대 말 불경기를 겪으며 공공 의료보험제를 시작했다.

이런 희망을 가져보면서 인류가 현재 신자유주의 자본주의와 코로나 사태로 인해 야기된 여러 위기들을 해결해 나가기 위한 생명문명으로의 일대 전환의 과제를 잘 수행할 수 있기 바라고, 우리 교회 역시 지속가능한 생명문명으로의 전환을 이루는데 기여할 수 있기 위해서 교회의 교회다움을 회복하고, 시대적 과제를 훌륭하게 수행하는 교회로 거듭나기를 간절히 희망한다.

---

243) 한국교회생명신학포럼, 「제4회 한국교회생명신학포럼 자료집」, 15.

6장 • 21세기의 폭력과 기독교의 샬롬*

Ⅰ. 들어가는 말: 전 지구적 생명 위기의 현실

오늘날 인류는 세 가지의 위협, 즉 기후재난의 위협, 극심한 양극화의 위협, 코로나 바이러스의 위협에 직면해 있다. 인류가 직면한 세 가지 위협이 모두 심각한 위협이지만 기후재난의 위협이야말로 심각한 위협이 아닐 수 없다. 왜냐하면 현재의 기후위기는 지구공동체의 파멸로 연결될 수 있는 위기이기 때문이다.

최근 영국 글래스고에서 세계최대 위기인 기후변화에 맞서 197개국이 모여 해법을 모색하는 "제26차 유엔 기후변화협약 당사국 총회"에 대한 모 기자의 보고내용을 들어보자.244

제26차 유엔 기후변화협약 당사국 총회 특별 정상회의가 열리는 영국 글래스고의 로열 익스체인지 광장, 국제 구호단체 옥스팜의 활동가들이 주요국 정상들의 대형 얼굴 가면을 쓰고 기습 시위를 벌

---

* 2021년 12월 9일 〈사단법인 샬롬회복〉에서 주최한 "제1회 2022를 향한 샬롬회복 세미나"에서 발표한 글임.
244) https://news.nate.com/view/20211102n37345?mid=n1101

였습니다. 큰 북과 손팻말이 적힌 뜨거운 공기라는 문구도 눈에 띕니다. 이들은 주요국 정상들에게 지구온난화를 막을 과감한 실천을 주문했습니다. 나프코테 다비옥스팜 인터내셔널 기후변화 책임자의 말입니다. "최대 탄소배출국들은 구체적인 해결방안을 가지고 기후위기를 다루는 것이 아니라 단지 뜨거운 공기만을 뿜어낼 뿐입니다. 현재 전 세계 수백만 명의 사람들이 기후변화로 인한 기아와 가난, 황폐화로 고통을 받고 있습니다." 세계환경보호단체들은 이번 세계정상회의에 맞춰 글래스고 곳곳에서 시위를 벌이며 각국의 구체적인 대응을 촉구했습니다. 의장국인 영국의 보리스 존슨 총리도 이들의 목소리에 호응하듯 개막연설에서 강력한 메시지를 냈습니다. "기후변화로 인한 인류의 파국을 막기 위한 시간이 얼마 남지 않았습니다. 지구 종말 시계 자정 1분 전이며 지금 행동해야 합니다. 오늘 우리가 기후변화를 진지하게 다루지 않고 지나가면 내일 우리 아이들이 하기엔 너무 늦을 것입니다."

지난 10월 31일 영국 글래스고에서 개막한 제26차 유엔 기후변화협약 당사국 총회COP26 개막일에 맞춰 세계기상기구WMO는 '2021 기후 상태보고서'를 내면서 극단적인 이상기후는 이제 새로운 표준뉴 노멀이 됐다고 했다. 보고서는 올해 전 세계에서 일어난 극단적인 사건들을 대표적인 사례로 열거하였는데 다음과 같다.[245]

* 그린란드 빙상의 정점에 사상 처음으로 눈이 아닌 비가 내렸다.
* 캐나다와 미국의 인접 지역 폭염으로 브리티시컬럼비아주의 한 마을의 기온이 거의 50도까지 올라갔다.

245) https://www.bbc.com/korean/news-59115486

* 미국 남서부 지역의 폭염 기간 중 캘리포니아의 데스 밸리는 54.5
  도까지 치솟았다.

* 중국의 한 지역에서는 수개월 치에 해당하는 비가 단 몇 시간 만
  에 내렸다.

* 유럽 일부 지역에서는 심각한 홍수가 발생하여 수십 명의 사상자
  가 나오고, 수많은 경제적 손실을 초래했다.

* 남아메리카 아열대 지역에서는 2년 연속 가뭄이 발생하면서 강
  유역의 유량이 감소했으며 농업, 교통, 에너지 생산에 타격을 입
  었다.

* 지구 온도 상승과 더불어 전 세계 해수면은 1990년대 초반 정밀한
  위성 기반 시스템으로 측정하기 시작한 이래 1993년부터 2002년
  까지 매년 2.1㎜ 상승했고, 2013년부터 2021년까지 상승 폭은 과
  거 10년간 수치의 두 배에 해당하는 4.4㎜로 뛰어올랐다.

세계 각지를 강타하고 있는 올여름 무더위

https://www.hani.co.kr/arti/international/europe/854042.html [246]

---

246) 참고 https://www.hani.co.kr/arti/society/environment/1004013.html

조너선 봄버 브리스톨빙하학센터장은 해수면 상승과 관련하여 "현재 해수면 상승 속도는 지난 2000년 동안 그 어느 때보다도 빨라지고 있다" "이 추세로 계속 간다면 2100년에는 해수면이 2m 이상 상승, 전 세계 6억 3000만 인구가 터전을 잃을 가능성이 있다. 그 결과는 상상조차 할 수 없다."고 하였다.[247]

다음으로 극심한 양극화로 인해 지구 세계가 겪고 있는 빈곤의 상황을 살펴보자. 옥스팜에 따르면, 오늘날 지구상에는 굶주림으로 인해 죽어가는 사람이 1분에 11명이라고 한다. 옥스팜은 "1분에 11명, 지금도 기근으로 인한 사망자 수는 늘고 있습니다." "60초, 그 짧은 시간 동안 11명의 사람이 굶주림으로 목숨을 잃고 있습니다."라는 글과 함께 굶주림의 다양한 이유를 다음과 같이 소개하고 있다.[248]

"어제도, 오늘도 먹지 못했습니다." "재난 때문에 하루 아침 모든 것이 사라졌어요. 사이클론 때문에 마을의 농작물이 모두 물에 잠겨 먹을 것을 하나도 구할 수 없어요. 언제까지 굶어야 할지 가늠조차 되지 않아요"

"기후변화 때문에 농사를 지을 수 없게 되었어요.- 기후가 변하면서 비옥한 땅이 완전히 바뀌었어요. 아무리 열심히 일해도 비가 내리지 않는다면 아무 것도 기를 수 없죠"

"불공정한 구조 때문에 제대로 받을 수 없어요- 농사를 지으려고 대출까지 받았어요 하지만 빚에 대한 압박으로 쌀을 헐값에 팔거나 시세를 몰라 제값을 못 받은 경우가 많았어요"

247) https://www.bbc.com/korean/news-59115486
248) campaign oxfam.or.kr

옥스팜의 2019 불평등 보고서는 오늘의 불평등상황에 대해 이렇게 말한다.[249]

지난 1년간 전 세계 억만장자들의 재산은 매일 25억 달러가 늘어난 반면, 세계 인구 절반에 해당하는 극빈층의 재산은 5억달러씩 감소했습니다. 10년 전 발생했던 금융위기 이후 억만장자의 수는 거의 2배로 늘어났지만 이들이 내는 세금은 수십 년 전보다 줄어들었습니다. 이틀에 한명 꼴로 새로운 억만장자가 탄생한 반면, 매일 1만 명 이상의 사람들이 병원비가 없어 세상을 떠났습니다. 전 세계 최상위 부유층이 약 2천억 달러로 추산되는 세금을 회피하고 있는 반면, 전 세계 2억 6200만 명의 아이들은 돈이 없어 학교를 떠나고 있습니다. 남성의 재산은 여성보다 50% 더 많습니다. 여성들의 가사, 양육에 관한 노동을 경제적 가치로 환산하면 매년 10억 달러에 이릅니다. 만약 우리가 불평등을 줄이지 않는다면, 극 빈곤층들의 고통도 영영 끝날 수 없습니다. 전 세계 최상위 부유층 1%의 재산에 세금 0.5%를 추가로 부과한다면 학교에 다니지 못하는 2억 6200만 명의 아이들이 공부를 하고, 병원비가 없는 3천 300만 명에게 의료서비스를 제공할 수 있습니다. 전 세계 정부에 기업과 최상위 부자들의 조세 회피를 막을 수 있는 공정한 조세정책 수립을 촉구해주세요. 공정하게 부담된 세금으로 정부가 의료 및 교육 서비스의 질을 높이고 불평등 문제를 해소할 수 있도록 말입니다.

) https://www.oxfam.or.kr/2019-%EC%98%A5%EC%8A%A4%ED%8C%9C-%EB%B6%88%ED%8F%89%EB%93%B1-%EB%B3%B4%EA%B3%A0%EC%84%9C/

옥스팜의 2020 불평등 보고서가 말하는 불평등상황에 대해 살펴보자.[250]

경제적 불평등은 통제 불능의 상황이다. 지난해 전 세계 억만장자 2153명이 세계 인구의 약 60%에 해당하는 46억 명보다 더 많은 부富를 소유하고 있는 것으로 나타났다. 이러한 큰 격차는 불완전하고 성차별주의적인 경제체제에 기인하며, 이러한 체제에서는 전 세계적으로 주로 여성이나 소녀들에 의해 무급 또는 저임금으로 제공되는 필수적인 돌봄노동에 소요되는 수십억의 시간보다 대부분 남성으로 구성된 일부 특권층이 가진 자본에 더욱 많은 댓가를 지급하고 있기 때문이다.

이 보고서는 의료, 교육과 같은 공공서비스를 위한 충분한 재원을 확보하지 않음으로써 정부가 불평등을 얼마나 악화시키고 있는지를 보여주며, 기업과 부유층에는 낮은 세금을 부과하고 탈세를 적절히 막지 못하고 있는 실태를 고발한다. 여성과 소녀들이 경제적 불평등의 심화로 가장 심각한 타격을 입고 있다는 것도 알려주고 있다.

또한 옥스팜의 2021 불평등 보고서는 코로나19로 인한 피해상황에 대해 이렇게 설명한다.[251]

코로나19로 인해 거의 모든 국가에서 동시에 불평등이 심화되고 있다. 무려 200만 명11월 30일 현재는 521만이 넘는 사람들이 사망하고 수억 명이 빈곤층으로 전락하는 상황에도 최상위 부자와 기업은 번

---

250) https://oxfam.or.kr/inequality-report-2020-time-to-care/

251) https://www.oxfam.or.kr/inequality-report-2021-inequality-virus/

영을 이어가고 있다. 억만장자의 재산은 불과 9개월 만에 코로나19 발생 이전 최고치를 회복했지만 전 세계 극빈층의 회복은 10년 이상 걸릴 것으로 보인다. 불평등이 심화되면서 경제적, 사회적 격변으로 이어질 수 있다고 IMF는 경고하고 있다.

이번 위기로 대공황 이후 가장 심각한 경제적 충격이 발생하였고 수억 명이 일자리를 잃고 빈곤과 기아에 직면하게 되었다. 이 충격은 지난 20년간 이어온 세계 빈곤의 감소세를 뒤집어 놓을 것이며, 하루에 5.5달러 미만으로 생활하는 빈곤 인구는 2030년 2억~5억 명이 증가할 것으로 예상된다. 또한 빈곤 인구는 향후 10년 이상 위기 이전 수준으로 회복되지 못할 수 있다고 보고서는 예측했다.

오늘날 인류가 직면한 이러한 세 가지 위협을 생각할 때 지금의 상황은 실로 전 지구적 생명 위기의 상황이라 할 수 있다. 폭력이란 생명에 대한 상해를 의미하기 때문에 오늘의 위기 상황은 곧 인류가 직면한 폭력적인 상황이라는 전제 아래 필자는 샬롬이 회복되는 세상을 꿈꾸면서 2장에서는 폭력과 평화와 샬롬의 의미에 대해서, 그리고 3장에서는 21세기 사회가 직면해 있는 폭력에 대해서 살펴본 후에 4장에서 21세기 사회의 샬롬을 위한 세 가지 대안적 삶, 즉 1 신자유주의의 폭력 극복을 위한 대안적 삶, 2 성과사회의 폭력 극복을 위한 대안적 삶, 3 기후재난과 코로나 19 폭력 극복을 위한 대안적 삶을 제시하고자 한다.

Ⅱ. 폭력과 샬롬의 기본이해

1. 폭력의 의미

폭력을 뜻하는 영어 violence는 라틴어인 violare에서 온 말이다. violare

는 '힘으로 강제하다'라는 뜻으로 옛날에는 '상처를 입히다, 명예를 실추시키다, 격분시키다, 범하다' 등의 의미로 쓰였다고 한다. 이런 어원적 의미를 배경으로 마이클 네이글러는 폭력을 '손상손해을 입히는 행위'라고 규정한다.[252] 그러나 그는 사고로 다른 사람이나 사물에 손상을 입히는 것은 폭력이 아니라고 하면서 진정한 폭력은 폭력 행위가 아니라 상해를 입히려는 의도에 이미 존재한다고 주장하면서, 폭력을 뜻하는 산스크리트어인 himsa가 바로 이런 의미상해의 의도를 지니고 있다고 말한다.

요한 갈퉁 역시 폭력이란 해치게 하거나 다치게 하는 행위 또는 생명에 대해 가해지는 피할 수 있는 상해행위생명을 해치는 행위라고 말한다.[253] 그는 폭력을 7가지 종류로 나누어 설명하는데[254] 즉, ① 자연에 대한 극단적인 폭력- 환경파괴, ②직접적인 자아에 대한 종국적인 폭력- 개인 자살, ③ 직접적인 객체에 대한 종국적인 폭력- 살인행위, ④ 직접적인 모든 사람들에 대한 종국적인 폭력- 대량학살, ⑤ 구조의 파괴- 구조적 살해, ⑥ 문화의 파괴-문화적 살해, ⑦ 이상의 모든 것을 포함하는 폭력- 전체파멸 등이다.

그는 폭력을 다시 세 가지로 나누어 설명한다.[255] 첫째는 직접적 폭력인데 그것은 다시 언어적 폭력과 신체적 폭력으로 구분된다. 둘째는 사회구조 자체에서 일어나는 구조적인 폭력이다. 구조적 폭력의 두 가지 형태는 정치와 경제에서 잘 알려진 억압과 착취이다. 달리 말한다면 그것은 정치적, 억압적, 경제적, 착취적 폭력으로 구분될 수 있다. 셋째는 문화적 폭력이다. 그것은 직접적 폭력과 구조적 폭력을 정당화한다. 즉 그것은 행위

---

252) Michael Nagler, *The Search for a Nonviolent Future*, 이창희 역, 『폭력없는 미래』(서울: 두레, 2008), 77-78.
253) Johan Galtung, *Peace by Peaceful Means*, 강종일 외 역, 『평화적 수단에 의한 평화』(서울: 들녘, 2000), 19. 414-415.
254) 위의 책, 85.
255) 위의 책, 19-20.

자들로 하여금 직접적인 폭력을 수행하도록 하거나 구조적 폭력에 대응하지 않도록 만든다. 인과관계를 따져 볼 때 폭력은 주로 문화적 폭력으로부터 구조적 폭력을 경유하여 직접적 폭력으로 번져간다고 할 수 있다.

2. 평화의 의미

평화연구자들에 따르면, 평화는 크게 두 가지로 나눌 수 있다. 하나는 소극적인 평화이고 다른 하나는 적극적인 평화이다. 첫째로 소극적 평화란 갈퉁이 규정한 대로 "인간의 집단 사회 속에서 조직적인 폭력이나 전쟁이 없으며 또한 그 위험이 없는 상태"를 말하는데 한마디로 그것은 직접적 폭력과 전쟁의 부재상태를 의미한다.[256] 둘째로, 적극적 평화란 간접적 폭력 또는 구조적 폭력 및 문화적 폭력의 부재상태를 말한다. 다시 말하면, 소극적 평화란 직접적인 폭력이 없는 직접적 평화를 가리키는 것이며, 적극적 평화란 구조적 폭력과 문화적 폭력이 없는 구조적, 문화적 평화를 가리키는 것이다. 결국 평화란 직접적 평화와 구조적 평화와 문화적 평화가 합쳐진 것이다.[257]

이러한 갈퉁의 평화개념에 근거하여 이삼열은 평화운동을 다음과 같은 세 가지 차원에서 일어나는 운동이라고 설명한다.[258]

① 평화운동은 우선 현존하는 전쟁과 폭력을 반대하고 제거하는 운동이다. 그래서 전쟁행위를 반대할 뿐 아니라 전쟁준비를 반대하고 핵무기를 반대하며 대량살상과 파괴에 대항해 인간의 생명을 지키려는 운동이라고 할 수 있다.

---

256) Johan Galtung, *Peace by Peaceful Means*, 강종일 외 역,『평화적 수단에 의한 평화』(서울: 들녘, 2000), 36.

257) Ibid., 561.

258) 이삼열, "평화와 통일에 대한 기독교윤리적 책임,"『서울올림픽 국제학술회의 후기산업시대의 세계공동체 3, 가치』(서울: 도서출판 우석, 1989), 292-293.

② 평화운동은 현존하는 폭력이나 전쟁뿐 아니라 잠재적인 폭력을 제거하는 운동이다. 폭력과 전쟁의 원인이 되는 갈등 관계와 적대관계를 해소하고 공격성을 줄이는 노력들을 잠재적 폭력의 제거운동이라 할 수 있는데 이것은 적대관계에 있는 양자의 편견과 증오심과 원수상을 없애고 화해를 이루게 하는 운동이다.

③ 평화운동은 사회나 국가 내에 존재하는 구조적 폭력을 제거하는 운동인데 이것은 인간의 삶이 전쟁이나 살상 같은 물리적 폭력뿐 아니라 빈곤, 억압, 차별, 소외, 저개발 등과 같은 잘못된 사회구조에 의해서 희생되기 때문에 이를 구조적 폭력이라 부르며 이와 같은 것을 제거하는 인권운동, 사회정의운동, 민주화운동 같은 것들을 구조적 폭력을 제거하는 평화운동의 차원으로 보고 있는 것이다.[259]

다시 말해, 평화운동이란 직접적인 폭력과 가장 극단적인 폭력의 형태인 전쟁[260]을 반대하고 제거하는 운동이고, 잠재적 폭력 또는 문화적 폭력을 제거하는 운동이며, 정치, 경제적 억압이나 착취와 같은 구조적 폭력을 제거하는 운동이라 할 수 있다. 한마디로 말해, 평화운동이란 평화소극적 평화와 적극적 평화를 만들어가는 운동이다. 여기서 알 수 있듯이 평화운동이란

---

259) Sjouke Voolstra, "The Search for a Biblical Peace Testimony," Robert L. Ramseyer, ed., *Mission and the Peace Witness*: *The Gospel and Christian Discipleship* (Scottdale, Pennsylvania: Herald Press, 1979), Sjouke Voolstra는 구약에서의 평화개념에는 4가지 차원이 결합되어 있다고 말하면서 "샬롬은 사회정의를 포함한다."는 사실을 그 첫 번째 차원으로 지적하고 있다. 이와 관련하여 몰트만은 보다 적극적으로 말하고 있는데 "불의와 폭력이 있는 곳에 평화는 없다." "평화가 정의를 가지고 오는 것이 아니라 정의가 평화를 가지고 온다." "정의가 평화를 창조한다."고 주장한다. [Jürgen Moltmann, "Political Theology and the Ethics of Peace," Theodore Runyon, ed., *Theology, Politics and Peace* (Maryknoll, New York: Orbis Books, 1989), 37-38.]

260) Thomas Merton, *Peace in the Post-Christian Era* (Maryknoll, New York: Orbis Book, 2004), 50.

단순히 신체적 안전이나 개인의 내면적인 평안함이나 개인적인 인간관계에서의 화목만을 추구하는 운동이 아니라 인간 삶의 전 차원, 즉 정치, 경제, 사회적 삶 등 인간 삶의 전 영역에서의 온전한 평화를 만들어가는 운동이라고 할 수 있고, 그런 점에서 평화운동은 평화의 총체성을 지향해야 한다.

3. 샬롬의 의미

평화에 해당되는 히브리어 단어는 샬롬이다. "완전하게 만들다"는 의미를 가진 샬렘이라는 동사형에서 파생된 샬롬이란 말의 기본 의미는 "완전성"completeness 또는 "총체성"wholeness이다.261 총체성으로서의 샬롬의 의미에 대해 존 드라이버는 다음과 같이 잘 설명한 바 있다.262

> "샬롬이란 광범위한 개념이며, 하나님과 사람들과의 관계에 대한 히브리적 이해에 있어서 본질적인 개념이다. 그것은 인간의 복지human welfare, 건강, 영적이고 물질적인 측면에서의 복지wellbeing를 포함한다. 그것은 사람들 간의 건강한 관계와 하나님과 사람들 간의 건강한 관계로부터 비롯되는 복지의 조건을 묘사한다. 예언자들에 따르면, 참된 평화는 이스라엘에서 정의또는 의가 널리 보급되었을 때, 공공복지가 보장되었을 때, 사람들이 동등하게 대우받고 존중을 받게 되었을 때, 하나님께서 그의 백성들과 맺었던 계약에서 하나님에 의해 정해졌던 사회질서에 따라 구원이 잘 자라나게 되었을 때, 널리 퍼졌다. 사실, 예언자들의 이해에 따르면, 하나님과 이스라엘과

---

261) John Macquarrie, *The Concept of Peace*, 조만 역, 『평화의 개념』(서울: 대한기독교서회, 1980), 27-28.

262) Marlin E. Miller, "The Gospel of Peace," Robert L. Ramseyer, ed., *Mission and the Peace Witness: The Gospel and Christian Discipleship* (Scottdale, Pennsylvania: Herald Press, 1979), 12-13.

의 계약은 "생명과 평화의 계약"이었다. 말 2: 5

반면, 불의한 이익에 대한 탐욕이 있었을 때, 재판관이 대가를 바라고 재판하게 됐을 때, 모든 사람을 위한 동등한 기회가 없었을 때, 사회적이고 경제적인 압제로 인해 고난을 당하게 되었을 때, 거짓 예언자들이 평화가 있다고 주장했을지라도, 거기에는 평화가 없었다. 렘 6:13-14

히브리인들에게 있어서 평화는 단지 무장된 갈등의 부재만이 아니었다. 오히려 샬롬은 인간 복지의 모든 차원에 있어서 그 복지에 도움이 되는 조건들이 널리 행해지는 것을 통해 확보되었다. 평화는 정신의 평온함이나 마음의 고요함뿐만이 아니라 하나님과 그의 백성들 사이의 조화로운 관계와 관련이 있었다. 그것은 그의 백성들의 특성을 보여주는 사회적 관계들과 관련을 맺고 있었고 또 그것은 정의의 특성을 보여주는 사회적 관계들과도 관련을 맺고 있었다. 평화는 사람들이 하나님의 의도를 따라 함께 살아가게 될 때 나타났다. 평화, 정의, 구원은 올바른 사회적 관계들에 의해 만들어진 일반적 복지에 대한 동의어이다.

여기서 평화란 영적이고 육체적이고 물질적이고 사회, 정치, 경제적인 모든 차원에서의 복지의 조건들이 충족되었을 때의 삶의 상태, 즉 삶의 완전성, 또는 총체성을 의미한다고 할 수 있다. 다시 말해 구약에서의 샬롬이란 구원, 건강, 질서, 완전, 복지, 안전, 정의, 사랑, 평안, 발전 등의 여러 의미를 포함하는 매우 포괄적인 개념으로서 삶의 총체성을 의미한다. 그러므로 인간의 안전이나 건강이나 복지가 위협을 당할 때, 그리고 정의와 사랑이 부재할 때, 평화란 존재할 수 없는 것이다.[263]

---

263) Edward LeRoy Long, Jr., *Peace Thinking in a Warring World* (Philadelphia: The Westmin-

이처럼 성서의 샬롬이란 매우 복합적이고 다차원적인 개념이다. 무엇보다도 평화란 인간의 생존을 위한 조건을 기본 전제로 한다. 인간의 삶이 이 지구상에서 존립하기가 어렵게 된다면 평화에 관한 논의도 더 이상 무의미할 것이기 때문이다. 그러므로 인류의 생존을 위한 조건은 평화의 기본조건이 된다. 말하자면, 지구생태계를 착취하고 파괴하는 것과 수백만 명의 인간들이 매일같이 대량으로 굶어 죽어가는 것264과 군사적 수단을 통해 생명을 파괴하는 것과 같은 일들이 일어나는 한, 인간은 기본적으로 평화를 향유할 수 없는 것이다.

삶의 총체성으로서의 평화의 의미를 관계 개념의 관점에서 다시 말하자면, "평화란 대체로 올바른 관계 속에 존재한다."265고 할 수 있다. 여기서 관계란 하나님과 인간과의 관계, 나와 자기 자신과의 관계, 나와 이웃과의 관계, 인간과 자연과의 관계, 국가와 국가와의 관계 등 인간 삶의 총체적 관계성을 의미하며, 바로 이러한 총체적 관계성이 분열이나 왜곡됨이 없는 올바른 관계 속에 있을 때 평화가 존재한다고 할 수 있다.

다음으로 성서의 샬롬 개념에서 중요한 사실은 성서의 샬롬은 정의와 밀접하게 연결되어 있다는 점이다. "인애와 진리가 같이 만나고 의와 화평이 서로 입맞추었으며"시 85: 10라는 말씀 속에서 볼 수 있듯이 구약성서의 샬롬 개념에서 본질적인 것은 정의이다. 따라서 예언자들은 억압에 의존하는 표면적인 어떤 안정도 거짓된 평화라고 비판한다. 그리고 "공의의 열매는 화평이요 공의의 결과는 영원한 평안과 안전이라"사 32: 17고 주장한다. 한마디로 평화는 정의의 결과이다. 따라서 성서가 말하는 평화란 언제나 정의로운 평화이다.

ster Press, 1983), 30.

264) 간디는 "가난이 최악의 형태의 폭력"이라고 말한 바 있다. [John Dear, *Disarming the Heart*: *Toward a Vow of Nonviolence* (Scottdale, Pennsylvania, 1993), 40.]

265) David Atkinson, *Peace in our Time*, 한혜경 허천회 역, 『평화의 신학』 (서울: 나눔사, 1992), 159.

따라서 진정한 평화란 전쟁이나 폭력이 없는 소극적 평화의 상태만을 의미하지 않는다. 왜냐하면 그것은 폭력과 전쟁의 근본적인 원인인 강자의 오만과 불의와 착취와 억압의 제거와 그리고 정의의 실현이 없이는 이루어질 수 없는 것이기 때문이다.266 동시에 참된 평화는 사랑이 결실을 맺을 때 완성되는 것이다. 왜냐하면 "사랑은 정의의 성취이며 정의는 사랑의 필연적 도구"이기 때문이다. 따라서 평화를 희구하는 우리는 전쟁과 폭력의 잠재적 원인들을 제거하는 일과 심각한 갈등이나 적대관계가 생기지 않도록 정의로운 사회구조를 만드는 일과 사랑을 실천하는 일에 적극적으로 참여해야 한다.

III. 21세기 사회의 폭력

1. 신자유주의적 자본주의 사회의 폭력

하이에크, 프리드먼, 뷰캐넌에 의해 주창되고, 영국의 대처수상1979년 집권과 미국의 레이건 대통령1980년 집권에 의해 경제정책으로 채택된 신자유주의신자유주의적 자본주의는 무한경쟁, 무한성장, 시장자유화, 탈규제화, 민영화, 감세, 통제받지 않는 자본의 자유이동, 노동시장의 유연화, 복지제도의 축소, 부의 무한한 축적 등을 특징으로 하면서 지난 40년 동안 세계경제를 지배해왔다. 그 결과 신자유주의는 모든 사물, 모든 인간을 가격을 매겨 판매하는 상품으로 만들어버렸고, 인간의 존엄성보다 물질적 풍요를 우선시하므로 인간을 비인간화하고 탐욕을 위하여 생명을 희생시키는 일을 마다하지 않았다.267 이렇게 신자유주의적 자본주의시장 자본주의는 인간을 비인간화시킬 뿐 아니라 사회 공동체를 파괴하고 사회를 일종의 정글

---

266) Edward LeRoy Long, Jr., *Peace Thinking In A Warring World* (Philadelphia: The Westminster Press, 1983), 30.

267) WCC, 김승환 역, 『경제세계화와 아가페운동』 (원주: 흙과생기, 2007), 16

로 만들어 왔다.268

달리 말하자면 통제받지 않고 달려온 신자유주의적 자본주의는 불가피하게 사회의 나머지 계층을 희생양으로 삼아 상위계층에게 부가 집중되게 하면서 불평등을 심화시켜왔는데 미국의 경우 6명 중에 대략 한 명꼴로 빈곤층이며, 전체 아동 가운데 약 4분의 1이 빈곤한 생활269을 하고 있는 반면, "상위 1퍼센트가 거의 모든 부분에서 통제권을 장악"270하는 상황에 이르게 되었다. 뿐만 아니라 신자유주의 자본주의 체제는 자신의 존재를 유지하기 위해 지구의 자원을 약탈하고 파괴하게 되고, 그로 인해 기후적, 생태적 재앙을 초래하게 되었다. 이런 점에서 존 벨라미 포스터는 자본주의를 생태계의 파괴자라고 말한다.271

이렇게 신자유주의가 인간 생명에 대한 존중과 인간의 존엄성을 거부하며, 인간의 기본 생존권을 구조적으로 유린하는 체제일 뿐만 아니라 지구 생태계를 파괴하는 체제라는 점에서 신자유주의는 구조적인 폭력이라 할 수 있다.272

2. 성과사회의 폭력

20세기 사회근대사회가 부정성의 사회, 금지의 부정성을 특징으로 하는 규제사회였다면,273 21세기 사회후기근대사회는 금지와 명령의 부정성을 철폐해가며 자유로운 사회를 자처하는 성과사회라고274 한병철은 말한다. 한병

---

268) 최재천 외, 『코로나 사피엔스』 (서울: 인플루엔셜, 2020), 147-149.

269) Joseph E. Stiglitz, *The Price of Inequality*, 이순희 역, 『불평등의 대가』 (파주: 열린책들, 2013), 101.

270) Joseph E. Stiglitz, *The Price of Inequality*, 이순희 역, 『불평등의 대가』, 40.

271) John Bellamy Foster, *Ecology Against Capitalism*, 추선영 역, 『생태계의 파괴자 자본주의』 (서울: 책갈피, 2007)

272) John Dear, *Disarming the Heart: Toward a Vow of Nonviolence* (Scottdale, Pennsylvania: Herald Press, 1993), 40.

273) 한병철, 김태환 역, 『피로사회』 (서울: 문학과지성사, 2012), 24, 103.

274) 한병철, 김태환 역, 『피로사회』, 40, 83.

철에 따르면, 규율사회는 금지와 명령, 억압의 부정성 패러다임이 지배해 온 사회였고, 성과사회는 모든 외적 강제에서 해방되었다고 믿는 긍정성의 사회, 즉 규제와 억압의 철폐, 개인적 욕망의 긍정, 타자에 대한 관용의 확대 등 긍정성이 넘치는 긍정성 과잉의 사회이다.[275] 또한 규율사회가 지배와 강제에 의한 착취사회이고 타자에 의한 착취사회였다면, 성과사회는 긍정성 과잉의 상태에서 타자의 강요 없이 자발적으로 가해자이며 동시에 피해자가 되는 자기에 의한 착취사회이다.[276]

말하자면, 성과사회는 성공적 인간이 되기 위해 자기를 착취하는 자기착취의 사회이다.[277] 성과사회를 살아가는 후기 근대의 인간은 과도한 성과를 내려고 하면서성과를 향한 압박 극단적 피로, 신경과민 상태, 탈진 우울증, 주의력결핍과잉행동장애, 소진증후군에 빠지게 되고, 각자도생해야 하는 완전히 개별적으로 고립된 존재가 되기도 한다.[278] 이렇게 성과적 주체는 점점 더 많은 성과를 올려야 한다는 강박관념과 자기 자신과 경쟁하면서 끝없이 자기를 뛰어넘어야 한다는 강박과 자기 자신의 그림자를 추월해야 한다는 파괴적 강박 속에 빠지게 되며, 자유를 가장한 이러한 자기강요자기 강제는 결국 파국으로 끝난다.[279] 심지어 "성과주체는 완전히 타버릴 때까지 자기를 착취한다."[280]

여기서 한병철은 금지와 명령, 억압의 부정성을 특징으로 하는 규율사회에서 일어나는 폭력을, 배제하고 박탈하는 폭력, 억압하는 폭력, 즉 부정성의 폭력이라고 규정하는 한편, 성과사회에서 일어나는 폭력을 긍정성의 폭력이라고 규정한다. 말하자면 성과사회에서는 과다와 과잉현상이 일

---

275) 한병철, 김태환 역, 『피로사회』, 84, 103, 120-121.
276) 한병철, 김태환 역, 『피로사회』, 27-28, 103, 126.
277) 한병철, 김태환 역, 『피로사회』, 126.
278) 한병철, 김태환 역, 『피로사회』, 22, 26, 41, 66.
279) 한병철, 김태환 역, 『피로사회』, 87, 101.
280) 한병철, 김태환 역, 『피로사회』, 103.

어날 수밖에 없고, 그래서 사람들은 만성피로, 탈진현상에 시달리게 되는데 이것이 바로 긍정성의 폭력이라는 것이다. 한병철은 피로를 폭력이라고 규정하는데 왜냐하면 피로는 모든 공동체, 모든 공동의 삶, 모든 친밀함을 파괴하기 때문이다.[281] 그에 따르면, 과잉활동, 과잉생산, 과잉가동, 과잉커뮤니케이션이 초래하는 긍정성의 폭력은 박탈하기보다 포화시키며, 배제하는 것이 아니라 고갈시키는 폭력이며, 심리적 경색으로 이어지는 신경성 폭력이고, 시스템에 내재하는 폭력이다. 요컨대, 규율사회에서 나타나는 타자에 의한 착취가 타자에 의한 폭력, 즉 배제하고, 금지하고, 억압하는 타자에게서 오는 폭력이라면, 성과사회에서 나타나는 자기에 의한 착취는 자기 자신이 스스로 만들어 낸 폭력이라 할 수 있다.[282]

3. 기후재난과 코로나 19의 폭력

지난 여름 2개월 동안 인류가 겪은 이상기후 현상에 대해 스브스뉴스는 이렇게 보도했다.[283]

갑자기 멈춰선 지하철, 어깨까지 차오르는 물, 점점 희박해져가는 산소에, 겁에 질린 채 구조만을 기다리는 사람들, 바깥상황도 매한가지, 급류에 휩쓸린 사람을 가까스로 구출해내고, 선박은 그대로 떠내려가 물속으로 흔적도 없어 사라진다. 지난 두 달간 중국 곳곳에 쏟아진 기록적인 폭우, 한편 미국과 캐나다에는 50도에 달하는 폭염이 덮쳤다. 대규모 산불로 서울의 32배가 넘는 면적이 불타고, 수온이 급격히 올라가 10억 마리 이상의 해양 생물이 떼죽음을 당했다. 이외에도 북극에는 사흘 연속 번개가, 서유럽에는 100년 만에

---

281) 한병철, 김태환 역, 『피로사회』, 67.
282) 한병철, 김태환 역, 『피로사회』, 17-22, 101-111.
283) https://www.youtube.com/watch?v=MOkbEz1oqo8

폭우가, 지구상 가장 추운 러시아의 한 도시베르호얀스키는 섭씨 48도까지 치솟은 상황, 이 모든 게 6월과 7월 단 2개월 만에 벌어진 일, 지금 전 세계는 이상기후로 인한 재난, 이른바 기후재앙을 맞고 있다.

그런가 하면 2019년 12월 중국 후베이성 우한시에서 처음 발생해서 전세계적으로 확산된 코로나19 팬데믹으로 인해 2021년 11월 30일을 기준으로 2.62억 명 이상의 확진자와 521만 명 이상의 사망자가 나타났다. 사망자가 가장 많이 발생한 나라는 우크라이나 90만 명, 남아프리카 공화국 89.9만 명, 스페인 88만 명, 폴란드 83만 명, 미국으로 77.7만 명, 터키 76.6만 명, 이어서 브라질 61.4만 명, 필리핀 48.5만 명, 인도 46.9만 명이다.

오늘날 세계 곳곳에서 빈번하게 일어나고 있는 이러한 기후재난과 코로나19 팬데믹은 우리 인간들이 지나치게 많은 온실가스를 배출하는 행위와 자연 생태계를 파괴하고 있는 잘못된 행동으로 인해 우리가 뿌린 대로 거두고 있는 것이긴 하지만 다르게 말하면 오늘의 기후재난은 인간이 자연에 대해 저지른 일차 폭력으로 인해 다시금 되돌려 받고 있는 지구의 역습과도 같은 이차 폭력이라 볼 수 있다.

Ⅳ. 21세기 사회의 샬롬을 위한 대안적 삶

1. 신자유주의의 폭력 극복을 위한 대안적 삶: 사람중심의 정의로운 생명의 경제

신자유주의적 자본주의 경제체제는 무한경쟁, 무한성장, 시장자유화, 탈규제화, 민영화, 감세, 통제받지 않는 자본의 자유이동, 노동시장의 유연화, 복지제도의 축소, 부의 무한한 축적 등을 특징으로 한다고 하였다. 그 결과 우리 사회는 인간의 생명이나 인간의 존엄성보다 물질이나 부의 축적을 더 우선시하고, 탐욕을 위해 생명을 희생시키는 일을 너무도 쉽게 하기도 하고, 다수의 희생 위에 승자가 모든 것을 독식하는 극단적인 불평 등상황이 초래되었다.[284] 뿐만 아니라 신자유주의 자본주의 체제는 대량생산, 대량소비, 대량폐기의 과정을 통해 지구의 자원을 약탈하고 파괴하게 되고, 그로 인해 기후적, 생태적 재앙을 초래하게 되었다.

1) 사회적 경제

신자유주의적 자본주의 또는 시장 자본주의가 가지고 있는 이러한 구조적인 폭력의 문제를 극복하기 위한 대안은 무엇일까? 첫째로, 생각할 수 있는 것은 사회적 경제이다. 사회적 경제란 사회적 목적 추구를 우선으로 하는 모든 활동을 지칭하는 개념으로, 국제협력개발기구에 따르면 사회적 경제는 "국가와 시장 사이에 존재하면서 사회적 요소와 경제적 요소를 모두 가진 조직들"이다.[285] 서울시 사회적 경제지원센터는 사회적 경제를 가리켜 "구성원이나 공공을 위한 목표, 경영의 자율성, 민주적인 의사결정과정, 수입 배분에 있어서 자본보다 사람과 노동의 중시라는 사회적 기업, 협동조합, 마을기업, 자활기업, 상호공제조합, 민간단체에 의해 수행되는 경제활동"이라고 설명한다.[286] 요컨대, 사회적 경제란 "사회적 가치에 기반을 두고 공동의 이익을 목적으로 생산, 소비, 분배가 이루어지는

---

284) 부의 불평등 상황에 대해 무함마드 유누스는 "세계적 부의 94%는 40%의 사람들에게 돌아가고, 나머지 60%의 사람들은 겨우 6%의 부를 나누어 살아가야 한다. 또한 전 세계 인구의 절반이 2달러 미만으로, 거의 10억명이 1달러 미만으로 생계를 이어간다."고 말한다. (Muhammad Yunus, 김태훈 역,『가난 없는 세상을 위하여』(안양: 도서출판 물푸레, 2010), 22.)
285) 고동현 외,『사회적 경제와 사회적 가치』, 62.
286) 조재식,『응답하라 사회적 경제』(서울: 나눔, 2017), 155.

사람 중심의 경제"[287]라고 할 수 있다.

'유럽 사회적 경제'에 따르면 사회적 경제의 기본 원칙은 다음과 같다.[288]

> * 사람과 사회적 목적이 자본보다 우선한다. * 구성원 자격은 자발적이고 개방적이어야 한다. * 구성원에 의해 민주적으로 통제되어야 한다. * 구성원 및 이용자의 이익, 기타 보편적 이익 등을 고루 안배해야 한다. * 연대와 책임의 원칙은 반드시 준수되고 적용되어야 한다. * 공공기관으로부터 자율성을 유지해야 한다. * 잉여의 대부분은 지속가능한 발전의 목표, 구성원의 이익과 보편적 이익을 위해서 사용되어야 한다.

이처럼 "사회적경제란 사람을 모든 관심의 중심에 놓는 것이다. 핵심은 사람이지 자본이 아니다. 따라서 그것은 자본의 수익보다 일자리를 중시하고, 일자리를 통해 창출하는 사회적 연계를 중시한다."Partick loquet[289] 이러한 정신을 가지고 사회적 경제를 성공적으로 실천한 모델 사례가 있는데 바로 스페인의 몬드라곤, 이탈리아 볼로냐, 그리고 캐나다 퀘벡이다. 몬드라곤 협동조합의 사례만 살펴보자.[290]

> 스페인의 7위 기업이자 노동자 협동조합인 '몬드라곤'에서는 60년 동안 단 한 건의 해고도 없었다. 금융, 지식, 유통, 제조에 이르는 사업 부분과 260개의 회사, 그리고 8만 4천 명의 근로자로 이루어

---

287) 서초구 사회적 경제의 정의
288) 고동현 외, 『사회적 경제와 사회적 가치』, 62-63.
289) https://www.songpase.org/bbs/content.php?co_id=eas_info
290) https://m.blog.naver.com/PostView.naver?isHttpsRedirect=true&blogId=young_place&logNo=221130325013

진 이 거대한 기업 연합도 물론 경제위기 당시에는 부도 위기를 피할 수 없어 조합 내 2개의 회사가 부도가 났다. 하지만, 이에 대한 몬드라곤의 대응책엔 '해고'가 없었다. 어떻게 이런 일이 가능할 수 있을까? 이는 몬드라곤 협동조합의 존재 목적 자체에서 찾을 수 있다. 1954년, 호세 마리아 신부가 젊은 제자 5명과 함께 현재 몬드라곤의 시초인 작은 석유 난로 공장을 세웠을 때부터 지금까지 조합의 존재 이유가 '더 많은 노동자에게 더 좋은 일자리를 제공하는 것'인 데에는 변함이 없다.

2) 시장 자본주의를 통제하는 정의로운 경제

극단적인 불평등과 자연을 파괴하는 구조적 폭력으로서의 시장 자본주의에 대한 두 번째 대안은 시장 자본주의를 통제하는 정의로운 경제이다. 토마 피케티에 따르면 오늘날의 극심한 불평등은 오늘의 사회가 초세습사회와 초능력주의사회가 되어진 데서 비롯된 것이다. 따라서 극심한 불평등 상황을 극복하기 위해서는 세계화된 세습자본주의[291]와 세계화된 금융자본주의는 통제를 해야 하고, 그러기 위해서는 새로운 제도의 도입이 필요한데 여기서 중요한 수단은 매우 높은 수준의 국제적 금융 투명성과 결부된 누진적인 글로벌 자본세누진적 자본세[292], 누진적 소득세가 될 것이라고 피케티는 말한다. 그는 글로벌 자본세나 이와 유사한 정책 수단이 없으면 세계 전체의 부 가운데 최상위 1%의 몫이 끝없이 늘어날 것이라고 주장한다.[293] 그에 따르면 자본세의 주된 목적은 사회적 국가의 재원을 조달하는 게 아니라 자본주의를 규제하는 것이다. 첫 번째 목적은 부의 불평등이

---

291) 극심한 불평등 사회(초불평등 사회)가 되는 요인에는 두 가지 방식이 있는데 그중 하나는 초세습사회(자본소득자의 사회: 상위 10%가 전체 부의 90%를, 상위 1%가 전체 부의 50%를 소유하는 사회)이고, 다른 하나는 초능력주의사회(수퍼스타의 사회, 수퍼경영자의 사회)이다.
292) 자본세의 주된 목적은 자본주의를 규제하는 것이며, 누진세는 사회적 국가의 핵심요소이다.
293) 토마 피케티, 장경덕 외 옮김, 『21세기 자본』 (서울: 글항아리, 2014), 622.

끝없이 증가하는 것을 막는 것이고, 두 번째 목적은 금융 및 은행 제도의 위기를 피하기 위해 금융과 은행 시스템에 효과적인 규제를 가하는 것이다. 이 두 가지 목표를 달성하기 위해 자본세는 우선 민주적 투명성과 금융 투명성을 확보해야 한다고 그는 말한다.294

한편, 조지프 스티글리츠는 상위계층이 과도한 부를 축적하는 시장 자본주의의 폐해를 극복하기 위한 방안으로 8가지를 개혁할 것을 주장한다.295 ① **금융부문의 규제**: 금융부문의 과도한 방종은 우리 사회의 불평등을 심화시킨 주역이므로 개혁은 당연히 금융부문에서부터 시작해야 한다. ② **독점금지법의 강화**: 독점시장과 불완전한 경쟁 시장은 지대296를 창출하는 주요 원천이므로 독점금지법 제정해야 한다. ③ **기업지배구조의 개선**: 최고경영자들의 권력을 제한해서 기업 자원의 상당부분이 그들의 개인적 수익으로 전용되는 것을 막아야 한다. ④ **파산법의 총체적인 개혁**: 채권자에게 유리하게 되어 있어서 저소득층에 대한 착취와 경제적 불평등을 심화시키고 있는 파산법을 채무자 친화적인 파산법으로 개혁해야 한다. ⑤ **정부의 무상공여 중단**: 정부가 기업들에게 무상으로 나눠주는 공공재산의 규모가 엄청난데 이를 축소 내지 중단해야 한다. ⑥ **기업지원금의 폐지**: 자력으로 성공할 능력이 없는 기업에 대한 지원금이나 숨겨진 보조금, 예컨대 누군가의 행동이 빚어내는 비용을 그 사람에게 부과하지 않거나 다른 사람들에게 환경 비용을 부과하는 경우와 같은 숨겨진 보조금의 지원은 폐지해야 한다. ⑦ **사법개혁**: 사회의 나머지 계층을 희생시켜서 엄청난 지대를 창출하고 있는 현재의 사법시스템은 개혁되어야 한다. ⑧ **조세개**

---

294) 토마 피케티, 장경덕 외 옮김, 『21세기 자본』, 621. 피케티는 "이웃을 희생시킨 대가로 이익을 챙기는 것은 옳지 못하다. 그것은 한마디로 도둑질이다."고 말한다.(626)

295) J. Stiglitz, 이순희 역, 『불평등의 대가』(파주: 열린 책들, 2013), 435–462.

296) 스티글리츠는 원래 토지로 인한 소득을 이르는 말로 쓰여졌던 지대라는 용어를 독점권을 가지고 있다는 사실 때문에 얻게 되는 소득을 가리키는 개념으로 확대시켜 사용하고 있고, 사회의 나머지 성원을 희생시켜 부자들에게 이득을 몰아주는 여러 가지 행위들을 일컬어 지대추구라고 설명한다. 〔J. Stiglitz, 이순희 역, 『불평등의 대가』, 130.〕

혁: 심각한 불평등을 개혁하기 위해서는 현재의 누진적인 조세 제도를 마련하고 조세 회피 통로를 차단하는 일에 주력해야 한다. 스티글리츠는 이외에도 중하위 계층에 대한 지원을 강화해야 한다고 주장한다.

3) 신자유주의를 거부하는 정의로운 생명의 경제

세 번째 대안은 신자유주의를 거부하는 정의로운 생명의 경제이다. 정의로운 생명의 경제를 주장하는 WCC 아가페 문서는 무엇보다 먼저 신자유주의를 거부해야 한다고 주장한다. 왜냐하면 신자유주의는 모든 사물, 모든 인간을 가격을 매겨 판매하는 상품으로 만들어 버리며, 인간의 존엄성보다 물질적 풍요를 우선시하므로 인간을 비인간화하고 탐욕을 위하여 생명을 희생시키는 죽임의 경제이기 때문이다. 그리고 그 대안으로 인간의 존엄성, 상호의존, 협동, 나눔, 지구적 연대, 창조세계의 보존을 중시하는 생명의 경제를 제시한다.[297] 생명의 경제는 정의롭고, 참여적이고, 지속가능한 공동체의 건설이라고 하는 과제를 강조하는 변혁적 정의를 추구하는 경제를 말하는데 여기서 생명의 경제는 세 가지 정의를 추구한다: ① 정치적, 사회적, 문화적 정의: 진정 포용적이고 참여적이어야 한다. ② 경제적 정의; 권력의 편중을 시정하고 국가 안에, 국가 간에 존재하는 부유하고 힘 있는 자들과 가난한 자들 사이의 간격을 극복해야 한다. ③ 생태학적 정의: 땅에 대한 인간의 의존성을 인정하고, 자기 자신을 조직하고 개발하는 지속가능한 방법과 자연자원의 나눔을 지지해야 한다.[298]

이를 바탕으로 정의로운 생명의 경제는 구체적으로 몇 가지 체제의 변혁을 주장하는데 ① 자유무역에서 정의로운 무역으로, ② 고리대금업에서 정의로운 금융으로: 부채탕감, 세계금융체제의 변혁과 지역 차원에서의

---

297) WCC, 김승환 역, 『경제세계화와 아가페운동』 (원주: 흙과생기, 2007), 16-17.
298) WCC, 김승환 역, 『경제세계화와 아가페운동』, 32-33.

대안적 금융을 위한 지원 등을 주장한다.[299]

2. 성과사회의 폭력 극복을 위한 대안적 삶: 사색적 삶

앞에서 21세기 후기근대사회는 금지와 명령의 부정성을 철폐해가며 자유로운 사회를 자처하는 성과사회이며, 모든 외적 강제에서 해방되었다고 믿는 긍정성의 사회, 즉 규제와 억압의 철폐, 개인적 욕망의 긍정, 타자에 대한 관용의 확대 등 긍정성이 넘치는 긍정성 과잉의 사회라고 하였다. 또한 이 사회는 성공적 인간이 되기 위해 자기를 착취하는 자기 착취의 사회이다.[300]

과도한 성과를 내기 위해서, 그리고 성공적인 인간이 되기 위해서 자신을 착취하는 이 긍정성의 폭력을 어떻게 극복할 수 있을까? 한병철은 과잉 활동적 삶에 대한 대안으로 관조적인 삶, 사색적 삶을 제시한다. 그도 그럴 것이 인간을 인간 본연의 존재로 만들어주는 것은 활동적인 삶이 아니라 사색적 삶이기 때문이고,[301] 마구 밀고 들어오는 자극이나 충동에 대한 저항의 기능을 수행해주는 것이 사색적 삶이기 때문이다. 후기 근대의 인간은 자기 자신을 착취할 정도로 과도하게 활동적이다. 이에 따라 그는 피로, 신경과민, 초조, 불안, 탈진, 우울증에 빠지게 되는데 이런 현상을 막아주는 것이 바로 사색적인 삶이다. 왜냐하면 사색적인 삶은 어떤 자극에 즉시 반응하지 않고 속도를 늦춰주고 중단하는 힘을 발휘하게 해주기 때문이다.[302] 사색의 본질적 특성은 무위의 부정성, 즉 하지 않을 수 있는 부정적 힘이고, 또한 어떤 상황을 중단시키고 새로운 상황이 시작되도록 만들 수 있는 힘으로서의 분노저항성이다. 그런데 후기 근대의 인간은 이러한

---

299) WCC, 김승환 역, 『경제세계화와 아가페운동』, 37-65.
300) 한병철, 김태환 역, 『피로사회』, 126.
301) 한병철, 김태환 역, 『피로사회』, 46.
302) 한병철, 김태환 역, 『피로사회』, 48.

'하지 않을 부정적 힘'과 어떤 상황을 중단시킬 수 있는 분노를 발휘하지 못하기 때문에 밀려드는 모든 자극과 충동에 무기력하게 따라갈 수밖에 없게 되고, 치명적인 활동과잉 상태에 빠져들게 된다고 한병철은 말한다. 따라서 그는 후기 근대의 과잉활동과 과잉활동에 따른 피로, 신경과민, 불안, 소진, 우울증에 빠지지 않기 위해서는 깊은 사색, 깊은 심심함, 귀 기울여 듣는 재능을 회복할 수 있어야 한다고 주장한다.[303] 여기서 한병철이 말하는 깊은 사색, 깊은 심심함, 귀 기울여 듣는 기능, 관조적 삶, 사색적 삶vita contemplativa을 신학적으로 표현해본다면 관상적 영성contemplative spirituality 또는 성찰적 영성reflective spirituality이라고 말할 수 있을 것이다.

3. 기후재난과 코로나19 폭력 극복을 위한 대안적 삶: 생태적인 삶

금년 11월 7일 글로벌 싱크탱크 경제평화연구소IEP는 '2021 생태위협보고서'를 통해 전 세계 30개국 12억6000만 인구가 극심한 생태학적 위협에 처해있다고 하였고[304], '생태위협보고서 2020'를 통해서는 "홍수, 태풍 등 자연재해 발생 수가 지난 40년간 3배 이상 급격히 늘어났고, 동시에 24억 명이 현재 물부족을 겪고 있다"면서 "2050년에는 전 세계 7억 4000만 명이 자원위협에 처하고, 10억 명 이상이 자연재해적 위협에 처할 것으로 나타났다. 이 두 가지에 모두 해당되는 중복인구를 제외하면 약 12억 명 이상의 생태학적 난민이 발생할 것"이라고 예측했다.[305] 이처럼 지구온난화로 인한 기후재난은 지난 40년간 3배 이상 급증하였고, 기후난민이 분쟁난민의 3배가 된다는 사실은 오늘의 기후위기가 얼마나 심각한지를 잘 보여주고 있다. 최근 계속되어 온 기후재난도 심각한 것이지만 지금도 계속되고

---

303) 한병철, 김태환 역, 『피로사회』, 30-36. 한병철은 "걸으면서 심심해하고 그런 심심함을 참지 못하는 사람은 마음의 평정을 잃고 안절부절못하며 돌아다니거나 이런저런 다른 활동을"하게 될 것이라고 말한다.(33)

304) https://futurechosun.com/archives/59483

305) https://m.segye.com/view/20200928527576

있는 코로나 팬데믹 상황은 520만 명 이상의 목숨을 앗아갔을 뿐만 아니라 서민의 삶을 무너지게 하고 있으니 정말 엄청난 재난이 아닐 수 없다.

그런데 유엔 산하 유엔대학의 환경안전연구소에 따르면, 기후재난도 코로나 팬데믹도 근본원인은 크게 다르지 않다. 이 모든 재난들이 인간에 의한 온실가스 배출과 불충분한 재해 위험 관리라는 근본 원인으로 연결돼 있다는 것이다.[306] 다시 말해 지난 2년 동안 발생한 코로나19와 아마존 산불, 북극 폭염, 베이루트 폭발, 미국 한파, 사이클론 '엄펀' 등의 재난은 거의 모두 온실가스 배출로 인한 지구온난화와 동물의 서식지 파괴를 포함한 생태계 파괴가 그 원인이었다는 것이다.

그러면 수백만 명의 목숨을 앗아가고 있는 기후의 역습과 바이러스의 역습을 막아내기 위한 대안은 무엇일까? 그것은 지금까지의 자본주의 문명을 생태문명으로 바꾸는 것이고, 소비주의적인 삶을 생태적인 삶으로 바꾸는 것이다. 우선, 오늘날 인간은 인류의 번영으로만 믿어왔고, 가장 뛰어난 체제라고만 생각해왔던 시장 자본주의 문명에 심각한 문제가 있음이 드러났다. 무한 경쟁과 독점을 특징으로 하면서 통제받지 않고 달려온 시장 자본주의는 불가피하게 사회의 나머지 계층을 희생양으로 삼아 상위계층에게 부가 집중되게 하면서 불평등을 심화시켜왔고, 지구의 자원을 약탈하고 파괴함으로 기후적, 생태적 재앙을 초래하게 되었다.

따라서 기후위기를 극복하기 위해서는 무한성장, 무한경쟁을 추구하는 탐욕적인 시장자본주의 문명을 지구생태계와의 조화를 추구하는 생태문명으로 전환시키는 문명의 대전환을 이루어내야 한다. 여기서 생태문명이란 인간과 자연을 포함한 모든 존재가 상호연결되어 있고, 상호의존되어 있다는 인식을 가지고, 인간과 인간, 인간과 자연이 함께 더불어 살아가는 상생, 공존의 문명을 말한다. 에너지 관점에서 말하자면 온실가스를 배출

---

306) https://m.dongascience.com/news.php?idx=49213

함으로써 지구온난화를 초래했던 화석연료 기반의 자본주의 경제체제를 재생에너지 기반의 경제체제로 획기적인 전환을 이루어내려고 하는 문명을 말한다.

또한 기후위기를 극복하기 위해서는 과도한 소비주의적 삶의 방식을 생태주의적 삶의 방식으로 바꿔야 한다. 소비주의란 인간의 욕망을 무한히 충족되어야 할 인간의 본성으로 간주하며, 소비를 통한 욕망 충족의 결과에 의해 자신의 정체감, 사회적 지위와 자신의 행복함이 결정된다고 생각하는 가치체계를 말한다.[307] 이러한 소비주의 문화에 사로잡힌 소비지향적 인간은 쓰고 버리는 생활양식을 당연시하고, 새로운 상품을 갈망하는 노예가 되어 한계를 모르는 소비생활을 함으로써 생태계 파괴를 초래하고 있다. 따라서 기후위기의 극복을 위해서는 과도한 소비주의적 삶을 생태적인 삶으로 전환시켜야 한다. 생태적인 삶이란 지구생태계와 조화를 이루는 삶이며, 조화를 이루기 위한 생태적 가치를 실천하는 삶이라 할 수 있는데 생태적 가치덕목에는 지속가능성, 적응성[308], 상호연결성, 검약성, 공평성[309], 연대성, 생물다양성, 충분성[310], 겸손함[311] 등이 있다.[312]

---

307) 정원범, 『교회다운 교회』(서울: 동연, 2021), 306.

308) 적응성이란 생태계의 한계를 의식하면서 변할 수 없는 자연의 힘과 억제력에 맞추어 살아가려는 태도를 말한다.

309) 공평성이란 세계의 상품과 용역이 공평하게 분배됨으로써 모든 인간이 존엄성과 사회참여에 필요한 물질적인 조건을 갖추게 되는 것을 의미한다.

310) 충분성이란 문제의 성격에 따라 거기에 맞는 충분한 해결책을 찾도록 촉구하는 특성을 말한다.

311) 겸손함이란 인간의 지식, 기술적 재능, 도덕심, 생물학적 위치 등이 제한되어 있음을 인식함으로써 자연에 대한 권리를 과장하고, 다른 피조물의 가치와 권리를 무시하며, 자연을 조정하는 인간의 힘에 대하여 과신하는 것을 피하는 자질을 말한다.

312) Janmes A. Nash, *Loving Nature*, 이문균 역, 『기독교생태윤리』(서울: 한국장로교출판사, 1997), 92-96.

V. 나가는 말

오늘날 인류가 직면한 세 가지 위협상황, 즉 기후재난, 극심한 양극화와 극심한 가난, 코로나 바이러스 팬데믹 상황은 그 자체로 심각한 폭력이 아닐 수 없다. 그도 그럴 것이 우리 인간들에게 엄청난 위해를 가하고 있기 때문이다. 이처럼 인간의 생존을 위한 근본 조건들이 무너지고 있다는 것은 샬롬안녕의 근본 토대가 무너지고 있다는 것을 의미한다. 그렇다면 기후재난과 바이러스의 역습을 초래한 지구생태계 파괴, 극심한 양극화와 극심한 가난313을 양산하는 시장자본주의 그리고 신경과민, 불안, 탈진, 우울증 등의 현상을 초래하고 있는 과잉활동적 삶의 방식을 그대로 방치하는 한, 인간은 결코 샬롬을 온전히 향유할 수는 없을 것이다. 따라서 우리 모두는 샬롬을 제대로 누리기 위해서 여러 형태의 폭력을 극복하기 위한 노력, 즉 신자유주의의 폭력을 극복하기 위해서 정의로운 생명의 경제를 수립하려는 노력, 성과사회의 폭력을 극복하기 위해서 사색적인 삶을 추구하려는 노력, 기후재난과 바이러스의 폭력을 극복하기 위해서 생태적인 삶을 추구하는 노력을 다 할 수 있어야 할 것이다.

---

313) 여기서 극심한 가난이란 수백만 명의 인간들이 매일같이 대량으로 굶어 죽어가는 것을 의미하는데 이 점에서 간디는 "가난이 최악의 형태의 폭력"이라고 말한다. [John Dear, *Disarming the Heart: Toward a Vow of Nonviolence* (Scottdale, Pennsylvania, 1993), 40.]

2부

우리가 기억하는 정원범 교수

I. 학계와 교계 지인들의 기억

1. 내가 만난 신학자, 정원범 교수

정경호 명예교수(영남신대)

정원범 교수, 그 이름은 익히 들어 알고 있었지만 내가 직접 만나 신학적 대화를 하면서 가깝게 지내게 된 것은 2009년 1월 전라남도 장성에 있는 한마음공동체에서 일곱 명의 신학교수들이 참여하여 가진 대화 모임이었다. 여기 모인 이유는 무엇보다도 2박 3일의 회의를 통해 한국에서 개최될 WCC총회를 대비하여 세계의 자료들을 번역하여 한국교회와 공유하면서 흩어져 있는 세계교회와 연대하는 일이었다. 그러나 회의를 진행할수록 여름방학과 겨울방학을 활용하여 3박 4일 동안 전국 신학대학원 학생들에게 에큐메니칼 훈련을 할 수 있는 대안학교, 오이코스 여름학교를 설립하여 진행할 것을 결정한 적이 있었다. 바로 이때부터 정원범 교수는 나와 전공분야가 신학을 삶으로 실천해야만 빛을 발하는, 기독교윤리학이어서 더욱 가깝게 지내게 되었고 나의 신학여정에 없어서는 아니 될 신학적 동지요 친구가 된 것이다.

시대정신을 지닌 신학자

신학이란 하나님에 관한 학문을 연구하는 것이지만 동시에 하나님이 사랑하시는 세상과 그 속에 살아가는 인간은 물론 모든 생명공동체가 풍성한 생명을 누리게 하는 데 기여해야만 비로소 신학이 모든 사람에게 필요한 참 신학이 되는 것이다. 그렇기 위해서는 반드시 정의를 수반하는 하나님의 평화가 강물처럼 흐르게 해야 한다.

이런 점에서 정원범 교수는 품성이 온화하며 부드러우며 항상 얼굴에 하늘의 미소 듬뿍 지니고 있는 사람이다. 그러나 "탈진실"post-truth의 세상에서 거짓이 난무하거나 불의와 부정이 있는 곳에는 서슴없이 "거룩한 분노"를 발할 줄 아는, 예언자적인 신학자였다. 신학이란 시대의 징조를 읽을 수 있어야 하고 그 뒤틀린 시대 속에서 신음하며 절규하는 이웃과 세상을 향해 대안을 제시할 수 있어야만 한다. 정원범 교수야말로 이러한 신학적 바탕에서 학생들을 35년 이상을 가르쳤고 학내의 불의한 구조에 대해서는 거룩한 분노로 저항하였다. 그러나 부단히 "새로운 대안"을 제시하면서 대전신학대학교 속에 생명·정의·평화가 넘치는 하나님의 나라를 만들어 나가고자 한, 사람이었기에 정원범 교수야말로 몸으로 신학을 실천한 기독교윤리학자였다.

오이코스(oikos) 대안학교 교장

정원범 교수는 신학이란 학문이 학교 강단에서만 가르치는 학문이 아니라 학교의 울타리를 훌쩍 뛰어 넘어 온 세상이 "하나님의 집"oikos이라고 확신하였다, 그렇기에 그는 학생들로 하여금 세계의 징조를 보게 하고 세상의 모든 생명공동체들의 신음과 한숨의 소리를 듣게 해주면서 함께 치유해나가고자 한, 진정한 에큐메니칼 신학자이다.

이러한 신학적 관점에서 2009년 문을 연, 오이코스 여름학교와 겨울학교가 시작한 이래로 10년 동안 한 번도 빠지지 않고 참여하여 자신의 신학적 열정과 사랑, 이웃과 사회와 세상을 위한 신학적 사명을 10여명의 교수들과 참여한 50여명의 학생들과 함께 몸으로 체득하고 체현하고자 하였다. 특히 생태위기의 문제, 일본후쿠시마 이후 원자력 문제, 한반도의 분단과 통일의 문제, 그리고 전쟁, 테러와 폭력, 난민, 경제적 빈곤으로 인한 사회적 약자와 불평등한 사회, 극빈과 기아와 질병으로 신음하는 남반구의 세상을 함께 바라보면서 오늘의 교회와 세상을 섬기고 봉사할 에큐메니칼 신학과 실천적인 삶을 몸으로 가르쳐 왔다. 정원범교수는 2014년부터 2019년 중반까지 오이코스 여름학교 및 겨울학교의 교장으로 이러한 사명을 성공적으로 완수한 교수였다.

아시아를 가슴에 품은 신학자

오이코스 교수들이 중심이 되어 본 교단의 총회 사회부와 훈련원과 모임을 수차례 가지면서 본 교단 신학대학원 내에 생명평화신학을 담지하고 있는 과목을 개설하면 총회가 후원하도록 결정하였다. 그리하여 한 학기 수업에 참여한 각 신학대학교의 모든 학생들에게 총회훈련원이 1박 2일을 교육을 거친 후 각 학교마다 5명을 선발하여 아시아의 그늘진 사회를 찾아가 봉사하면서 아시아를 배우는 과목을 만들었다.

그리하여 2008년부터 베트남, 라오스, 캄보디아, 2009년 인도, 2010년 필리핀 쓰레기 마을에 찾아가 평화봉사를 한 것을 토대로 태국 치앙마이, 미얀마 난민촌, 베트남 시골 마을 집짓기, 캄보디아지역에 가서 빈민지역을 봉사한 바 있었다. 그리고 그 후 동북아시아 중국, 블라디보스토크 그리고 나가사키 등지에 학생들과 함께 참여하여 아시아신학을 온 몸으로 한 바 있었다. 이러한 아시아 사회를 탐사하고 평화 봉사하는 일의 중심에는 항상 정원범교수가 있었다. 그는 예리한 통찰력으로 학생들과 대화하거나 신학적 토론을 하는 일에는 누구보다도 열정을 가졌던 교수였고 학생들의 감겨 있던 눈들을 활짝 뜨게 하였던 교수였다. 어느 누구는 열정이 있는 한, 늙지 않는다는 말을 한 적이 있다, 정원범 교수야말로 머리카락이 희끗희끗한 백발의 교수이지만 그의 신학은 열정과 사명으로 가득 차 있는 영원한 청년인 셈이다.

평화신학자

기독교윤리학자인 정원범 교수는 여기에 그치지 않고 영성신학에 많은 관심을 가지고 있다. 그의 마음은 항상 뜨거움이 넘치면서도 조용히 명상하면서 자신의 내면을 풍성하게 하는 영성가였다고도 말할 수 있을 것이다. 정원범 교수는 목회자들과 영성세미나를 정기적으로 가지면서 그 목회자들과 함께 미국에 있는 영성공동체를 수차례 평화순례를 한 바 있다. 그는 기독교윤리학자로서 종교개혁 당시 기득권을 지닌 개혁교회로부터 박해를 받아왔던 재세례파교인들인 후터라이트 공동체, 메노나이트 공동체, 아미쉬 공동체, 브루더호프 공동체들의 평화신학에 귀를 기울였다. 그 어떤 전쟁도 하나님의 평화에 반(反)하는 것임을 강조한 그들의 조용한 외침과 세상의 평화를 생각하며 살아가는 공동체적인 삶을 경청하고 연구하면서 평화신학자로서 자리매김을 하였다. 이러한 신학적 강조는 오늘의 한국 교회를 향해 하나님의 평화를 이룩해나가는 마을신학의 장을 열어나가는 새로운 분기점을 마련해주고 있기에 박수를 보내지 않을 수가 없는 것이다.

정원범 교수, 그는 기독교윤리학자이면서 이러한 신학의 다양성을 한 몸에 지니고 있어 그의 신학의 깊이와 넓이를 감히 측량할 수 없기에 우리 한국에서는 물론 세계에서도 찾아보기 힘든 귀한 신학자임에는 틀림이 없다. 나는 이러한 정원범 교수를 신학의 동지로 친구로 만나게 된 것을 하나님께 감사를 드린다.

2. 정원범교수님, 다시 시작입니다!

안맹호 선교사 (미국 인디언선교)

80년대 초 수업시간에 만난 학생 정원범은 오로지 모범생으로 내 기억 속에 있다. 언제나 책가방을 옆에 든 단정한 옷차림의 모범생에서 시작된 정교수의 삶을 한 단어로 말하라면 '역시'이다. 지금까지 성실하게 학자로서, 교수로서 살아올 줄 알았다는 말이다.

최근 10년 정도를 다시 만나면서 정교수님을 생각하는 느낌은 한 단어로 '공명'consonance이다. 피아노의 건반 하나를 때리면 옥타브를 건너서 같은 소리들이 함께 울리는 '떨림' 같은 것이다. 내가 느끼는 것을 정교수님도 느끼고 있었고, 정교수님이 느끼는 것은 내 속에서 공감으로 함께 떨리는 것이다. 미국과 한국 사이의 거리는 멀지만 이 '울림'으로 언제나 가깝게 느껴지는 교수님이다.

평화, 정의, 화해, 공동체 등의 키워드로 설명될 수 있는 정교수님의 신학 여정은 최근에는 '영성'으로 집약된다. 우리 모두가 가야 할 바로 그 길이다. 세월이 너무도 빠른 것이 너무 아쉽기만 하다. 정교수님의 지난 35년은 한국교회에 큰 은혜였고 우리 모두 하나님께 감사드려야 할 일이다. 공식적인 절차에 의해 은퇴를 하지만, 교수님의 신학 여정은 오히려 자유로움을 더한 새로운 출발이기를 빈다. 정교수님 이제 더 넓은 세상을 훨훨 날으십시요. 감사합니다.

3. 정원범 교수님 명예퇴직을 축하드리며

지역NCC전국협의회 상임회장 **이상호** 목사 (공주세광교회)

먼저 대전신학대학교 35년간의 교수직을 잘 마치고 은퇴하심을 축하드립니다. 하나님나라 신학이랄까, 오직 예수 그리스도를 표준으로 한 하나님의 자유와 해방과 평등, 하나님의 정의와 사랑, 하나님의 평화와 통일, 치유와 회복을 줄기차게 외치시며 오직 한 길을 걸어오신 교수님께 경의를 표합니다.

더욱이 제가 교수님을 만났을 때는 대전신학대학교 학내 사태 속에서 직위해제도 당해보시고, 해임도 당해보고, 이사회 취조도 당해보고 경찰서 고발은 물론, 연구실 폐쇄와 출입문 파손 등 온갖 쌍욕과 간접폭력도 당하셨으나 인류를 위해 수난당하신 예수 그리스도를 따라 오직 한 길로 당당하게 걸어오시다가 명예로운 퇴임을 하시게 되었으니 더욱 눈물어린 감동으로 축하드립니다.

교수님과의 만남은 영성모임을 통해서이지요. 그 이전에 공동체에 관심을 가지시며 마을공동체, 한국공동체, 아시아 공동체, 인류공동체, 지구공동체 형성을 지향하는 공동체 신학을 말씀하시며, 국내와 세계의 공동체들을 탐방하시고 실천적인 삶을 위해 부단히 애쓰셨지요.

영성모임은 교파와 남녀, 직분과 나이, 성별이나 그 어떠한 장벽도 없이 누구나 환영하시며 새로운 교회공동체를 소개하시고 깊은 영성의 세계로 이끌어주셨습니다. 앞으로도 작은 그리스도로 예수살기를 실천하시며 지도해 주시기를 바랍니다. 아울러 김난예 교수님과 자녀들, 그리고 이웃과 함께 더욱 행복한 은퇴 후의 삶을 축복합니다.

4. 정원범 목사님은 正原凡 목사님이다.

심상근 장로(세광교회)

1. 그 길이 正義가 아니면 단호히 돌아서는 분이다.

적당히 옳지 않은 것과 타협을 시도하다간 아무리 친한 사이라도 관계에 멍이 들 각오를 해야 한다.

2. 原則은 정의를 수호하기 위한 목사님의 갑옷과도 같다.

그래서 어떤 때 목사님의 심장을 열면 왠지 아래와 같은 성경구절이 누에 뽑듯 나올 것 같다는 생각이 든다.

"공의의 열매는 화평이요 공의의 결과는 영원한 평안과 안전이라" 사 32:17, 개역개정

"정의는 평화를 가져오고 법은 영원한 태평성대를 이루리라." 사 32:17, 공동번역

3. 凡常한 듯하나 非凡한 분이다.

만면에 머금은 정겨운 미소로 이웃집 아저씨처럼 친근하지만 일 앞에선 그 열정을 멈추게 할 방도가 없다. 아마 퇴임 후에도 왕성하고 활력 넘치는 사역으로 늘 바쁘실 거다. 결론으로 내가 만난 목사님이자 교수님의 35년 교육자의 길을 다음과 같이 삼행시로 요약하고자 한다.

-정: 정원범 목사님~

-원: 원더풀Wonderful!

-범: 범버러 붐붐붐!!!축하와 위로의 북소리

II. 대전신학대학교 졸업생들의 기억

1. 정원범 교수님을 생각하며

백영기 목사(쌍샘자연교회)

'봄의 정원으로 오라/ 이곳에 꽃과 술과 촛불이 있으니/ 만일 당신이 오지 않는다면/ 이것들이 무슨 의미가 있는가/ 그리고 만일 당신이 온다면/ 이것들이 또한 무슨 의미가 있는가.'

〈본질에 눈을 돌리게 하는 '봄의 정원으로 오라'는 페르시아의 수피시인 루미의 글입니다.〉

대전신학교를 마친 지가 30년이 넘다 보니 기억이 가물가물합니다. 졸업 후 학교 밖에서 교수님을 뵙고 함께했던 추억을 더듬어 봅니다. 신학자로서 학문의 연구와 후학들을 위한 열정이야 옆에서 경험하신 분들은 잘 알 것입니다. 신학이 교회와 삶으로 연결되지 않으면, 교회와 삶이 하나님의 나라로 이어지지 않으면 그것은 결국 우리의 잔치로 끝날 것입니다.

정교수님은 제가 알기로 교회와사회연구원을 통해 끊임없이 신학이 학문에 머물지 않고, 신앙이 관념에 멈추지 않도록 애쓰신 분입니다. 신학이든 목회든 본질을 벗어나지 않게 그 중심을 잡아주고 대안을 모색해 주셨습니다.

국내의 공동체와 수도원 탐방이 신학생과 목회자들에게 신선한 경험과 도전이 되자, 수차례 유럽과 미국의 공동체 및 교회탐방을 진행하셨고, 2017년 미국 동부지역의 방문 때에는 동행하는 행운을 얻었습니다. 아미

쉬 공동체와 퀘이커 교회, 메노나이트 세계 선교공동체, 마틴 루터킹 기념
관과 새로운 시도로 교회의 문을 열어가는 교회들과 콜롬비아 신학교에서
의 강의 등은 아직도 가슴을 설레게 하고 힘을 줍니다. 물론 이 과정에 참
여하게 위해 정교수님의『새로운 교회 운동: 교회 패러다임의 혁명』이란
책을 함께 읽고 이야기를 나누며 준비했습니다.

이제 은퇴라 하시니, 축하와 함께 축복합니다. 언제나 끝은 새로운 시
작이라 했고, 하나님은 우리 인생의 때를 모두 소중하게 하셨으니 앞으로
가 더욱 기대됩니다. 하얀 머리에 밝고 환하게 웃으시던 처음 모습이 여전
하십니다. 늘 건강하시고 평화하시길 빕니다.

2. 정원범 교수님을 성원합니다.

선종욱 목사(한국코칭학회 상임이사, 미 캐롤라인대학교 교수)

학문은 연구실에서만 머물지 않고 삶에 적용되어야 합니다. 만약 신학
이 연구실에서만 머문다면 사람의 변화를 이끌기 어렵고, 하나님의 뜻을
수행하기도 어렵습니다. 신학은 우리 삶에 적용되어야 하고, 또 세상을 하
나님의 뜻에 따라 변하게 하는 일을 지원해야 합니다. 신학은 하나님의 뜻
을 기초로 인간 삶의 다양한 영역, 개인과 공동체 사회와 인류와 역사에
통찰을 주는 연구들을 진행해야 합니다. 그것은 신학하는 분들이 하나님
나라 확장에 헌신하는 일이라고 저는 생각합니다.

제가 기억하는 정원범 교수님께서는 학문적 열정이 매우 크신 분입니
다. 교수님은 조직신학과 기독교윤리학을 전공하신 학자이기 때문에 얼마
든지 연구실에서만 학문을 하실 수도 있습니다. 그렇지만 연구실에서 머
물지 않으시고 학문이 삶의 현장에 어떻게 적용되어야 할지를 고민하신

흔적을 많이 남기셨습니다. 제자들이 목회현장, 선교현장에서 하나님 나라를 확장하는 사역에 적용할 수 있도록 폭넓고 다양한 관심을 보이시고 실천하며 연구 성과로 남기셨습니다.

교수님은 제자들의 목회와 선교의 지평을 넓히시려고 다양한 연구 활동으로 지원하셨습니다. 교수님의 연구와 관심분야는 매우 다양합니다. 목회 현장을 위한 리더십과 전략 분야를 비롯하여 정의, 공동체, 평화, 영성, 윤리, 문화, 역사, 기후와 생태환경, 시대의 흐름 그리고 NGO 등의 분야에서 연구 성과를 남기셨습니다. 교수님의 연구 분야는 하나님이 원하시는 세계라는 관점과 인간을 인간답게 하는 관점에서 다양성 속에 통일성을 추구하신다고 저는 생각합니다.

교수님께서는 직접적으로 실천하신 아름다운 일들이 많다는 것을 저는 기억합니다. 제가 듣고 기억하는 바로 교수님은 젊은 시절에 본인의 생활비를 아껴서 어려운 학생들에게 개인적으로 장학금을 지급하셨습니다. 외국인 유학생들을 모아 돌보고 가르치는 일을 하셨습니다. 제자들을 인격적으로 따뜻하게 대하시고 최선을 다해 가르치시는 것은 물론이며, 제자들의 성장과 학교의 발전을 위해 고민하신 내용은 말로 다 할 수 없을 겁니다.

제가 지역교회 목회에만 머물지 않고 세상 속으로 들어가 활동하게 된 것도 정원범 교수님의 연구 활동이 제 마음 안에 자리하고 있었기 때문이라 생각합니다. 어떤 학자는 교수직 은퇴 후에 자기 삶의 황금기가 찾아왔다고 하는데, 이제 학교에서 은퇴하시는 정원범 교수님께도 그동안의 경험과 연구가 후학들과 한국교회를 세우는 데 더 멋지게 사용되는 황금기가 찾아오기를 기대합니다. 교수님의 건강한 후반기 사역을 성원합니다. 감사합니다.

3. 정원범 교수님의 이미지를 그려봅니다.

신호식 선교사(필리핀 선교)

정원범 교수님의 "은퇴"를 축하드리며 교수님에 대한 이미지를 몇 자 올려 드립니다.

호사유피虎死留皮 인사유명人死留名이란 말이 있습니다. 호랑이는 죽은 다음 가죽을 남기고, 사람은 죽고 나면 이름을 남긴다는 말입니다. 내가 신학에 입문할 때 신학대학 교수란 어떤 사람일까?라는 질문을 가지며 교수란! 자신의 신앙과 인격과 지식을 통해서 후학도들에게 예수 그리스도의 사상과 인격과 삶을 따라서 살도록 진리의 세계를 깨우치고 실천하고 가르치는 영적인 스승이라고 믿어왔습니다.

나는 이런 의미에서 평소 내가 느끼고 가슴에 담아왔던 정 교수님에 대한 이미지를 몇 자 올려 봅니다.

1. 나는 교수님의 신앙이 매우 경건하신 분임을 느꼈습니다. 교수님은 세속적이거나 어떤 물질에 대한 욕망이나 집착, 어떤 명예나 권력욕이 없는 아주 깨끗하고 청렴하신 분이었다고 생각합니다.

2. 교수님의 인격은 대단히 소탈하고 겸허한 인품을 가지신 분이었습니다. 자신의 신분의 격식을 나타내지도 않고, 누구에게나 높은 대접을 받기를 거절하신 분이었습니다. 자신의 의를 나타내지도 않고 어떤 우월의식도 없는 신덕이 훌륭한 분이었습니다.

3. 교수님은 어려운 형편에 처한 자를 돌아보시고 도와주신, "실천윤리"를 몸소 지향하신 분이었습니다. 내가 등록금이 없을 때 자신이 대납해서 수강하도록 도와주신, 영원히 잊지 못할 은사이셨습니다. 교수님, 감사합니다.

4. 정원범 교수님을 생각하며

박춘영 목사(노은우리교회)

제가 존경하는 정원범 교수님을 만난 곳은 대전신학대학교 M. Div. 과정과 Th. M. 과정을 공부할 때입니다. 정원범 교수님은 저의 목회의 방향을 결정하는데 아주 큰 영향력을 끼치신 분이십니다.

그동안 교회성장을 목표로 목회의 방향을 잡아왔던 제가 정원범 교수님을 만나고 난 후 목회에 대한 새로운 지평이 열렸습니다. 교수님의 신학의 핵심 또는 목회 철학은 생명, 정의, 평화로 가난한 자와 소외된 자들을 향한 차별 없는 사랑과 관심으로 사회적 정의를 행하며 평화를 이루어야 한다는 것이었고, 그러한 내용의 하나님나라 신학을 가르치셨습니다.

또한 비폭력 무저항주의의 가르침을 통해 참된 그리스도의 모습을 따르도록 저를 이끄셨습니다. 그러한 가르침을 통해 자기를 부인하고 주님을 따르는 제자도의 윤리를 심어주셨고, 제자도는 저의 목회의 방향에 나침판이 되었습니다.

교수님은 어렵고 힘든 학생들에게 장학금을 지원해주시며 몸소 실천으로 목회를 어떻게 해야 하는가를 보여주셨습니다. 교수님은 가르침과 삶이 일치하는 모습으로 제게 너무나 큰 도전을 주셨는데 은퇴를 하신다니 너무나 서운하고 아쉬운 마음입니다. 교수님께 학업을 하게 된 것이 제겐 엄청난 행운이고 하나님의 인도하심이었음을 깨달으며 교수님께 감사의 마음을 전해드립니다. 교수님 존경합니다.

5. 마중물이 되어 주신 스승님!

전철홍 목사 (창기리교회)

오래 전에는 지하에서 수동으로 물을 뽑아내던 펌프가 있었습니다. 펌프는 압력작용을 이용하여 관을 통해 물을 퍼 올리는 기계로, 땅속에 있는 물을 땅 위로 끌어올리던 것입니다. 그런데 이 펌프는 마중물을 넣지 않으면 절대 땅속에 있는 물을 끌어올릴 수 없습니다. 마중물이란 펌프질을 할 때 물을 이끌어 올리려고 위에서 붓는 물을 말하는데 말 그대로 땅속에 있는 물을 마중하러 가는 물입니다. 물을 얻는데 필요한 건 한 바가지 물이 있어야 합니다.

우리 인생에 있어서도 그냥 세워지지 않았고, 마중물이 되어준 고마운 누군가가 있었기에 오늘 여기, 내가 서 있습니다. 그와 같이 제가 오늘의 이 자리에 있기까지 저의 스승이신 대전신학대학교 정원범 교수님께서 순간순간마다 저의 마중물이 되어 주셨습니다.

먼저는 신학생 시절, 교수님의 "생명운동과 생명목회" 세미나 수업을 통해 우리가 살아가는 이 시대에 한국교회가 어떻게 생태계 위기, 먹거리 위기, 빈곤 위기, 폭력 위기에 처해 있는 지구 세계를 하나님의 생명, 정의, 평화로운 세상으로 만들어갈 수 있는지 가르침을 받고, 새로운 눈을 열게 되었습니다. 성장 중심의 목회 패러다임을 버리고 생명을 살리고 풍성한 생명을 만들어가는 생명 목회, 즉 목회의 본질이 무엇인지를 일깨워 주신 가르침이었습니다.

무엇보다 강의 시간의 백미는 생명 운동과 생명 목회를 훌륭하게 실천하고 있는 공동체와 교회들의 탐방이었는데, 그 현장을 생생하게 목격하며 그분들의 경험적인 이야기를 듣는 시간이 너무 좋았고 감동과 함께 큰 도전이 되었고 지금의 목회를 하는 마중물이 되었습니다.

현재 목회를 하면서 그때 현장 탐방은 지금도 제 마음과 뇌리 속에 크게 자리 잡고 있으며, 앞으로의 목회 방향을 잡아준 귀한 가르침이었고, 지금도 목회 현장에 접목을 시키고 있습니다. 그런 점에서 신학생 시절 교수님의 가르침이 저의 목회 방향을 잡아준 마중물이었습니다.

목회 방향을 잡을 수 있도록 마중물이 되어 주신 교수님께 감사드립니다.

또 교수님께서는 영성을 추구하며 기독교 영성을 위해서 노력하셨고, 제자들에게 영성의 중요성을 강조하셨습니다. 영성이란 한 마디로 친밀한 관계 곧, 하나님과의 친밀한 관계, 자신과의 친밀한 관계, 다른 사람과의 친밀한 관계, 자연과의 친밀한 관계이고, 영성은 "하나님과의 친밀한 교제를 추구하는 삶, 곧 기도하는 삶"이란 가르침을 통해 하나님과의 친밀한 관계를 위해 묵상과 기도를 할 수 있도록 많은 도전을 주셨습니다. 그때의 가르침이 지금 목회 현장에서 목회를 이어 나갈 수 있는 힘과 버팀목이되고 있습니다. 영성 생활을 하는 데 소홀함이 없도록 마중물이 되어 주신 교수님께 감사드립니다.

교수님께서는 2011년 충북 보은에 위치한 분저리 폐교를 임대해 마을에 있는 아이들을 위해 영어 주말학교를 개설해 선교에도 힘쓰셨습니다. 마을 아이들을 위한 선교현장에 제자들도 참여할 수 있는 기회를 주셔서 다른 제자들과 함께 저도 함께 할 수 있었는데, 추운 겨울 폐교에 화장실 변기가 깨지고, 수도가 동파되고, 먼지가 무성한 교실을 김난예 사모님과 함께 손수 팔을 걷어붙여 닦고 치우고, 수리하시고 꾸미시며 어린아이처럼 해맑게 웃으시는 교수님과 김난예 사모님의 순수한 모습에서 선교에 대한 열정과 예수님의 사랑을 볼 수 있었습니다. 또한 하나님 나라를 위해 기쁨으로 기꺼이 헌신하고 희생하고 섬기시던 두 분의 모습을 통해 선교에 눈을 뜰 수 있었습니다. 그 선교 현장에 저에게 참여할 기회를 주시고, 선교에 눈을 뜨도록 마중물이 되어주신 교수님께 감사드립니다.

무엇보다 지금 제가 안면도 창기리교회에서 목회를 하게 된 건 교수님께서 마중물이 되어 주셨기 때문입니다. 2011년 5월 7일 토요일, 교수님과 전화 통화 중에 저를 현재의 창기리교회에 소개해주셨고, 교수님의 소개로 2011년 5월 8일 주일 설교를 시작으로 오늘의 창기리교회에서 지금까지 목회를 이어 갈 수 있었습니다. 그에 그치지 않고 제자를 사랑하는 마음으로 먼 길 마다 않고 한 번씩 사모님과 함께 방문하셔서 격려해 주셨고, 항상 관심 속에 부족한 제자를 자랑스럽게 여겨주셨습니다. 목회할 수 있도록 마중물이 되어 주신 진심으로 교수님께 감사드립니다.

신학교는 하나님 나라의 일꾼을 배출하는 곳이고, 주님의 교회에 신선한 생수를 공급할 마중물 역할을 양성하는 곳입니다. 그런 인재를 세우기 위해 정원범 교수님께서 오랜 시간 대전신학대학교에 계시면서 기꺼이 마중물이 되어 주셔서 그 사명을 감당해 오셨습니다. 제자에게 학문을 가르치는 것에 그치지 않고 제자를 진정 사랑하는 마음으로 목회 현장과 연결해서 목회를 할 수 있도록 마중물이 되어 주신 교수님께 존경과 감사를 드립니다.

제 개인적으로는 정해진 정년제도에 따라 교수님이 은퇴하시게 되어 아쉬움이 남지만, 또 다른 곳에서 필요한 곳에서 마중물이 되어 교수님을 통해 생명수가 콸콸 흘러 넘쳐 또 다른 누군가가 시원함을 얻고 목마른 갈증을 해소하고, 생명을 얻게 되길 소망합니다. 그리고 저의 마중물 되어 주신 교수님처럼, 저 또한 또 다른 누군가의 마중물이 되기를 소망하며 교수님의 교직 35년 세월의 수고에 존경과 감사와 축하를 드립니다. 교수님 정말 수고하셨습니다. 그리고 감사합니다. - 제자 전철홍 올림 -

괜찮아

여기까지 참 잘 왔어

그 한마디 너의 응원 때문에

집채만큼 높은 파도를

이겨낼 수 있었을까

단 한 바가지 마중물이 아니었던들

천길 지하 속의 생명수가

지상의 갈증을 풀어낼 수 있었을까

참 잘 했어

너 때문에 세상은

향기롭고 따뜻한 거야

끊임없는 너의 추임새 때문에

난 오늘도 하늘 향해 달릴 수 있단다

'서덕순'님의 시 서기 2020년 시민공모작

6. 멋진 백발의 열정 가득한 신사

권보성 선교사 (몽골 선교)

가끔 유튜브에 나오는 알쓸신잡의 영상들을 보곤 한다. 그들의 이야
기를 듣노라면 생각이 이곳저곳으로 확장됨을 느낀다. 그 영상들을 보며,
지난 시간 내 생각의 폭을 넓혀 주셨던 분들이 누가 있을까를 떠올려 보곤
한다. 그 중 첫 번째로 생각나는 분이 바로 정원범교수님이시다. 회사를

다니다 신학대학교에 편입했지만 복음에 대한 열정 빼고는 지식도 부족했고, 시야도 너무 좁았던 시기였다. 이때 교수님이 들려주시고 보여주신 것들은 내 좁은 시야를 넓혀 주는 계기가 되었다. 그리고, 그 후 신대원 3년 동안 교수님의 조교로 옆에서 보고 배웠던 것들은 나의 목회에 중요한 나침반이 되고 있다.

흰머리와 깨끗한 피부는 교수님을 선비와 같은 조용한 학자의 모습으로 생각하게 만든다. 물론 훌륭한 학자이시지만 교수님을 더욱 존경하는 이유는 겉모습에서 풍기는 모습과 다르게 열정적인 분이시라는 것이다. 내가 교수님을 처음 뵌 건 25년 전 우리 교회 대학부에서였다. 우리 교회 협동목사님으로 오셔서 우리 대학부를 담당하셨는데, 리더들과 함께 매주 모델이 되는 교회를 공부하고 우리 대학부에 적용하는 모습, 매주 청년들과 함께 대학으로 전도나가시던 그 열정적인 모습이 지금도 기억난다.

그로부터 몇 년 후 신학교에서 만난 교수님의 모습은 교회에서처럼 열정이 넘치셨다. 교수님은 말로만 가르치지 않으시고, 학생들이 현장을 직접 경험하도록 직접 탐방 프로그램을 기획하시고 인도하셨다. 매 학기 목회 탐방 프로그램을 만드셔서 학생들이 다양한 목회의 모습을 경험하도록 하셨다. 또한 새로운 마을 목회 현장이 있으면 어디든 직접 가서 만나셨다. 또한 방학때는 국내외 수도원탐방, 미국 영성공동체 탐방 등을 직접 기획하시고, 안내하셨다. 몇 개월 전부터 비행기표를 직접 예매하시고, 방문할 곳, 머물 곳 등을 직접 연락하시고 예약하시는 모습을 보면 댓가 없이 일하시는 그 열정을 존경할 수밖에 없게 된다.

현재 나는 몽골에서 주중에는 NGO 직원으로, 주말에는 목사로서 살고 있다. NGO에서 일하며 지역 사회를 개발하는 일을 하는 것도, 마을의 필요를 중심으로 교회 사역을 해나가고 있는 것도 모두 교수님께 배운 목회자와 교회의 모습에서 비롯되었다. 은퇴하시는 교수님께서 사단법인을 만드시고 또 다른 사역을 준비하신다는 소식을 들었다. 은퇴 이후에도 쉬지 않으시고 여전히 열정적으로 일하시는 그 모습을 생각하면 여전히 교수님의 열정을 따라가기에 한 참 멀었구나란 생각을 하게 된다. 멋진 백발의 열정 가득한 신사의 모습, 그 모습이 내가 기억하는 정원범교수님의 모습이다.

7. 정원범교수님을 생각하며

고다진 목사 (평화누리교회)

신학교 3학년 여름방학, 한 선배의 권유로 참여하게 된 오이코스 여름학교에서 저는 정원범교수님과 특별한 인연을 맺게 되었습니다. 그저 학생과 제자로 평범하게 남았을 인연이었는데, 여름학교를 계기로 교수님은 저에게 세상과 신학을 다양하고도 새롭게 볼 수 있는 기회를 만들어 주신 고마운 은사님이 되셨습니다.

지난 시간을 돌아다보면 늘 학생들에게 진심이셨던 교수님은 학생들에게 더 넓은 세상을 보게 하고, 삶에 대해 더 깊은 고민을 하게 하며, 그리스도인으로서 예수님을 닮아가기 위해 치열하게 몸부림치는 도전을 하게 하셨습니다. 교수님 스스로도 작은 신학교에서 학생들을 가르치며 어린아이와 같은 순수함과 청년과 같은 열정, 그리고 학자와 교수로서의 사명감을 가지고 가르치고 연구하며 새롭게 도전하는 모습을 보여주셨습니다.

그래서 지금의 은퇴는 교수님의 끝이 아니고, 새로운 시작이 될 것이라 생각하게 됩니다. 교수님의 새로운 삶과 새로운 도전을 응원하며 진심으로 정년퇴임을 축하드립니다.

8. 내가 만난 정원범 교수님

윤근호 목사(쌍류교회)

저는 2019년도에 청목과정을 이수하기 위해서 대전신학교에 등록하게 되었습니다. 여전히 모든 것이 낯설고 새롭게만 느껴지던 가을학기를 시작하면서, 처음으로 정원범 교수님을 만나게 되었습니다. 교수님에 대한 첫인상은 소년처럼 밝은 웃음을 가지고 계신 분이구나 생각했습니다. 그런데 한 학기를 마치는 순간까지도 한결같이 밝은 웃음을 보여주시는 그 모습이 개인적으로 외딴 섬처럼 느껴지던 공간에서 큰 힘이 되었습니다.

그리고 과제를 준비하면서, 정원범 교수님의 저서인 『교회다운 교회』를 읽게 되었습니다. 책을 통해 말씀하신 것처럼, 한국교회가 처한 위기적 상황이 무엇인지 세세하게 살펴보면서 좀 더 다양하고 깊이 있는 이해와 공감을 할 수 있었습니다. 그리고 한국교회의 위기를 극복하기 위한 근본적인 대안으로서 기독교 영성 회복이 절실하게 필요한 때라고 말하는 부분에서는 적극적으로 동감하게 되었습니다.

이후로 정원범 교수님이 이끄시는 영성모임에 참석하게 되면서, 한국교회에 대한 많은 고민과 생각들이 단순히 학문적 울타리 안에만 머물러 계신 것이 아니라, 삶의 자리에서 끊임없이 대안을 만들어 가시며 행동을 통해 보여주시는 모습에서 많은 도전이 되었습니다. 앞으로도 항상 더 큰 사역을 통해서 하나님의 나라를 이루시고자 하시는 정원범 교수님을 응원합니다.

9. 나의 스승, 정원범 교수님

정성희 전도사 (하나교회)

스승님은 저에게는 예수님의 모습을 보여주신 분이십니다. 제가 학비가 없어서 안절부절 못하고 있을 때 말없이 장학금을 졸업할 때까지 도와주시고, 신학교의 누구도 하지 못 하는 미국교회 및 영성공동체 탐방 프로그램. 국내 생명목회 모델교회 탐방 세미나, 매월 셋째 주 월요일 영성 모임 등 교수님 덕분에 새로운 세상을 맛보고, 살아있는 신학을 배우게 되었습니다.

교수님은 저에게 평생 함께 가고 싶은 최고의 스승님이십니다. 저도 앞으로 살아가는 동안 교수님이 보여주시고, 가르쳐주신 가르침을 그대로 저의 삶에 적용하여 섬기고, 사랑하고, 웃고 나누며 살려고 합니다. 너무나 귀한 은사님의 은퇴를 진심으로 축하드립니다.

– 조교 정성희 드림

10. 내가 아는 정원범 교수님

양희준 전도사 (전주대신교회)

저에게 있어서 정원범 교수님은 특별한 사람입니다. 한 단어로 그 특별함을 표현한다면 그것은 "삶의 자리"입니다.

저의 학부 시절 정원범 교수님께서는 저희 학년의 담당 교수님이셨습니다. 함께 졸업여행도 갔던 기억이 납니다. 이렇게 만나게 된 교수님이셨지만, 저에게는 교수님과 특별한 경험이 있었습니다.

저의 아버지께서 심장 정지가 일어났고, 스탠스 수술을 하게되셨습니다. 저는 아버지와 멀리 떨어져지내는 상황이라 아버지를 돌볼 수 없는 상황이었습니다. 그런 힘든 상황에서 어떻게 할지 몰라 주변의 어른들께 저의 힘듦을 이야기했습니다. 모두들 비슷한 이야기였습니다. "그 나이 정도면 그럴 수 있어, 괜찮아"였습니다.

그러나 정원범 교수님은 조금은 다른 말씀을 해주셨습니다. 저의 아버지가 아직 신앙이 없으시다는 것을 들으시고 "아버지께 전화해서 기도하겠다고 말씀드려요"라고 대답해주셨습니다.

이 대답이 혼란스러웠던 저에게 정말 큰 힘이 되었고, 그리고 아버지께 그렇게 말씀드렸을 때 멀었던 관계가 조금은 회복되는 모습을 경험했습니다. 저는 지금까지 이 일을 기억하고 감사한 마음으로 간직하고 있습니다.

정원범 교수님은 저의 삶의 자리를 바꾸게 해주셨습니다. 그리고 "삶의 자리"가 얼마나 중요한지도 신학 공부를 통해서도 가르쳐주셨습니다. 이렇게 교수님은 저에게 있어서 특별한 분이셨고, 그 특별함은 "삶의 자리"였습니다.

11. 사랑하고 존경하옵는 정원범교수님을 생각하며

신대원 3학년 김석빈 장로

늦은 나이에 선지동산 대전신학대학교에서 정원범교수님을 기독교윤리학 시간에 처음 뵈었다. 신앙만 좋으면 되는 것이지 기독교에 무슨 윤리가 필요할까? 하는 생각으로 시작한 수업이 교수님의 가르침과 삶을 통하여 바른 신앙은 바른 윤리로 귀결됨을 깨닫게 되었다. 올바른 신앙인이라면 기독교 윤리로 무장된 삶을 살아야 함을 알았다.

단아한 모습을 하신 학자풍의 교수님은 강의 시간만은 온 열정을 다하신다. 카랑카랑한 목소리로 정의와 공의를 말씀하실 때는 고요한 바다가 뒤집어지는 역사가 일어나는 듯하다. 시종일관 정의와 공의를 말씀하시며 하나님나라의 복음을 전하셨다. 샬롬으로 가득한 하나님나라의 복음이 교수님의 가르침의 정수라 할 수 있다.

그리고 탁월한 가르침과 함께 교수님이 더욱 존경스러운 것은 가르침과 함께 삶을 사신다는 것이다. 교수로서 연구하시고 가르치시기만 해도 훌륭하신데 몸으로 정의를 행하시며 자신의 돈으로 공의를 행하신다. 하나님나라를 이곳에 이루기 위하여서 이웃의 소외된 계층을 돌보시고 외국 학생들을 가정에 초청하여 말씀을 나누며 선교의 삶도 몸소 실천하신다.

한국교회의 어려움이 어디서 올까? 제 생각에는 교수님의 포효하는 선포의 말씀을 듣지 않기 때문이 아닐까 생각한다. 이 시대의 진정한 선지자이신 정원범교수님을 사랑하고 존경한다. 아마도 나의 일생의 가장 행복한 만남은 교수님을 만난 것이 아닌가 생각한다.

교수님의 앞날에 성령님의 기름부으심으로 충만하여 무너져가는 한국교회를 뒤집어 엎고 새롭게 피어나는 교회를 세우시는 놀라운 사역을 담당하시길 기도한다.

12. 정원범 교수님을 만나고

신대원 2학년 윤요한

저는 대전신학대학원 1학년 2학기에 기독교윤리학 과목에서 정원범 교수님을 만났습니다.

교수님은 교수님의 저서인『성서는 정의로운가』,『교회다운 교회』,『세상 속 하나님나라 공동체』와 강의 주교재인『하나님 통치와 예수 따름의 윤리』를 통해서 기독교인들이 교회생활과 사회생활을 분리하여 살면 안 되고, 모든 삶에서 예수님의 제자 됨을 삶으로 보여줄 수 있어야 한다고 하셨습니다. 그리고 현재 한국교회의 신뢰도가 바닥으로 추락하고 있는데 이런 위기의 때야말로 교회가 참된 교회가 되는 기회로 삼아야 한다고 하셨고, "교회가 참으로 교회가 되는 것"이야말로 그리스도인과 교회가 사회에 이바지할 수 있는 길이라고도 말씀하셨습니다. 더 나아가 하나님나라를 이 땅에 이루어가는 것이 우리 목회자 후보생들의 사명이라는 것을 일깨워 주셨습니다.

이 외에도 오이코스 동아리 활동을 통해서 세계 각지에서 선교하시는 선교사분들을 온라인으로 만나 마치 여러 선교현장을 다녀온 것처럼 그분들이 선교지에서 겪고 있는 선교의 삶을 직접 듣게 하셨습니다.

또한 국내 마을목회의 현장을 탐방하며 다양한 목회의 현장을 체험하게 하시면서 하나님나라의 안목을 넓혀 주셨습니다. 하나님나라는 우리가 알고 있는 건물인 교회 안에서 뿐만 아니라 세상의 모든 곳에서 이루어지고 있음을 깨닫게 해주셨습니다. 하나님께서는 3년이라는 짧은 신학훈련 기간 중 교수님을 만나게 하시고 하나님나라를 알게 해주셨습니다. 교수님의 하나님나라에 대한 열정을 저도 품게 해주셨고, 하나님사랑을 심장에 새겨야 한다는 꿈도 주셨습니다.

교수님의 권면을 저의 마음 판에 잘 새겨서 힘들고 어렵게 살아가는 사람들과 도움이 필요한 교회들에게 유익이 되는 사람이 되도록 기도하겠습니다. 먼지와도 같고 티끌과도 같은 저에게 하나님께서 교수님을 만나게 해주신 것은 은혜입니다.

앞으로도 영육이 강건하셔서 대전신학대학교를 위해서 힘이 되어 주시길 간절히 기대합니다. 주님께서 부르시기 전까지 대전신학대학교를 잊으시면 안 됩니다.^^ 교수님 감사합니다 그리고 예수님의 이름으로 사랑합니다♡

13. 정원범교수님을 생각하며

신대원 2학년 이명동

저는 정원범 교수님을 2021년 3월부터 대전신학대학교 신대원 1학년 때에 수업을 통하여 뵙게 되었습니다. 먼저, 35년간 교수로 사명을 감당하신 교수님을 존경합니다. 그렇기에 앞으로 교수님께 앞으로 수업을 받을 수 없게 됨이 안타까우며, 아쉽습니다.

교수님께서는 "21세기 리더십과 코칭"과 "기독교 윤리학" 수업을 통해 신학생으로, 리더로서 세상을 바라보는 눈을 넓히도록 다양한 신학 자료 및 다양한 학술자료와 다양한 검사지를 통해 학습자의 정체성을 알아가게 힘을 쓰셨습니다. 또한 수업의 마지막 시간에는 학습자가 당일 수업을 통해 배운점을 발표하게 하여 수업내용을 상기하게 하셨습니다.

그리고 교수님의 저서, 『교회다운 교회』를 통해 독자가 인물을 통한 한국 그리스도인의 정체성을 상기시키며, 폭넓은 시각과 혜안과 대안 제시를 통해, 문제점을 객관적으로 바라볼 수 있게 하여 바른 지향점을 추구함과 실천의 중요성을 알게 하셨습니다.

교수님의 또 다른 도서, 『세상 속 하나님나라 공동체』를 통해 '코로나19' 위기 속에서 '한국교회의 시대적 사명'을 깨닫게 되었고, 한국교회의 위기와 원인과 그 대안을 살펴보게 있게 해주셔서 '하나님나라 공동체'의 신학과 목회를 지향하게 되었습니다. 이를 토대로 아름다운 성품과 인격을 겸손히 훈련시켜야 하며, 둘째로 명료한 사고를 하며, 사실적 지식인지 아닌지를 확인하는 습관을 가지고, 셋째로 윤리적 지침을 따르며 책임 있게 행동하고, 넷째로 우리 교회와 기독교인이 하나님나라의 가치관인 자유와 해방, 정의, 평등, 사랑, 화해와 평화를 이 땅에서 구현해가는 하나님나라 공동체가 되어야 한다는 사실을 배웠습니다.

이렇게 정원범 교수님을 통해 이 시대에 그리스도인으로, 대한민국 국민으로 정체성을 다시금 생각하게 되었습니다. 특히, 현 시대에 복음이 변질되지 않았는지, 교회가 예수그리스도의 복음에 따라 행하고 있는지, 빛과 소금의 역할을 감당하며, 외로운 영혼을 위한 피난처 역할을 하고 있는지 성찰하는 마음을 갖게 되었습니다. 그래서 앞으로 제가 걸어가야 할 방향이 자본주의적 목회 패러다임이 아닌, 진정 예수그리스도께서 전파하신 '하나님 나라'의 복음의 영성을 지향하게 되었습니다.

35년간 대전신학대학교에서 교수로서의 사명을 감당하신 교수님, 은퇴를 축하드립니다. 아브라함과 모세와 갈렙처럼 하나님께서 인도하시는 새로운 사역이 시작되어 하나님께 영광을 돌리며 하나님께서 부어주시는 은혜와 성령님께서 충만히 채워주시는 평강이 가득한 삶이 되어질 줄 믿습니다.

14. 정원범교수님을 생각하며…

이중훈목사 (공도교회)

정원범 교수님과의 인연을 단순이 숫자로 생각해 보면, 1997년 봄 무려 25년 전 교수님과의 첫 만남을 떠올리게 됩니다. 대전신학대학교를 입학하여 뵙게 된 교수님의 첫 인상은 지금이나 25년전이나 사실 크게 다르지 않습니다. 희끗 희끗한 머리에 환하게 드러낸 이마, 입가에 희미하게 나타나는 미소…. 누가 말하지 않아도 윤리학 교수님이라는 것을 알 수 있는 모습이었습니다. 하지만 과거 저는 학업에 크게 관심이 없었던 터라 솔직히 교수님에 대해 잘 알지는 못했습니다.

그렇게 20여 년이라는 세월이 지나 대학원 면접 자리에서 교수님을 만나게 되었는데, 과거와 크게 다르지 않은 모습에 세삼 놀랄 수밖에 없었습니다. 다만 달라진 것이 있다면, 세월의 무게를 피하지 못해서 생겨난 주름이었지만, 이 또한 저에게는 매력적인 모습으로 다가왔고 전공선택에 대한 확신이 없었던 저에게 교수님이 가르치는 전공과목에 대해 공부를 해야겠다는 결정을 내리는 계기가 되었다고 할 수 있습니다.

2년간 수업을 하면서, 교수님께서는 항상 '예수 그리스도의 사명 선언문'눅 4:18-19을 강조하셨고, 본인 또한 예수님의 가르침을 기준 삼아 그 가르침을 학문적으로 정립하여 오늘의 문화와 윤리뿐 아니라 목회와 사역의 현장 가운데 접목시키고 적용하고자 하는 열정이 있는 것을 알 수 있었습니다. 그런 이유로 개인적인 사유로 수업에 참여하지 못했을 때에는 밤낮을 가리지 않고 보강을 했었기 때문에 솔직히 힘든 부분도 있었지만, 이 또한 감사할 수 있었습니다.

2년의 배움의 시간은 사실 저에게 목회적으로 새로운 시야를 열어주는 시간이었습니다. 교회라는 작은 울타리 안에 갇혀 보지 못했던 사회적인 문제들, 교회가 지향해야 될 근본적인 윤리적 방향 등 많은 부분에 있어서 학문적으로 사고의 새로운 지평을 열어준 시간이었다고 감히 말할 수 있습니다.

인생에 있어서 정원범 교수님과 같은 좋은 스승을 만날 수 있게 하신 하나님께 감사드리며, 이 글을 통해 교수님의 은퇴를 진심으로 축하드립니다.

Ⅲ. 자녀들의 기억

최고 아버지 상

성 명 : 정 원 범

35년간 대전신학교에서 젊음과 열정을 바쳐 헌신하시고 가족을 위해 한 평생 쉼 없이 달려온 그 발걸음에 감사를 드립니다. 그동안 아버지로부터 받은 사랑과 따뜻함을 다 표현할 수 없지만 아버지에 대한 감사와 사랑, 존경의 마음을 담아 이 감사장을 드립니다.

앞으로의 인생이 더 풍성해지길 기도하며 응원하는 마음으로 이 상장을 드립니다.

2021년 12월 21일

첫째 정우주, 둘째 정하은

✳✳✳✳✳✳✳✳✳✳✳✳✳✳✳✳✳✳✳✳

최고 시아버지 상

성 명 : 정 원 범

호탕하게 웃으시며 잘생긴 외모를 지닌 우리 시아버지는 며느리들을 편하게 대해주시며 며느리들의 요리에 감탄사를 연발함으로 며느리들의 기분을 맞춰주실 수 있는 그 누구보다 멋지고 훌륭하신 시아버지로서 며느리들을 늘 기도와 축복으로 응원하셨기에 며느리들이 감사한 마음을 담아 이 상장을 드립니다.

2021년 12월 21일

첫째 며느리 유재아, 둘째 며느리 정은아

부록

1 • 생명문명으로의 전환을 위한 코로나19의 교훈

(in 2020. 6. 4 제4회 한국교회생명신학포럼 기조강연)

많은 사람들은 이제 세상은 코로나 이전과 코로나 이후로 나뉘어질 것이라고 말한다. 질병관리본부는 "코로나 이전 세상은 이제 다시 오지 않는다."고 했고, 헨리 키신저도 "코로나19 팬데믹이 끝나도 세계는 그 이전과 전혀 같지 않을 것이며 코로나19가 세계질서를 영원히 바꿔 놓을 것"이라고 했다. 과거의 역사를 돌아볼 때 이런 판단은 그리 지나친 말이 아닌 것 같다. 왜냐하면 수만 명, 수천만 명의 목숨을 앗아갔던 전염병들은 과거에 기존의 사회, 경제질서를 바꾸어 놓았던 역사가 있기 때문이다. 14세기 중반 유럽에서 시작된 흑사병은 중세 유럽의 봉건제도의 몰락과 시민계급의 성장을 가져왔고, 16세기 스페인 정복자들이 옮긴 천연두원주민의 90%가 목숨을 잃음는 남미 원주민 문명을 무너뜨리면서 대항해시대를 불러왔고, 급기야 유럽의 금융 질서를 바꾸었다. 또한 1차 세계대전 중 유럽에서 발병한 스페인 독감으로 인해 영국은 몰락했고, 미국이 신흥 경제 대국으로 떠오르는 세계 경제 재편이 시작됐다.

이런 점에서 "우리가 알던 세상은 끝났다.""이제는 완전히 다른 세상이다."라는 말도 과장된 말이 아니다. 그러나 문제는 우리 앞에 전개되는 세상의 변화가 어떤 변화인가 하는 것이다. 즉 세상의 변화, 문명의 변화가 과연 인류의 삶을 건강하고도 지속가능한 방향으로 나아가게 할 수 있는 변화인가 아닌가 하는 것이다. 지속가능한 문명의 전환은 과연 가능한 것일까?

이 물음에 대해 장윤재교수는 "언제 인류가 자신의 도덕적 결단으로 스스로 문명의 길을 바꾼 적이 있던가! 그럴 일은 앞으로도 없을 것이다."라고 단언한다. 그도 그럴 것이 코로나 팬데믹 현상으로 인해 무려 35만 명이나 되는 수많은 사람이 목숨을 잃었다고 해서 환경을 파괴할 뿐 아니라 가난한 나라의 가난한 사람들을 더욱 비참한 상황으로 몰아넣어 왔던 제국주의 국가나 다국적 기업, 국제금융자본, 군산복합체 등이 지금까지의 자신의 생존방식이 잘못되었다고 회개하는 심정으로 자신의 잘못된 생존방식을 알아서 스스로 내려놓는 일이 일어나고 있지는 않기 때문이다.

그렇다면 인간에게 문명의 전환을 기대한다는 것은 전혀 불가능한 일일까? 그렇지 않다고 본다. 왜냐하면 인간에게는 그것이 불가능한 일이라고 해도 우리는 절망적인 상황 속에서도 희망의 역사를 만들어가시는 하나님이 계시다는 믿음을 가지고 있기 때문이다. 뿐만 아니라 우리 인간이 죄인이라고 해서 모든 면에서 언제나 이기적인 존재이기만 한 것은 아니기 때문이다. 말하자면 우리 인간에게는 이기적인 면도 있지만 동시에 합리적인 면도 있다는 말이다. 그래서 라인홀드 니버는 "인간의 이기심은 민주주의를 필요로 하고, 인간의 합리성은 민주주의를 가능하게 한다"는 유명한 말을 남겼다. 이 말은 문명전환의 과제에도 동일하게 적용될 수 있는 말이다. 즉, "인간의 이기심은 문명의 전환을 필요로 하고, 인간의 합리성은 문명의 전환을 가능하게 한다"

실제로 역사를 보면 인간은 위기를 만나 뭔가 긍정적인 세상의 변화를 일궈낸 사례들이 많이 있다. 예를 들면 영국은 2차 세계대전을 계기로 국가보건 의료서비스를 시작하게 되었고, 브라질은 2008년 금융위기 상황에서 사회보장제를 신설했으며, 태국은 90년대 말 불경기를 겪으며 공공 의료보험제를 시작했다.

이런 희망을 가져보면서 우리는 풍성한 생명을 누리기 위한 생명문명으로의 전환을 어떻게 이루어가야 하는지 살펴보고자 한다. 생명문명으로의 일대 전환을 위해 우리는 무엇보다도 과거의 대역병을 포함하여 코로나19가 가르쳐주는 교훈이 무엇인가를 발견해서 우리의 의식과 삶의 태도와 방식을 바꾸어 나가야 할 것이다.

첫째로, 코로나19는 인간의 잘못된 삶의 결과라는 점에서 지금까지 우리가 살아온 삶의 방식에 있어서 무엇이 잘못된 것이었는지를 가르쳐준다. ① 정상적인 일상의 삶을 무너뜨리고 있는 코로나19는 우리 인류가 지금까지 형성해온 문명은 살리는 문명이 아니라 가난한 나라들과 사회적 약자들과 생태계를 착취하고 약탈하면서 지구의 생명체계를 파괴해온 제국주의 문명이었음을 가르쳐준다. 따라서 인간의 문명을 생명문명으로 전환하기 위해서 우리는 인간뿐만이 아니라 인간이 아닌 다른 존재들자연을 착취의 대상이 아니라 함께 더불어 살아가야 되는 존재라고 생각하는 인식의 대전환을 가져와야 한다. ② 코로나19는 인간의 문명이 생태계 파괴를 당연시해왔던 인간중심적인 문명이었음을 가르쳐준다. 따라서 풍성한 생명문명으로의 전환을 위해서 우리는 인간중심적인 문명을 지구중심적, 생명중심적 문명으로 바꾸어야 함과 동시에 인간의 안녕행복이 자연의 안녕행복과 직결되어 있다고 생각하는 인식의 대전환을 가져와야 한다. ③ 코로나19는 인간의 문명이 무한 개발과 무한 성장, 무한 생산과 무한 소비, 무한 경쟁을 추구하는 탐욕적인 문명이었음을 가르쳐준다. 따라서 지속가능한 문명으로의 전환을 위해서 유한한 인간으로서 우리는 본래적으로 한계를 가진 존재라는 사실을 인정해야 한다. ④ 코로나19는 우리의 세계관이 영혼과 육체, 인간과 자연, 남성과 여성을 분리시키고 후자에 대한 전자의 지배를 정당화시켜온 이원론적인 세계관이었음을 가르쳐준다. 따라서 생명문명으로의 전환을 위해서 우리는 이원론적인 지배의식을 버리고 통전적인 평등의식을 가져야 한다. ⑤ 코로나19는 기독교가 지나치게 구원론만을 중시하고 창조론을 소홀히 여겨왔던 잘못을 가르쳐준다. 따라서 우리는 구속신학과 창조신학이 모두 동일하게 중요하다는 인식의 전환을 가져와야 한다. ⑥ 코로나19는 기독교가 일상의 예배를 소홀히 여기면서 회집예배만을 강조한 잘못이 있음을 가르쳐준다. 따라서 우리는 "헛된 제물을 가져오지 말라 분향은 내가 가증히 여기는 바요 월삭과 안식일과 대회로 모이는 것도 그러하니 성회와 아울러 악을 행하는 것을 내가 견디지 못하겠노라"사1:13는 말씀과 "공의와 정의를 행하는 것은 제사 드리는 것보다 여호와께서 기쁘게 여기시느니라"잠 21: 3는 말씀을 기억하면서 주일예배의 소중함 못지않게 일상에서의 삶의 예배의 소중함도 인식해야 한다. ⑦ 코로나19는 일부 목회자들이 모든 재난을 하나님의 심판으로만 인식하는 잘못이 있음을 가르쳐준다. 따라서 우리는 재난의 이유가 죄때문만이 아니라 하나님의 일을 나타내기 위한 재난도 있고, 크리스천이기에 고통당하는 사람들을 특별히 돌봐야 하는 사명이 주어지는 재난도 있고, 재난의 이유가 무엇인지 모르는 재난도 있음을 인정하면서 재난을 통전적으로 이해해야 한다. ⑧ 코로나19는 일부 목회자들이 코로나19가 어떤 것인지, 또 어떻게 대응해야 되는 것인지에 대해서 파악하려는 노력도 없이 무조건 회집예배만을 고집하여 다수의 확진자를 양산함으로써 사회의 지탄을 받았던 잘못이 있음을 가르쳐준다. 따라서 목회자는 신학공부 외에도 사회현상에 대한 책임 있는 응답을 하기 위한 공부도 게을리해서는 안 될 것이다. ⑨ 코로나19는 기독교가 모든 것을 교회중심적으로만 생각하고 역사적, 사회적 책임을 제대로 감당하지 못했던 잘못이 있음을 가르쳐준다. 따라서 생명의 문명으로의 전환을 위해 목회자는 교회중심적 사고를 버리고 기독교의 공공성 회복과 사회적 책임 수행의 근본적인 토대가 되는 하나님나라 신학또는 공공신학을 추구해야 한다.

둘째로, 코로나19는 인간의 삶에 있어서 무엇이 소중한 것인가를 가르쳐주었다. 코로나19는 우리들에게 ① 지금까지 살아온 삶의 방식에 대한 성찰의 소중함을 가르쳐주었고, 또한 그 성찰의 기회를 제공해주었다. ② 일상의 소중함과 평범한 일상의 행복이 얼마나 소중한 것인가를 깨우쳐주었다. ③ 지구 세계의 모든 피조물은 모두 연결되어 있다는 의식과 그래서 모든 피조물은 공존, 공생해야 한다는 의식의 소중함을 가르쳐준다. ④ 모든 피조세계는 단순히 인간에게 종속된 부속물이 아니라 하나님의 신성이 담겨 있는롬 1:20 인간의 동료피조물이라는 인식의 소중함을 가르쳐준다. ⑤ 공적 의료체계의 소중함을 가르쳐주었다. ⑥ 재난은 가난한 사람들에게 더 큰 고통을 가져오는 것이기 때문에 기본소득을 보장해주는 것이 점점 더 중요해지고 있음을 가르쳐준다. ⑦ 전염력이 매우 높기 때문에 사회적 거리두기와 손씻기와 같은 예방수칙을 잘 지키는 것의 중요함을 가르쳐준다. ⑧ 한 사람의 감염은 곧바로 다른 사람에게 전파될 위험성이 매우 높고, 지역감염, 세계감염으로까지 금방 확산될 수 있기 때문에 지역사회, 세계사회 공동체의 일원으로서 공공의식, 공감의식, 연대의식을 갖는 것이 중요하다는 사실을 가르쳐준다. ⑨ 바쁘게만 살던 현대인의 삶에 있어서 멈춤안식, 침묵, 명상이 얼마나 소중한 것인가를 가르쳐준다.

2 • 교회의 신뢰회복과 공공성 회복

(in 목회와 신학 2019년 11월호)

I. 한국교회 신뢰도 위기와 기독교의 공공성 상실

함석헌선생은 『뜻으로 본 한국역사』라는 책에서 초기 한국교회의 모습을 다음과 같이 묘사했다: "초창기 한국 개신교회는 한국을 골병들게 한 계급주의와 당파주의를 깨뜨리고 사대사상을 쓸어버리고, 독립 국가를 세우려는 이상으로 불타올랐습니다. 한국 개신교회는 숙명론과 미신을 두들겨 부수고 새 문명과 새 사상의 국민이 되어야 한다는 운동을 요원의 불꽃처럼 펼쳤습니다. 불교와 유교가 힘을 잃고, 할 수 없었던 일을 개신교가 맡아서 민족의 정신 혁명, 생활 혁명, 교육 혁명을 이루는 일에 앞장섰습니다."

이렇게 구한말과 일제 초기의 한국교회는 민족의 정신혁명, 생활 혁명을 이루는 일에 앞장서면서 사회변혁의 에너지를 제공했던 한국근대화의 중요한 원동력이었다.[1] 그런데 기독교윤리실천운동이 발표한 2017년 한국교회의 사회적 신뢰도 여론조사[2]가 보여주듯이 130여년이 지난 오늘날 한국교회는 가장 신뢰받지 못하는 종교로 전락했다. 어쩌다가 이렇게 한국교회가 한국사회로부터 가장 신뢰받지 못한 종교로 전락하게 되었을까? 그것은 한국교회가 기독교 신앙의 공공성을 상실했기 때문이다. 한국교회

---

1) 박영신 외, 『현대 한국사회와 기독교』(서울: 한들출판사, 2006), 67.
2) 가장 신뢰하는 종교를 묻는 질문에서 가톨릭이 32.9%, 불교가 22.1%, 그리고 개신교가 18.9%로 나타났다.

가 공공성을 상실했다는 말은 교회나 기독교인의 삶이 공동선이나 공익을 추구하기보다는 사사로운 이익을 추구하는 일이 많아졌다는 말이다. 최근에 심각하게 문제가 되는 공공성 상실의 사례들로는 목사들의 교회공금 유용이나 횡령, 대형교회 담임목사의 전제군주적 전횡, 교회세습, 성직매매, 교회매매, 금권선거, 은퇴목회자의 과다한 퇴직금 논란 등이 있는데 그 중에서도 대표적인 사례는 교회를 자기 소유물로 생각해서 자녀에게 물려주는 교회세습[3]이다.

II. 기독교의 공공성과 공공성 상실의 원인

1. 기독교의 공공성

공공성이란 무엇일까? 사이토 준이치에 따르면, 공공성이란 개념은 국가와 관계된 '공적인'official 이라는 의미, 모든 사람들과 관계된 '공통적인' common이라는 의미공통의 이익, 공통의 관심사, 공통의 규범 등, 그리고 누구에게나 '열려 있다'open는 의미로 이해된다.[4] 조한상에 따르면 "공공성은 자유롭고 평등한 인민이 공개적인 의사소통의 절차를 통하여 공공복리를 추구하는 속성이다."[5] 여기서 볼 수 있듯이 공공성이란 공통성, 보편성, 개방성, 자유로운 평등성, 공익성공동선이라는 핵심 요소들을 내포하고 있는 개념이다. 기독교의 공공성도 여기서 크게 다르지 않은데 기독교의 공공성이란 말은 기독교가 사적인 종교가 아니라 공적인 종교라는 점을 강조하는 말이다. 즉 기독교의 복음은 사적인 복음이 아니라 공적인 복음이고, 기독교회도 사적인 교회가 아니라 공적인 교회라는 말이다. 한마디로, 기독교의

---

3) 참고: 옥성득, "교회 세습이 악습인 5가지 이유" http://www.newsnjoy.or.kr/news/articleV-iew.html?idxno=225431
4) 박상진 외, 『기독교학교의 공공성』 (서울: □여커뮤니케이션, 2014), 15-16.
5) 위의 책, 78.

본질은 공공성에 있다. 여기서 공적이라는 말의 의미는 크게 세 가지의 의미를 담고 있다. 우선, 공적이란 말은 사적인 영역과 대비되는 의미로서 공적 영역을 중요하게 생각한다. 그런 전제 하에 공적이란 말에는 첫째로 공적 영역 안에서 공적 관계의 형성이라는 의미와 둘째는 공적 영역에 참여한다는 의미와 셋째는 공적 영역의 변화를 추구한다는 의미가 담겨 있다.

그러면 기독교의 본질이 공공성에 있다고 말하는 근거는 무엇일까? 몇 가지 신학적인 근거를 들자면, 첫째는 삼위일체론적 근거이다. 우리가 믿는 하나님은 고독한 개인적 존재가 아니라 공동체로 존재하는 공적 존재이다. 칼 바르트에 따르면 "하나님은 영원히 고독하게 자족적이고 자아 의존적으로 존재하는 분이 아니라 삼위일체적 본성 안에서 상호관계적인 공동체로 존재하신다."6 이렇게 하나님은 사회적공동체적이고 상호참여적인 존재이다. 기독교도 마찬가지이다. 이런 점에서 기독교는 공적인 종교이다.

둘째는 창조론적 근거이다. 기독교는 하나님이 창조하신 이 세상을 어느 한 개인이나 어느 한 집단이나 어느 한 국가만을 위한 사적인 영역이 아니라 모든 생물, 모든 인종, 모든 국가들의 공존, 공생을 위한 공적 영역으로 바라본다. 이런 점에서 기독교는 공적인 종교이다.

셋째는 인간론적 근거이다. 기독교의 인간이해의 핵심 중 하나는 인간은 하나님의 형상으로 지음 받은 피조물이라는 사실인데 이 말은 우리 인간이 고독한 존재가 아니라 하나님과의 관계와 다른 피조물들과의 관계 속에서 살아가는 존재라는 말이다. 우리가 믿는 하나님이 성부, 성자, 성령, 삼위일체적 공동체를 이루고 계시듯이, 그리고 우리 예수님이 병든 사람들, 가난한 사람들, 고아와 과부와 나그네 된 사회적 약자들과 깊은 연대를 이루는 가운데 사셨듯이, 우리 인간도 다른 존재와 함께 더불어 살아

---

6) Karl Barth, *Kirchliche Dogmatik* Ⅱ, 402: 김현진『공동체적 교회회복을 위한 공동체 신학』(서울: 예영커뮤니케이션, 1998), 53. 재인용

가야 하는 관계적 존재이다. 그런 점에서 기독교는 공적인 종교이다.

넷째는 신국론적 근거이다. 하나님의 나라는 어느 특정 집단이나 어느 특정 국가가 독점할 수 있는 사적인 나라가 아니라 전 세계와 전 인류가 성령 안에서 자유와 평등과 정의와 사랑과 평화와 기쁨을 함께 누리는 공적 나라이다. 그런 점에서 하나님나라 구현의 사명을 가진 기독교는 공적 종교이다.

다섯째는 교회론적 근거이다. 교회는 자신의 이익을 위한 사적인 존재가 아니라 이웃의 유익과 세상의 구원을 위한 공적인 책임을 수행해야 하는 존재이다. 본회퍼가 말한 대로, "교회가 다른 사람들을 위해 존재할 때만 교회는 교회이다."7 "교회가 자신의 영역을 지킬 수 있는 유일한 길은 자신을 위해서가 아니라 세상의 구원을 위해서 싸우는데 있다. 그렇지 않으면 교회는 자신의 이익을 위해서 싸우는 '종교단체'가 되고 하나님과 세상의 교회이기를 그치게 된다."8 그러므로 기독교회는 철저하게 공적 역할을 훌륭하게 수행할 수 있어야 한다.

2. 공공성 상실의 원인

이렇게 공적 역할을 잘 수행해야 하는 교회가 어떻게 하다가 기독교의 공공성을 상실하게 되었을까? 첫째로, 한국교회가 공공성을 상실하게 된 것은 개인주의적 구원 이해 때문이다. 한국교회는 속죄교리와 칭의교리를 지나치게 강조한 나머지 공적인 영역에 대한 비전을 상실했다.

둘째로, 한국교회가 공공성을 상실하게 된 것은 이분법적 사고 때문이다. 이분법적 사고란 "인간과 세상의 실재를 육체와 영혼, 개인과 사회, 이세상과 저 세상 등으로 분리시켜 신체, 사회, 이 세상을 영혼, 개인 및 저

---

7) ed. John W. de Gruchy, *The Cambridge Companion to Dietrich Bonhoeffer* (Cambridge University Press, 1999), 217.

8) Larry L. Rasmussen, *Dietrich Bonhoeffer: Reality and Resistance* (Nashville, Tennessee: Abingdon Press, 1972), 21.

세상보다 덜 중요하게 여기는 사고방식"9을 말한다. 결국 이분법적 사고란 신체적인 것, 사회적인 것의 의미와 중요성, 이 세상과 이 세상의 일들의 의미와 중요성을 무시한다. 그 결과 복음은 공적 진리로서의 의미를 상실하고 공적인 영역과는 무관한 사적인 영역의 문제로 여겨지게 되었다.

셋째로, 한국교회가 공공성을 상실하게 된 것은 근본주의 때문이다. 근본주의란 자유주의 신학의 역사 비평적 성서주석과 진화론과 같은 현대과학이론에 대항하여 일어 난 신학사조이고10 그 강조점은 성경의 무오설과 축자영감설, 성경에 대한 문자적 해석 등이다. 근본주의는 극단적인 보수신앙으로 교회의 양적 성장에 기여한 부분이 있기는 하지만 자기의의 배타주의, 권위주의 성향, 종교제국주의, 호전적 성격, 개인구원 강조 등 많은 문제점을 가지고 있고,11 그로 인해 한국교회가 그동안 이웃과 제대로 소통하지 못하고 사회를 위한 공적인 책임도 제대로 수행하지 못하는 결과를 초래했다. 이외에도 한국교회가 공공성을 상실하게 된 배경에는 샤머니즘문화와의 결탁, 유교문화와의 결탁, 경제주의자본주의와의 결탁, 국가와의 결탁 등이 자리하고 있다.12

Ⅲ. 한국교회의 공공성 회복을 위하여

그러면 한국교회가 잃어버린 공공성을 회복하기 위해서 우리는 무엇을 해야 할까? 첫째로, 복음의 이해를 개인구원의 복음에서 하나님나라의 복음으로 전환시켜야 한다. 전통적 교회는 속죄교리와 칭의교리를 지나치게 강조한 나머지 공적인 영역에 대한 비전을 상실했다. 브라이언 맥클라렌

9) 이삼열 편, 『사회봉사의 신학과 실천』 (서울: 한울, 1992), 37.
10) 목창균, 『현대신학논쟁』 (서울: 두란노, 1995), 243-245.
11) 김홍기, 『현대교회 신학운동사』 (서울: 한들출판사, 2008), 160-164; 이원규, 『기독교의 위기와 희망』 (서울: 대한기독교서회, 2003), 211-212.
12) 정원범, 『교회다운 교회: 참된 기독교 영성의 회복』 (서울: 동연, 2016), 54-61.

이 말한 대로 전통적인 교회에 있어서 복음은 인류 전체와 세상의 공적인 영역에 대해서는 특별한 의미가 없고 단지 개인구원을 위해서만 의미를 가진 것으로 이해하는 개인주의적인 이론으로 변질되었다.13 그러나 예수의 복음은 정치, 경제, 사회 현실과 무관한 개인구원의 복음이 아니라 영혼과 육체, 개인과 사회정치, 경제, 인간과 자연을 포함하는 우주적인 구원의 복음 곧 하나님나라의 복음이다. 따라서 한국교회는 개인구원의 복음의 신학패러다임을 버리고 하나님나라 복음의 신학패러다임을 한국교회의 신뢰회복의 근본 토대로서 새롭게 확립해나가야 한다.

둘째로, 세상에 대한 태도를 기존질서가 신적 재가가 주어진 것이라고 생각하는 현상유지의 입장에서 세상을 변화시키는 사회변혁의 입장으로 전환시켜야 한다. 과거 교회는 습관적으로 세상의 기존 권력과 부와 세속 흐름과 결탁해왔고, 이에 따라 교회는 늘 기존질서를 지지했고, 기득권세력을 지지해왔다. 그러나 교회는 기독교의 공공성을 회복하기 위해 이러한 현상유지의 입장을 불의한 사회체제를 변화시키는 혁명적인 하나님나라 복음의 사회변혁적 입장으로 전환시켜야 한다.14

셋째로, 사회문제, 윤리문제를 대하는 태도를 교회의 개인윤리 중심적 접근에서 개인윤리적이고 사회윤리적인 통전적 접근으로 전환시켜야 한다. 개인윤리적 접근은 도덕적 문제의 원인이 개인에게 있다고 보기 때문에 도덕적 문제의 해결을 개인의 도덕적 차원에서만 다루는 반면, 사회윤리적 접근은 도덕적 문제의 원인이 사회제도시스템에 있다고 보기 때문에 도덕적 문제의 해결을 사회제도의 차원에서 다룬다. 전자의 입장이 '도덕적 인간이 도덕적 사회를 만든다'고 보는 입장이라면, 후자는 '도덕적 사회가 도덕적 인간을 만든다'고 보는 입장이다. 그러나 에리히 프롬에 따르면 이러한 각

---

13) Brian McLaren, *A Generous Orthodoxy*, 정성묵 역, 『기독교를 생각한다』 (서울: 청림출판, 2011), 51.

14) J. H. Yoder, *The Politics of Jesus*, 신원하, 권연경 역, 『예수의 정치학』, 53, 81, 88.

각의 입장은 모두 문제가 있는데 전자는 "사회질서가 변화하지 않고는 대다수의 사람들에게 있어서 정신적 갱신은 아무런 효과가 없다."는 사실을 놓치는 문제점이 있고, 후자는 "인간의 내면적 변화가 없이는 경제적 변화가 결코 좋은 사회를 실현할 수 없다."는 점을 놓치는 문제점이 있다.[15] 그런데 전통적인 교회는 주로 전자의 입장만을 가지고 있기 때문에 사회제도구조 변화의 중요성을 무시하는 문제점이 있다. 따라서 교회는 전통적인 개인윤리 중심적 접근에서 벗어나 개인윤리적, 사회윤리적 접근을 아우르는 통전적 접근을 통해 사회적 책임을 제대로 수행할 수 있어야 한다.

넷째로, 교회의 패러다임을 이원론적이고 계층적인 끌어모으기식 교회에서 성육신적인 선교적 교회로 전환시켜야 한다. 전통적인 교회의 선교를 보면, 선교의 주체는 선교사였고, 선교란 복음전파를 통해 영혼을 구원하고 교회를 개척하는 것이었고, 선교란 지리적 경계를 넘어가는 것이었고, 선교의 목표는 교회를 확장하는 것이었다. 그러나 이러한 선교관을 가지고는 기독교의 공공성을 확보할 수 없다. 따라서 교회는 선교관을 전통적인 교회의 성장주의적 선교패러다임에서 선교적 교회론의 혁명적이고 새로운 선교관으로 확 바꿔야 한다. 새로운 선교관을 보면 선교의 주체는 하나님이고, 또한 모든 기독교인이며, 선교는 복음전파와 하나님나라를 세워가는 모든 활동이고, 선교란 하나님의 선교에 참여하는 기독교인의 모든 삶 자체이고, 선교의 장은 모든 곳이며, 선교의 목표는 하나님나라의 구현이다.[16] 바라기는 한국교회가 복음이해와 교회와 선교이해의 새로운 패러다임을 가지고 기독교의 공공성을 회복함은 물론, 교회의 공적 책무를 잘 감당하게 되는 교회로 거듭남으로 인해 교회에 대한 신뢰가 하루속히 회복되기를 간절히 희망한다.

---

15) 고범서, 『사회윤리학』 (서울: 나남, 1993), 363-364.
16) 정원범, "NGO 선교의 신학적 근거와 과제," 『선교와 신학』 (2019, 48집), 390.

3・인간의 고난, 하나님의 고난 그리고 우리의 태도

(in 『성서마당』 2021 봄 Vol. 137)

Ⅰ. 우리 시대의 고난

1. 고통과 악의 현실

우리나라의 역사는 온갖 고통으로 점철된 고난의 역사이다. 근대사만 잠깐 보더라도 일제 강점기 시절 위안부 할머니들의 처절한 고통, 1948년-1954년 제주 4.3 사건으로 인한 희생자 유가족들의 고통, 1980년 5월 18일 전두환 군부에 의해 광주에서 학살당한 희생자 유가족들의 고통, 2014년 4월 16일 304명의 무고한 생명을 앗아간 세월호 참사로 인한 유가족들의 고통, 이들의 고통은 지금도 계속 되고 있다. 뿐만 아니라 세계적으로도 수많은 사람들이 자연재난과 온갖 폭력과 전쟁으로 인해 고통을 당하고 있다. 2020년 1월 호주, 2020년 3월 쓰촨성, 2020년 9월 미국, 2020년 10월 브라질에서 발생한 초대형 산불, 2020년 인도, 인도네시아, 방글라데시 등에서 발생한 홍수, 2020년 4월 루마니아, 폴란드, 체코 등 동유럽에서 100년 만에 발생한 최악의 가뭄, 2020년 초에 발생해서 전 세계 300만 명이 넘는 생명을 앗아간 코로나 팬데믹, 최근 미얀마에서 발생한 군부 쿠데타 등 우리의 현실은 온갖 고통과 악으로 가득차 있다. 이외에도 살인, 방화, 절도, 사기, 가정폭력, 학교폭력, 성폭력, 억압과 착취, 전쟁 등으로 인해 수많은 사람들이 고통을 당하고 있다.

그런가 하면 어떤 사람들은 갑작스런 교통사고나 난치병 질환으로 인해 고통을 당하기도 하고, 또 어떤 사람들은 사랑하는 사람들의 갑작스런 죽음으로 인해 고통과 슬픔을 당하기도 한다. 등반하다 추락한 아들의 죽음의 소식을 들은 철학자 월터스토프의 말을 들어보자.[17]

나는 설명할 수가 없다. 이 가장 깊고 가장 고통스러운 비밀에 직면하여 그저 견디고 있을 뿐이다. 나는 천지를 창조하시고 예수 그리스도를 다시 살리신 전능하신 하나님 아버지를 믿는다. 그리고 내 아들의 생명이 그 정점에서 꺾여버렸다는 것도 믿는다. 이 둘을 하나로 끼워 맞출 수가 없다. 어떻게 해볼 도리가 없다. 사람을 대하시는 하나님의 방법을 정당화하려고 만들어낸 신정론을 읽어 보았다. 별로 설득력이 없었다. 내가 제기한 질문 중 가장 고통스러운 것에 대해서는 답을 얻을 수가 없었다. 나는 하나님께서 왜 그가 떨어지는 것을 보고만 계셨는지 알 수가 없다. 그가 상하는 것을 왜 보고만 계셨는지 모른다. 짐작조차 할 수 없다.

이처럼 삶 속에서 고통을 겪게 될 때 사람들은 슬픔, 비통함, 절망, 분노 등 여러 가지 혼란스런 감정에 휩싸이게 된다. 또한 사람들은 고통 가운데서 하나님에 관한 많은 의문을 가지게 된다. ① 왜 하나님은 악과 고통을 허락하시는가? ② 오늘날 세상에 이렇게 악이 넘치는데 왜 하나님은 이것을 그냥 끝내지 않으실까? ③ 하나님은 우리의 고통을 외면하시는가? ④ 극심한 고통의 순간에 하나님은 어디 계시는가? ⑤ 이 세상에서 일어나고 있는 고통과 악의 현실에도 불구하고 여전히 우리는 사랑이시고 선하신 하나님을 믿을 수 있는가? 우리가 고통 앞에 서게 될 때 끊임없이 일어나는 질

---

17) 니콜라스 월터스토프, 권수경 역, 『아버지의 통곡』 (서울: 양무리서원, 1992), 76.

문들이다. 이런 질문들 가운데 필자는 ③④⑤번의 물음에 대해 몰트만과 본회퍼의 신학에 근거하여 기독교의 하나님은 우리와 함께[연대, 그리고 우리를 대신하여[대리] 고통당하신 그리스도의 고난을 통하여 우리와 함께 계시고, 우리를 위하여 계시는 사랑의 하나님이라는 사실을 밝히고자 하며, 고난에 대한 기독교인의 응답이 어떠해야 하는지를 제시하고자 한다.

2. 고통과 악의 의미

사전에 따르면 고통이란 몸이나 마음의 괴로움과 아픔이고, 악이란 도덕률이나 양심을 어기거나 남에게 피해를 주는 일이다. 고통을 당한다는 것은 육체적, 정신적, 감정적, 영적인 아픔, 상처, 상실을 경험하는 것이다. 모든 악이 직접적으로 그 악에 연루된 사람들에게 고통을 가져다 주는 것은 아니다. 악에는 자연적인 악과 도덕적인 악이 있는데 전자는 인간의 의지가 영향을 미칠 수 있는 범위 너머에서 일어나는 고통과 결핍, 박탈의 경험을 말한다. 여기에는 홍수, 가뭄, 화산폭발, 폭풍, 전염병 등이 있다. 도덕적인 악은 인간의 선택과 죄로 인해 생겨난 악을 말하는데 여기에는 아동학대, 성적 학대, 살인, 강간, 강도, 물리적, 정서적 폭력, 억압과 착취, 편견, 차별, 종족 살해, 환경파괴, 전쟁 등이 있다.[18]

II. 하나님의 고난과 그리스도의 고난

1. 하나님의 고난

세상은 온갖 고통으로 가득 차 있다. 인간이 당하는 고통에 대해 하나님의 반응은 무엇일까? 이에 대해 성경은 너무도 분명히 메시야는 "간고

---

18) 존 헤이글, 이세형 역, 『고통과 악』(서울: 생활성서사, 2003), 21-23. 이 글에서는 고통과 고난을 함께 사용하였다. 박영식은 "어떤 선한 이유도 목적도 찾을 수 없는 고난의 현실을 악이라고 규정"한다.[박영식, 『고난과 하나님의 전능』(서울: 동연, 2012), 24]

를 많이 겪었으며 질고를 아는 자"사 53:3로서 인간의 고통을 다 겪으셨을 뿐만 아니라 인간의 고통을 함께 나누시는 사랑의 하나님이라고 대답한다. "오냐! 에브라임은 내 아들이다. 눈에 넣어도 아프지 않은 나의 귀염둥이다. 책망을 하면서도 나는 한번도 잊은 일이 없었다. 가엾은 생각에 내 마음은 아프기만 하였다. 내가 진정으로 하는 말이다."렘 31:20 공동번역 이 말씀의 증언대로 하나님은 아파하시는고난당하시는 사랑의 하나님이다.19

그러나 신의 전능을 믿는 유신론적 종교는 하나님의 고난과 죽음을 부인한다. 이러한 철학적 하나님 개념에 따르면 하나님은 정의상 고통을 당하거나 죽을 수가 없다. 왜냐하면 전통적인 유신론은 유한하고, 사멸하는 인간이 하나님의 보다 높은 능력 안에 보호되기를 바라는 마음에서 하나님을 전능한 분으로만 생각하고 있기 때문이다.

이 점에서 유신론적 종교와 기독교신앙은 근본적으로 다르다. 몰트만은『십자가에 달리신 하나님』은 고통당하는 자들과 연대하며 함께 고통당하는 사랑의 하나님임을 주장하며,20 전통적인 유신론에 대해 비판한다.21 왜냐하면 기독교 신앙은 "하나님의 존재를 고통과 죽음 가운데서, 종국적으로는 예수의 죽음 가운데서 생각해야"22 하기 때문이다. 호르크하이머도 고통과 불의의 문제에 대해 유신론적 답변은 있을 수 없다며 유신론을 비판한다. "이 세계의 고통에 직면하여, 불의에 직면하여 전능하고 자비한 하나님의 실존에 관한 교리를 믿는 것은 불가능하다."23는 것이다. 끔찍한

---

19) 기다모리 가죠, 박석규 역,『하나님의 아픔의 신학』(서울: 양서각, 1987), 171, 219-225.

20) R. Bauckham, *The Theology of Moltmann*, 김도훈, 김정형역,『몰트만의 신학』(서울: 크리스천헤럴드, 2008), 29.

21) J. Moltmann, *Der gekreuzigte Gott*, 김균진 역,『십자가에 달리신 하나님』(서울: 한국신학연구소, 1984), 263. 몰트만은 "단지 전능하기만한 신은 그 자신에 있어서 불완전한 존재이다. 왜냐하면 무력함과 무능함을 그는 경험할 수 없기 때문이다."라고 말한다.(『십자가에 달리신 하나님』, 232)

22) J. Moltmann, *Der gekreuzigte Gott*, 김균진 역,『십자가에 달리신 하나님』, 223.

23) 위의 책, 235.

인간의 고통 앞에서 전능하고 고통당할 수 없는 하나님이 어떻게 정당화 될 수 있겠는가?

또한 몰트만은 세상의 악과 고통의 문제에 집중하여 전통적 유신론의 하나님에 항의하는 저항적 무신론도 비판하며, 저항적 무신론을 극복하는 길로서 십자가의 신학을 제시한다.

> 저항적 무신론을 극복할 수 있는 것은, 하나님을 그리스도의 고난 속에서 고난당하시는 하나님으로 파악하며, 하나님의 버림받은 하나님과 함께 "나의 하나님! 왜 나를 버리셨나이까?"라고 부르짖는 십자가의 신학이다.[24]

플라톤적 유신론은 고난받는 하나님은 하나님일 수 없다고 생각하지만, 십자가의 신학에 있어서 "하나님과 고난은 유신론이나 무신론에 있어서와 같이 서로 모순되는 것이 아니라 오히려 하나님의 존재는 고난 가운데에 있고, 고난은 하나님의 존재 자체 속에 있다. 왜냐하면 하나님은 사랑이시기 때문이다."[25] "사랑이란 자기의 이익을 고려하지 않고 타인을 받아들이는 것을 의미한다. 그렇다면 사랑은 함께 고난당할 수 있는 잠재력과 타인의 상이성을 감수할 수 있는 자유를 그 자체 속에 지니고 있다....사랑할 수 있는 자는 고통을 당할 수도 있다. 왜냐하면 그는 사랑이 초래하는 고통에 대하여 자기 자신을 개방하며, 그러나 그의 사랑의 힘 때문에 이 고통을 이길 수 있는 힘을 가지고 있기 때문이다."[26] 그는 계속하여 다음과 같이 말한다.

---

24) 위의 책, 237-238.
25) 위의 책, 238.
26) 위의 책, 241.

고난받을 수 없는 신이란 모든 인간보다도 더 불쌍한 존재이다. 왜냐하면 고난받을 수 없는 신은 참여할 수 없는 존재이다. 고난과 불의는 그에게 상관없는 일이다. 그는 감정이 없기 때문에 아무 것도 그를 자극할 수 없고 깊이 감동시킬 수 없다. 그는 눈물을 가지고 있지 않기 때문에 울 수도 없다. 그러나 고통받을 수 없는 자는 사랑할 수도 없다. 즉 그는 사랑이 없는 존재이다.[27]

신적 실체는 고난당할 수 없다고 주장하는 헬라철학의 영향을 받아 초대교회 신학자들은 하나님은 본질적으로 고난당할 수 없다고 주장하기도 했다. 그러나 몰트만은 이에 반하여 "만일 하나님이 어떠한 면에서도 고난을 당할 수 없다면, 하나님은 사랑의 능력도 가지지 않을 것이다. … 하나님은 피조물처럼 존재에 있어서의 결핍 때문에 고난을 당하지 않는다. 그런 점에서 그는 무감정하다. 그러나 그는 자기 존재의 넘쳐 남을 듯한 사랑으로 인하여 고난을 당한다."[28]라고 말하며, 하나님의 고난은 하나님의 열정적인 사랑의 고난이라고 주장한다.

이러한 십자가의 신학의 성서적 근거를 몰트만은 다음과 같이 제시한다.

그런즉 이 일에 대하여 우리가 무슨 말 하리요 만일 하나님이 우리를 위하시면 누가 우리를 대적하리요. 자기 아들을 아끼지 아니하시고 우리 모든 사람을 위하여 내주신 이가 어찌 그 아들과 함께 모든 것을 우리에게 주시지 아니하겠느냐롬 8: 31-32

하나님이 죄를 알지도 못하신 이를 우리를 대신하여 죄로 삼으신 것은

27) 위의 책, 231.

28) J. Moltmann, *Trinität und Reich Gottes*, 김균진역, 『삼위일체와 하나님의 나라』(서울: 대한
     기독교출판사, 1982), 37; 몰트만은 "고난을 당할 수 없는 하나님은 사랑할 수도 없다. 사
     랑할 수 없는 하나님은 죽은 하나님이다." (Moltmann, 『삼위일체와 하나님의 나라』, 55)

우리로 하여금 그 안에서 하나님의 의가 되게 하려 하심이라.고후 5:21
그리스도께서 우리를 위하여 저주를 받은 바 되사 율법의 저주에서
우리를 속량하셨으니 기록된 바 나무에 달린 자마다 저주 아래에
있는 자라 하였음이라갈 3:13

이런 성경 구절들에 근거하여 몰트만은 하나님의 고통에 대해 다음과
같이 말한다.

> 아버지는 "우리를 위하여" 아들을 버린다. 다시 말하여 버림받은 자
> 들의 하나님과 아버지가 되기 위하여 그가 버림을 받게 된다. 아버
> 지는 아들을 통하여 "내어준 자들"의롬 1:18이하 아버지가 되기 위하여
> 아들을 "내어준다." 이것은 "전능한 아버지"를 변화시키기도 한다.
> 왜냐하면 그리스도는 "하나님의 연약함 속에서 십자가에 달려 죽었
> 기"고후 13:4 때문이다. 아들은 심판을 받았고 저주를 받은 자들의 형
> 제와 구원자가 되기 위하여 이 죽음에로 내어줌을 당한다.… 아버
> 지가 아들을 내어주면서 자기 자신을 내어준다. 그러나 그는 아들
> 을 내어주는 것과 동일한 방법으로 자기 자신을 내어주는 것은 아
> 니다. 아들은 아버지의 버림을 받은 가운데에서 죽음의 고통을 당
> 한다. 아버지는 아들의 죽음의 고통을 당한다.29

> 아들을 버림으로써 아버지께서는 그 자신을 버린다. 아들을 내어주
> 심으로써 아버지께서는 그 자신을 내어주신다. 그러나 동일한 방법
> 으로 내어주시는 것은 아니다. 왜냐하면 예수는 버림받은 상태 가

---

29) J. Moltmann, *Der Weg Jesu Christi*, 김균진, 김명용 역, 『예수 그리스도의 길』 (서울: 대한기
독교서회, 1990), 252.

운데에서 주검Sterben을 경험하지만 죽음Tod 자체를 경험하지는 않는다. 왜냐하면 고통은 생명을 전제하고 있기 때문에 죽음을 고통당할 수는 없기 때문이다. 그러나 아들을 버리고 내어주시는 하나님 자신께서는 사랑의 무한한 아픔 속에서 아들의 죽음을 고통당하신다.… 아들은 죽음을 고통당하며, 아버지는 아들의 죽음을 고통당하신다.[30]

2. 그리스도의 고난

세상의 온갖 악으로 인해 탄식하는 인간의 고통에 대한 그리스도의 반응은 무엇일까? 이에 대한 성경의 대답은 그리스도는 인간의 몸을 입고 오셔서 우리가 겪고 있는 많은 고통을 몸소 겪으셨다는 것이다.[31] 그리스도는 짧은 생애 동안 배고픔과 고통, 버려짐, 배신, 불의, 매맞음, 침 뱉음, 조롱, 모욕과 같은 인간의 온갖 고통을 다 겪으셨다. "그리스도는 불의한 재판을 받고 잔인하게 죽임을 당하신 죄없는 인간이셨다. 그리스도의 몸은 채찍질과 매질로 부서졌고,, 십자가에 달리신 동안 하나님에게 외면당하면서 예수님은 말할 수 없는 고통을 당하셨다."[32] 이렇게 "그는 스스로 백성들의 죄를 자신의 몫으로 받아들이고, 자신의 고통을 통해서 다른 사람들을 치유하신다."[33]

이 "그리스도의 고난"을 자신의 십자가 신학의 핵심 개념으로 삼았던 몰트만은 그리스도의 고난의 의미를 다음과 같이 설명한다. 첫째로, 그리스도의 고난은 자신을 위하여 당하는 개인적인 고난이 아니라 세계를 위

---

30) J. Moltmann, *Der gekreuzigte Gott*, 김균진 역, 『십자가에 달리신 하나님』, 255–256.

31) J. P. Moreland & Tim Muehlhoff, *The God Conversation*, 박세혁 역, 『이렇게 답하라: 예화로 풀어보는 기독교 변증』(서울: 새물결플러스, 2009), 41.

32) J. P. Moreland & Tim Muehlhoff, *The God Conversation*, 박세혁 역, 『이렇게 답하라: 예화로 풀어보는 기독교 변증』, 42.

33) 존 헤이글, 이세형 역, 『고통과 악』, 53.

하여 당하는 "이 시대의 고난"이다. 몰트만은 이렇게 말한다.

> 예수의 삶은 그의 마지막에서뿐만 아니라 그의 메시야적 메시지의
> 빛에서 볼 때 이미 고난이라 말할 수 있다.[34]
> 예수는 다른 사람들과의 연대성 속에서, 많은 사람들을 위한 대리
> 행위 가운데에서 모든 고난당하는 창조를 위한 선취 가운데에서 이
> 시대의 묵시사상적 고난을 당한다.[35]
> 예수의 십자가는 역사에 있어서 박해를 당하였고 고문을 당하였으
> 며, 살해당한 유대인들의 긴 반열에 서 있다. 그러므로 우리는 그리
> 스도의 고난 속에서 이스라엘의 고난을 재인식하며 그의 백성과의
> 죽음의 사귐을 인정할 수밖에 없다.… 이스라엘의 고난과 결합되어
> 있는 그리스도의 고난은 하나님의 세계고난의 틀 속에 있다.[36]
> 예수는 가난한 자들 중에 가장 가난한 사람들의 한 사람이 되었다.
> 그는 고문을 당하였고 치욕을 당하였으며 십자가에 달려 죽은 노예
> 가 되었다. 이러한 견지에서 그리스도의 고난은 이 세계의 힘이 없
> 고 권리가 없으며 고향이 없는 가난한 무리들의 고난이며, 이들의
> 고난은 이러한 견지에서 그리스도의 고난이기도 하다.[37]
> 예수는 허무에 예속되어 신음하는 모든 피조물들, 인간 피조물은
> 물론 인간 외의 피조물들과의 연대성 속에서 모든 살아 있는 것의
> 죽음을 죽었다.… 그러므로 그리스도의 고난은 모든 피조물들이 모
> 든 피조물들이 당하고 있는 "이 시대의 고난"이기도 하다.롬 8:18 [38]

---

34) J. Moltmann, *Der Weg Jesu Christi*, 김균진, 김명용 역, 『예수 그리스도의 길』, 223.
35) 위의 책, 222.
36) 위의 책, 244-245.
37) 위의 책, 245-246.
38) 위의 책, 247.

그리스도의 고난은 이 세계의 힘이 없고 권리가 없으며 고향이 없는 가난한 무리들의 고난이며, 이들의 고난은 이러한 견지에서 그리스도의 고난이기도 하다.[39]

둘째로 그리스도의 고난은 우리의 구원 곧 죄로부터의 해방과 깨어진 하나님과의 관계의 회복을 위한 고난이다. 몰트만은 다음과 같이 말한다.

그리스도의 고난의 의미는 죄의 힘과 우리가 당하는 죄책의 짐에서 우리를 해방하는 데에 있다.… 그의 고난의 원인은 우리의 죄요, 그의 고난의 근거는 하나님의 은혜의 의지요, 그의 고난의 목적은 깨어진 계약을 우리를 위해 회복하는 데에 있다는 것이다.[40]

그의 고난이 지닌 구원의 의미는 그리스도께서 대리하여 그리고 우리의 유익을 목적으로 "우리를 위하여 고난당하였고 죽었다는 데에 있다.[41]

Ⅲ. 고난에 대한 그리스도인의 태도

1. 기독교의 본질로서 예수 따름의 의미

예수님은 기독교인을 향하여 말씀하신다: "아무든지 나를 따라오려거든 자기를 부인하고 자기를 부인하고 날마다 제 십자가를 지고 나를 따를 것이니라"눅 9:23-24 "그리스도도 너희를 위하여 고난을 받으사 너희에게 본을 끼쳐 그 자취를 따라 오게 하려 하셨느니라.… 저가 채찍에 맞음으로 너희가 나음을 얻었나니"벧전 2:21, 24 이 점에서 볼 때 기독교의 본질은 예

---

39) 위의 책, 245-246.
40) 위의 책, 264, 272.
41) 위의 책, 294.

수님을 따라 사는 제자도이다. 그러면 예수님을 따른다는 것의 의미는 무엇일까? 첫째로 예수님을 따른다는 것은 옛 사람의 죽음을 의미한다. 본회퍼는 이렇게 말한다.

> 십자가를 지지 않는 그리스도인은 없다. 누구나 반드시 체득하는 첫 그리스도의 수난은 세상과의 관계를 끊고 따라 나서게 하는 부름이다. 이것은 예수 그리스도와 맺은 새 관계에서 수행되는 옛 인간의 죽음을 말한다. 따라 나서면서 예수의 죽음에 자신을 내주어 죽음에 이르게 하는 것이다. 이것이 그리스도인의 시작이다.··· 그리스도의 부름은 예외없이 먼저 죽음에 인도한다. 처음 제자들같이 집과 직업을 버리고 따라 나서던 루터처럼 수도원을 떠나 속세에 다시 돌아오던 한 번의 죽음, 예수 그리스도 안에서의 죽음, 예수의 부활에 의한 옛 사람의 죽음이 우리를 기다리고 있다. 저 부자 청년에 대한 예수의 부름이 옛 사람을 죽게 한다. 자신의 완고한 고집을 죽인 자만이 그리스도를 따를 수 있으므로 예수의 모든 계명이 욕심과 정욕과 함께 우리의 죽음을 명령한다.[42]

둘째로, 예수님을 따른다는 것은 고난과 버림을 당한다는 것을 의미한다. 본회퍼는 "그리스도가 그리스도이기 위하여 고난과 버림을 받았듯이 제자들도 제자이려면 고난과 버림을 받고 십자가에 못박혀야 한다."[43]고 하였다. 몰트만도 이렇게 말한다.

> 그의 뒤를 따르라는 예수의 부르심은 새로운 창조를 위하여 사람들

---

42) D. Bonhöffer, *Nachfolge*, 허혁 역, 『나를 따르라』 (서울: 대한기독교서회, 2000), 72-73.
43) 위의 책, 70.

로 하여금 기존의 결합들과 지배적 세력들과 단절하게 하며 따라서 기존의 세력들로 말미암은 박해와 고난으로 인도한다.[44]

예수의 뒤를 따르라는 부름막 8:31-38은 예수의 고난의 선포와 관련되어 있다. 예수의 뒤를 따르라는 것은 자기 자신을 부인하고 자기의 십자가를 짊어지라는 것을 언제나 의미하고 있다.… 예수를 따르라는 부르심으로써 그것은 예수의 십자가에로 부른다. 여기서 얘기되고 있는 고난이란 어떤 것인가? 정당하게도 본회퍼는 다음의 사실을 말하였다. 즉 나를 따르라는 부름은 고난이 선포되는 컨텍스트 가운데에 있는데, 이 고난의 선포에 의하면 예수는 고난을 당하고 버림을 받을 수밖에 없다는 것이다. 고난을 받는다는 것과 버림을 받는다는 것은 동일한 것이 아니다. 고난을 받는다는 것은 축하될 수도 있고 칭송을 받을 수도 있다. 동정을 일으킬 수도 있다. 그러나 버림을 받는다는 것은 고난의 가치를 상실하게 되며, 이 고난을 불명예스러운 것으로 만들어버린다. 십자가는 이와 같은 고난받음과 버림받음을 의미하고 있다. 십자가에서 죽는다는 것은 축출을 당하고 버림받은 자로서 고난당하고 죽는다는 것을 의미한다. 예수의 뒤를 따르는 자들이 그들의 십자가를 짊어져야 한다면 그들은 고난이나 어려운 운명 뿐만 아니라 배척의 고난까지 배려해야 한다. 기독교의 위대한 성자들은 그들 자신의 경험에 의하면 가장 깊은 차원에서 하나님의 버림을 받은 사람들이었다.[45]

---

44) J. Moltmann, *Der Weg Jesu Christi*, 김균진, 김명용 역, 『예수 그리스도의 길』, 224.
45) J. Moltmann, *Der gekreuzigte Gott*, 김균진 역, 『십자가에 달리신 하나님』, 62-63.

2. 자신의 고통에 대한 태도

1) 고난의 유익

① **겸손하게 됨**: "그가 환난을 당하여 그의 하나님께 간구하고 그의 조상들의 하나님 앞에 겸손하여 기도하였으므로 하나님이 그의 기도를 받으시며 그의 간구를 들으사"대하33:12-13

② **하나님을 구하고 의지하게 됨**: "그가 환난을 당하여 그의 하나님께 간구하고"대하33:12 "우리는 우리 자신이 사형 선고를 받은 줄 알았으니 이는 우리로 우리 자기를 의지하지 말고 오직 죽은 자를 다시 살리시는 하나님만 의지하게 하심이라"고후 1:9 "그들이 그 환난 때에 이스라엘 하나님 여호와께로 돌아가서 찾으매 그가 그들과 만나게 되셨나니"대하15:4

③ **주님의 말씀을 배우고 순종하게 됨**: "고난 당한 것이 내게 유익이라 이로 말미암아 내가 주의 율례를 배우게 되었나이다"시119:71 "내가 고난을 당하기 전에는 그릇 행하였더니 이제는 주의 말씀을 지키나이다."시119:67

④ **신앙을 성숙하게 함**: "모든 은혜의 하나님 곧 그리스도 안에서 너희를 부르사 자기의 영원한 영광에 들어가게 하신 이가 잠깐 고난을 당한 너희를 친히 온전하게 하시며 굳건하게 하시며 강하게 하시며 터를 견고하게 하시리라"벧전5:10

⑤ **인내와 연단과 희망을 만들어냄**: "다만 이뿐 아니라 우리가 환난 중에도 즐거워하나니 이는 환난은 인내를, 인내는 연단을, 연단은 소망을 이루는 줄 앎이로다"롬5:3-4; cf: 약1:3

⑥ **고난 당한 자를 위로할 수 있게 됨**: "우리의 모든 환난 중에서 우리를 위로하사 우리로 하여금 하나님께 받는 위로로써 모든 환난 중에 있는 자들을 능히 위로하게 하시는 이시로다"고후1:4

⑦ **죄를 그치게 됨**: "그리스도께서 이미 육체의 고난을 받으셨으니 너희도 같은 마음으로 갑옷을 삼으라 이는 육체의 고난을 받은 자는 죄를 그쳤

음이니 그 후로는 정욕을 따르지 않고 하나님의 뜻을 따라 육체의 남은 때를 살게 하려 함이라"^{벧전4:1-2}

⑧ 선을 행하게 됨: "그러므로 하나님의 뜻대로 고난을 받는 자들은 또한 선을 행하는 가운데에 그 영혼을 미쁘신 창조주께 의탁할지어다"^{벧전4:19}

2) 고난에 대한 태도

① 나에게 은혜를 주심은 주님을 위해 고난을 받게 하려는 뜻이 있음을 기억하라: "그리스도를 위하여 너희에게 은혜를 주신 것은 다만 그를 믿을 뿐 아니라 또한 그를 위하여 고난도 받게 하심이라"^{빌1:29}

② 복있는 자인 줄로 알고 즐거워하라: "그러나 의를 위하여 고난을 받으면 복 있는 자니 그들이 두려워하는 것을 두려워하지 말며 근심하지 말고"^{벧전3:14} "사랑하는 자들아 너희를 연단하려고 오는 불시험을 이상한 일 당하는 것같이 이상히 여기지 말고 오히려 너희가 그리스도의 고난에 참여하는 것으로 즐거워하라 이는 그의 영광을 나타내실 때에 너희로 즐거워하고 기뻐하게 하려 함이라"^{벧전4:13} "내 형제들아 너희가 여러 가지 시험을 당하거든 온전히 기쁘게 여기라"^{약1:2}

③ 하나님을 찾으라: "환난 날에 나를 부르라 내가 너를 건지리니 네가 나를 영화롭게 하리라"^{시50:15}

3. 타인의 고통에 대한 태도

1) 세상의 고난을 짊어지기: 기독교인은 세상의 고난을 짊어져야 한다. 왜냐하면 그리스도가 그리스도이기 위하여 고난을 받았듯이 제자들도 제자이려면 고난받아야 하기 때문이다.[46] 본회퍼는 말한다: "세상을 대신하여 그리스도는 고난을 당하는 것이다. 오직 그의 고난이 대속의 고난이다.

---

46) D. Bonhöffer, *Nachfolge*, 허혁 역, 『나를 따르라』, 70.

그러나 계속 세상의 고난을 질 교회가 필요하다. 그리하여 교회는 그리스도를 따름으로 세상의 고난을 지고 그리스도의 도움을 받으면서 그것을 극복한다. 예수 그리스도의 교회는 십자가를 지고 세상을 대신하여 하나님 앞에 서야 한다."[47]

2) **다른 사람의 고통에 대해 공감하기**: 여기서 공감이란 empathy공감와 sympathy동정를 포함하는 개념으로 볼 수 있는데 위스페에 따르면, empathy는 다른 자아의 긍정적, 부정적 경험을 무비판적으로 이해하려는 자기-인식적 시도를 의미하고, sympathy는 타인의 고통을 감소기키기 위해 필요한 행동이면 무엇이든 시도해보려는 강한 충동을 포함한다.[48] 이러한 공감이 없이는 다른 사람의 고통과 상처의 치유는 불가능하다. 따라서 기독교인은 세상의 고통에 공감할 수 있어야 한다.

3) **고통당하는 사람과 연대하기**: 기독교인은 고통당하는 사람들과 연대해야 한다. 왜냐하면 "하나님이 이 고난을 통하여 사람들과 그의 모든 피조물들과 함께 그들이 있는 곳에서 연대하시기 때문이다."[49] "십자가에 달린 그분과 동일화된다는 것은 가난한 사람들이 당하는 고난과의 유대성, 억압당하는 사람들, 또 억압하는 사람들이 처한 지참한 모습과의 유대성을 의미한다."[50] 왜냐하면 "그리스도 안에서 하나님과 이웃은 하나가 되었"기 때문이다. 몰트만은 이것을 사람이 분리시키면 안된다고 주장하며 다음과 같이 말한다.[51]

기독교 신학은 기독교적 신학으로서의 그의 동일성을 그리스도의

---

47) 위의 책, 76.

48) 박지희, "공감(empathy)과 동정(sympathy)-두 개념에 대한 비교 고찰". https://blog.daum.net/windada11/8771396

49) J. Moltmann, *Der Weg Jesu Christi*, 김균진, 김명용 역, 『예수 그리스도의 길』, 263.

50) J. Moltmann, *Der gekreuzigte Gott*, 김균진 역, 『십자가에 달리신 하나님』, 32.

51) 위의 책, 31.

십자가 안에 가지고 있다. 기독교적 실존의 동일성은 십자가에 달
린 그분과 이중으로 동일화되는 과정 속에 있다. 그의 십자가는 신
앙을 불신앙으로부터 구분하며 특히 미신으로부터 구분한다. 십자
가에 달린 그분과 동일화됨으로써 신앙인들은 소외를 야기하는 종
교들과 이데올로기로부터 분리되며, 〈불안의 종교〉와 복수의 이데
올로기로부터 분리된다. 기독교 신학은 〈이 시대의 고난〉을 고난 당
하고, 고통받는 피조물의 외침을 하나님과 자유를 향한 그들 자신
의 외침으로 삼는다.

4) 고통을 일으킨 불의에 대해 저항하기: 본회퍼는 "악을 보고도 침묵하
는 것은 그 자체가 악이다." "미친 운전자가 행인들을 치고 질주할 때 목
사는 사상자의 장례를 돌보는 것보다 핸들을 빼앗어야 한다."고 말했고, 그
는 자신이 말한 대로 고통을 일으킨 불의에 대한 저항에 참여하였다.[52] 이
것은 예수님의 대리행위를 따른 것이라고 볼 수 있다. 예수님은 사회적 차
별을 거부하셨고, 경제적 불의에 대해 비판하셨고, 불의한 제도권 권력을
비판하셨고, 전쟁과 폭력을 거부하셨고, 그럼으로써 예수님은 사회악과 불
의에 저항하셨다.[53] 예수님이 기독교인의 주님이라면 주님을 따르는 기독
교인들 역시 다른 사람들의 고통을 일으키는 불의에 대해 저항해야 한다.

5) 고통당한 자의 상처(피해)를 치유하고 회복하기: 치유와 회복[54]을 목적

---

52) J. Moltmann, *Der Weg Jesu Christi*, 김균진, 김명용 역, 『예수 그리스도의 길』, 290. 본회퍼
는 독일의 독재에 반대하여 정치적 저항에 참여하였다. "국가의 권력이 무법적으로 되고 불의
하며 비인간적으로 될 때 교회는 저항할 수밖에 없기 때문이다. 유대인들이 박해를 받으며 공
산주의자나 민주주의자들이 살해되며 온 백성이 자유를 박탈당할 때 교회는 저항할 수밖에
없"었기 때문이다. 그는 의식적으로 그리고 자발적으로 "세계 속에 있는 하나님의 고난"에 참
여하였다.

53) Chris Marshall, *The Little Book of Biblical Justice*, 정원범 역, 『성서는 정의로운가』 (춘천:
KAP, 2016), 77-88.

54) 최현정은 "외상(고통과 상처)의 회복은 진실을 밝히고 정의를 회복하는 데에서 출발한다."고
말한다. https://www.koreascience.or.kr/article/JAKO201520165687067.pdf

으로 하는 회복적 정의는 다섯 가지의 회복, 즉 ①피해자와 공동체의 피해 회복, ②가해자의 자발적인 책임의 회복, ③관계의 회복, ④공동체의 회복, ⑤정의의 회복을 강조한다.[55] 예수님이 치유와 화해, 회복의 사역을 하셨듯이 기독교인 역시 다섯 가지 회복의 요소를 기억하면서 고통당한 자의 상처와 피해를 치유하고 회복하기 위해 노력해야 한다.

---

55) 이재영, 『회복적 정의: 세상을 치유하다』 (남양주: 피스빌딩, 2020), 85-99.

4 • '아크라 신앙고백' 반포 10주년기념
WCRC 동북아지역 컨설테이션에 다녀와서

(in 「기독공보」, 2014년 11월 3, 4일)

2004년 제24차 세계개혁교회연맹World Communion of Reformed Churches 총회는 가나 아크라에서 교회사적으로 중요한 문서인 '아크라신앙고백'Accra Confession을 발표했다. 그리고 '아크라 신앙고백'Accra Confession 반포 10주년을 맞아 지난 9월 8일부터 12일까지 5일간 한국, 대만, 홍콩, 일본 교회의 대표들과 WCRC대표들, WCC의 필리핀 대표 등 약 20명이 대만대만기독교 교회협의회 총회 사무실에서 "'아크라 신앙고백' 10주년 기념 WCRC 동북아지역 컨설테이션"이라는 이름으로 회합을 가졌다.

이 회의에 참석하면서 첫 번째로 들었던 생각은 생태학적 파멸과 경제적 불의를 특징으로 하는 21세기 지구적 위기 상황 속에서 어떻게 살아가는 것이 만물에 대한 하나님 주권 신앙을 고백하는 개혁교회 신앙인으로서의 참된 신앙인의 모습인지에 대해 훌륭하게 작성된 신앙문서가 한국교회에 충분하게 소개되지 못했다는 아쉬움이었다.

1. '아크라 신앙고백'의 역사적 배경

'아크라 신앙고백'에 대해 설명하기 전에 세계개혁교회연맹세계개혁교회커뮤니온을 소개하면, 과거 WARCWorld Alliance of Reformed Churches에서 지금은 WCRCWorld Communion of Reformed Churches로 이름이 바뀌었지만, 100여개 나라의 8천만 명 이상의 개혁교회 기독교인들의 연합기구인 WCRC는 교회의 일치와 만인을 위한 생명의 충만함을 위해 함께 일하는 세계적인 운동기구이다.

'아크라 신앙고백'은 2004년 이전 21년 동안 있었던 여러 회의와 문서들을 배경으로 하여 만들어진 것이다. 그것은 오랜 기간의 성서연구와 토론에 참여했던 세계개혁교회의 대표자들에 의해 만들어진 역사적 문서이다. 우선 1989년 서울에서 열렸던 세계개혁교회연맹 총회의 "지구의 어린이들과 젊은이들에게 보내는 공개편지"는 개혁교회들에게 "전 창조세계와 온 인류, 특히 지구의 어린이들과 젊은이들을 위해 우리 시대의 생명에 대한 위협"이 있는 상황 속에서 제시된 정의를 위한 계약 안으로 들어갈 것을 요구했다.

이 요구는 1995년 잠비아 키트웨의 아프리카교회들이 현재의 지구 경제는 나치즘과 인종격리정책apartheid에 저항했던 고백교회의 역사적 입장과 유사한 방식으로 기독교 신앙에 반대되는 것이라고 선언되어야 한다고 세계개혁교회연맹에게 제안했을 때 보다 더 강화되었다. 1997년 헝가리 데브레첸에서 열린 세계개혁교회연맹 제 23차 총회는 "내가 기뻐하는 금식은 흉악의 결박을 풀어주며 멍에의 줄을 끌러주며 압제 당하는 자를 자유하게 하며 모든 멍에를 꺾는 것이 아니겠느냐"이사야서 58: 6는 말씀을 숙고하면서 개혁교회들이 "경제적 불의와 생태학적 파멸에 대하여 헌신적인 인식, 교육, 고백의 과정"에 참여하도록 요구했다. 그 과정은 "경제와 지구 안에서의 정의를 위한 계약맺기"라는 이름으로 나타났으며, 세계교회협의회WCC와 루터교세계연맹LWF과의 협력 하에 전 세계 여러 지역에서 실행되었다. 2003년에는 부에노스 아이레스에서 개혁교회의 남반구 교회들이 협의회를 가졌고, 2004년에는 런던 코니에서 개혁교회의 남반구, 북반구 교회들이 협의회를 가졌다. 그리고 마침내 2004년 가나 아크라에서

400명의 개혁교회 대표들이 모여 지구 경제의 불의와 생태학적 파괴에 관한 신앙적 입장을 표명하는 '아크라 신앙고백'을 발표했는데, 이것은 북반구의 일부 교회 대표들의 불편함이 토로되기도 했지만, 남반구 교회들이 현재의 지구 경제 안에서 행해지는 불의에 저항하는 일치된 신앙고백을 만드는 것을 언제까지 기다려야 하냐고 개혁교회 대표들에게 도전했던 것이 받아들여져서 이루어진 것이었다.

'아크라 신앙고백'은 하이델베르크요리문답이나 웨스트민스터 신앙고백과 같은 교리적인 고백은 아니지만, 그것은 가난한 자들과 창조세계를 생명의 충만함에서 배제시킴으로써 생명을 부여하시는 하나님의 주권과 하나님의 계약을 거부하는 바, 맘모니즘, 소비주의, 투기적 금융시장과 같은 우상숭배를 비판하던 개혁교회전통의 비판정신을 가지고 현재의 잘못된 신자유주의 경제교리를 비판한다.

2. '아크라 신앙고백'의 주요 내용

"경제와 지구에서의 정의를 위한 계약맺기"라는 제목으로 되어 있는 이 문서는 크게 서론아크라 신앙고백의 배경, 시대의 징조에 대한 인식, 경제 불의와 생태계 파괴에 대한 신앙고백, 정의를 위한 계약 맺기 등 네 부분으로 구성된다. 첫째로, 서론에서 특기할만한 것은 수백만명의 아프리카인들을 노예로 팔아 억압과 죽음에 이르게 했던 엘미나Elmina와 케이프 코스트Cape Coast 노예무역의 현장을 방문했다는 언급이다. 그곳을 방문했던 사람들은 놀라움을 금치 못하면서 200년 이상 노예무역을 했던 "그들의 신앙이 어떻게 삶과 그렇게 분리될 수 있었을까? 어떻게 그들은 그들에 의해 고통을 당하는 사람들의 그 고통에서 자신들의 영적인 경험을 분리시킬 수 있었을까? 어떻게 그들의 신앙은 맹목적이 될 수 있었을까?"하는 생각을 하였다고 한다. 그런데 "다시는 그런 비극이 있어선 안 된다"는 외침은 오늘날의 지구적 경제구조 속에서 계속되는 인신매매와 경제적 억압을 보면 거짓된 것으로 드러나고 있다고 지적한다.

둘째로, 이 문서는 이 시대의 징조에 대해 "우리는 전 세계의 고통 받는 민중과 상처받는 창조세계의 탄식의 도전에 직면하고 있다."고 하였고, "전 세계의 1%의 부자들의 연간 수입이 57%의 가난한 자의 연간 수입과 맞먹고 있고, 하루에 24000명의 사람들이 빈곤 및 영양실조와 관련하여 죽어가고 있다"고 하였다. 문서는 이런 지구적 위기가 제국의 비도덕적인 경제구조, 즉 신자유주의적 경제세계화에 기인하고 있다고 진단한다.

여기서 "제국이란 강대국이 자기들의 이익을 보호하고 방어하기 위하여 구성한 지배구조의 경제적, 문화적, 정치적, 군사적 권력의 총체적 집합을 의미한다." 그리고 제국적 세력에 의해 진행되는 신자유주의는 다음과 같은 신념을 가지고 있다고 지적한다. 1) 무한경쟁, 소비주의, 무한 경제성장, 부의 무제한의 축적이 전 세계를 위해 제일 좋은 방안이다. 2) 사유재산권은 사회적 의무를 가지지 않는다. 3) 자본 투기, 시장의 자유화와 탈규제화, 공기업과 국가자원의 민영화, 규제 없는 외국자본의 투기와 수입, 낮은 세율, 통제받지 않는 자본의 자유이동 등이 모든 사람의 부를 성취하게 할 것이다. 4) 사회적 의무, 가난한 자와 사회적 약자의 보호, 노조, 사람들의 관계성 등은 경제성장과 자본축적의 과정에 부수적이다. 이러한 신자유주의는 가난한 자와 창조세계로부터 끊임없는 희생을 강요하며 이것 이외에는 다른 대안이 없다고 주장하는 이념이며, 부자를 더욱 부하게 만들고 가난한 자를 더욱 가난하게 만드는 부와 번영의 이데올로기이다. 문서는 가난한 자를 희생시켜 이루는 이러한 부의 축적 구조는 하나님의 뜻에 어긋나는 것으로 맘몬에 해당되는 것이라고 지적한다.

셋째로, 이 문서는 우리 시대의 이러한 도전에 직면하여 적극적으로 응답해야 할 필요성과 긴급성을 지적하면서 지구적인 경제정의는 하나님에 대한 우리의 신앙과 기독교인으로서의 제자도에 있어서 본질적인 것이라고 천명한다. 이런 기본 전제를 가지고 이 문서는 모든 피조물에 관한 하나님의 주권에 대한 믿음, 모든 피조물과 맺은 하나님의 계약, 하나님의 은총의 경제와 생명의 경제, 하나님의 정의와 사랑에 대한 신앙고백에 근거하여 가난한 자와 연약한 자 그리고 모든 피조물들을 생명의 충만함으로부터 배제시킴으로써 그들과 맺으신 하나님의 계약창 9: 8-12에 도전하는 신자유주의적 자본주의를 거부한다. 또 그것은 신자유주의적 세계 시장 구조의 광포한 소비주의와 경쟁적 탐욕과 이기주의의 문화를 거부하며, 하나님의 창조세계의 많은 부분을 파괴했던 규제받지 않는 부의 축적과 무한 성장을 거부하고, 모든 피조물을 위한 하나님의 선물을 사유화하는 어떤 이념이나 경제체제도 거부한다. 또한 그것은 성, 인종, 계층, 장애자, 계급 등의 영역에서 올바른 관계를 파괴하는 모든 형태의 불의를 거부하며, 가난한 자와 창조세계를 돌보는 일을 선교의 의미에서 제외하는 교회의 가르침과 관행을 거부하고, 교회의 삶에서 정의와 일치를 분리시키려는 어떤 시도도 거부하며, 하나님의 집에서 경제와 지구의 정의를 위한 지구적 계약을 추구하기로 서약한다고 하였다.

아울러 이 문서는 현재의 신자유주의적 세계 경제체제로부터 이익을 보고 있는 수혜자 가운데 개혁교회의 가족들이 포함되어 있다는 사실을 인정하고, 자신들도 현재의 경제체제의 소비주의와 경쟁적 탐욕과 이기주의의 문화에 사로잡혀 있음을 자인하면서 창조세계를 오용한 죄와 창조세계의 청지기로서의 역할을 제대로 수행하지 못한 죄를 고백했다. 또한 그것은 개혁교회 안의 분열로 인하여 하나님의 선교를 섬기는 능력을 훼손시켰던 죄를 고백하였다.

넷째로, 이 문서는 개혁교회들이 상호 연대성과 책임적인 관계성 안에서 신실함의 행위로서 하나님의 뜻에 순종하기로 서약한다고 하였고, 이 계약은 경제와 창조세계 안에서 정의경제정의와 생태정의를 위해 함께 일하도록 결속시킨다고 하였다. 그리고 개혁교회는 자신들과 후손들이 살아갈 수 있도록 하기 위해 경제와 지구를 변화시키고 새롭게 하고 회복하는 일과 생명을 선택하는 일에 전력을 다해 헌신할 것을 선포한다고 하였다.

끝으로 주목해야 할 중요한 내용은 WCRC가 '아크라 신앙고백'을 발표하면서 작성한 "아크라에서 온 편지'의 한 부분이다. 즉, "기독교인으로서 우리의 믿음을 고백하는 것이 경제적 불의와 환경적 파괴에 대한 영적, 실제적 저항을 요구한다면, 우리는 영성의 새로운 깊이를 필요로 한다."는 말이다. 악에 저항하는 일에 영적으로 참여하도록 부름을 받은 개혁교회는 그 일을 위해 우리의 삶을 하나님의 성령의 능력에 깊이 뿌리 내릴 필요가 있다는 것이고, 다시 말해 그리스도를 통해 약속된 바와 같이 그것은 우리 삶의 변혁을 필요로 한다는 것이다.

3. WCRC 동북아지역 컨설테이션 선언문의 주요 내용

'아크라 신앙고백' 반포 10주년을 맞아 열렸던 세계개혁교회커뮤니온 동북아지역 대만회의에서 인상 깊었던 것은 회의를 시작하는 아침시간과 회의를 마치는 저녁 시간에 각 나라별로 다양한 형태의 에큐메니칼 예배를 드리며 은혜를 받았다는 점이다. 5일 동안 WCRC와 WCC의 대표의 발제가 있었고, 각 나라별로 발표가 있었는데 필자는 한국의 종교와 한국 교회의의 현황에 대해 발표하였다. 또한 경제개발이라는 명분하에 수십년 살았던 삶의 터전에서 강제 퇴거당한 타이페이의 한 공동체 현장을 방문하여 가슴 아픈 이야기를 듣기도 했으며, 그룹토의와 전체 토의가 있었으며, 마지막으로 전체 회의를 정리하는 보고서 형식의 선언문을 작성하였다. 선언문의 내용을 보면 다음과 같다. 첫째로, 참가자들은 '아크라 신앙고백'이 우리의 교회에 잘 알려지지 않았음을 발견하면서 그 문서에 대한 깊은 이해와 적용의 필요성을 느꼈다. 또한 10년이 지났지만 그것은 우리 시대에 더욱 더 적실성을 가지고 있다는 사실도 발견했으며, 각 나라는 서로 상이한 문제들에 직면해 있기는 하지만, 많은 문제들이 고립된 지역 문제라기보다는 지구화된 세계의 본성으로 인해 서로 얽혀 있는 문제라는 사실에 주목하였다.

둘째로, 참가자들이 앞으로의 과제라고 생각했던 내용들을 정리하면, 우선적으로 세계화된 경제는 유익의 측면이 있기는 하지만 동시에 그것은 지역 경제를 불안하게 하며, 많은 사람들을 주변화시키며 소외시키고 있다는 점에 공감했으며, 억압하고 착취하는 지구적 세력의 활동이 어떤 것인지를 깊이 인식할 필요성과 그것에 긴급하게 응답할 필요성이 있다는 사실에 공감했다. 또한 참가자들은 동북아 지역의 영토분쟁문제와 관련된 정부와 대중매체들의 일방적인 역사왜곡의 문제, 임금 착취를 당하며 사회적으로 주변화되고 문화적으로 소외되고 있는 이주노동자 문제, 인종차별과 인권탄압 등이 만들어내는 사회문제, 노령화와 세대 간 갈등문제, 핵발전소문제, 성차별, 성폭력, 소수자 차별 문제 등에 대해 경제적, 생태적 불의와 맞서 싸워야 하는 교회로서 함께 연대할 필요성을 느꼈으며, 사회적 약자와 불우한 사람들, 젊은이와 여성들을 보호하기 위해 현재의 경제체제에 내재된 불의를 변혁하기 위한 공동의 책임이 있음을 발견했다. 끝으로 참가자들은 우리의 능력을 벗어나는 복잡한 문제들을 해결하기 위해 노력할 때 우리들은 특수한 행동 계획의 수립, 상호적인 나눔과 연대성의 필요성이 있음을 고백했으며, 교회 안에서 우리 신앙의 갱신과 복음의 충만함(생명, 정의, 평화의 충만함)은 우리 사회 안에서 우리의 집단적인 증언을 하는데 있어서 매우 중요한 요소임을 확인했다.

4. '아크라 신앙고백'의 의미

그러면 한국교회에 있어서 '아크라 신앙고백'이 가지는 의미는 무엇일까? 첫째로, 그것은 한국사회에서 신뢰를 잃어가고 있는 한국교회가 그 신뢰를 회복하는 길이 무엇인지를 제시해준다는 점이다. 다양한 형태의 불의가 점점 더 팽배해지는 한국사회에서 문서는 시 146: 7-9과 눅 4: 18-19 등에 근거하여 정의(경제정의와 생태정의)는 신앙의 본질적 요소라는 점을 중요한 명제로 내세움으로써 한국교회가 신뢰를 회복하는 길을 확실하게 제시하고 있다. 둘째로, 이 문서는 교회가 고통당하는 자들과 연대해야 함을 강조하고 있는데 이 점에서 한국교회의 목회와 선교의 방향을 분명히 제시하고 있다. 예언자들과 예수의 정의 전통을 따르고 있는 이 문서는 오늘의 세계질서를 약한 자들과 고통당하는 자들의 눈을 통해 바라보았고, 또 그것은 교회들로 하여금 고통당하는 사람들과 창조세계의 탄식소리를 들을 것을 요구하였다. 셋째로, 문서는 개인적, 사회적 상처를 치유하고 경제적, 생태학적 불의와 악한 세력에 저항하는 일은 우리의 삶을 변화시키고 우리의 영성을 심화시키는 일이 없이는 불가능하다는 사실을 강조한다. 이 점에서 문서는 개인적인 영성을 강조하는 복음주의 진영과 사회적 영성을 강조하는 에큐메니칼 진영으로 나누어진 한국교회를 건강하게 결합시킬 수 있는 신학적 토대를 제공해 주었다고 할 수 있다. 한국교회의 위기가 교회의 목회와 선교의 토대인 신학이해의 문제에서 비롯된 것이라고 볼 때 '아크라 신앙고백'은 한국교회의 신학패러다임을 건강하게 회복하는데 크게 기여할 것이라 확신하며 이 문서가 널리 보급되길 희망한다.

5 • 치유와 화해의 생명공동체운동 10년 신학문서

대한예수교장로회총회

치유와 화해의 생명공동체를 향하여

1. 총회 창립 100주년을 지나고, 종교개혁 500주년을 앞에 두고 전개하는 '치유와 화해의 생명공동체운동 10년'2012년-2022년은 치유하고 화해케 하시는 예수 그리스도의 복음을 토대로 전 지구적 생명 위기의 현실에 적극적으로 응답하는 운동이다. 아울러 이 운동은 "생명의 하나님, 우리를 정의와 평화로 이끄소서!"라는 주제로 모인 세계교회협의회WCC 제10차 부산총회의 "함께 정의와 평화의 순례를 떠납시다"라는 메시지에 대한 응답이다. 또한 이 운동은 본 교단에서 2002년부터 2012년까지 지역교회에 생명선교목회를 정착시키기 위한 목표로 전개한 '생명살리기운동 10년'을 '생명공동체운동'으로 심화시킨 것으로써 치유와 화해의 사역을 통한 생명공동체 건설을 목표로 한다.

2. 치유와 화해의 생명공동체운동은 무엇보다 우리가 직면한 지구적 위기의 현실에 대한 응답이다. 이 시대가 생명위기의 시대라는 사실은 세계 도처에서 일어나는 전쟁과 폭력, 신자유주의 경제 세계화로 인한 경제적, 생태적 불의와 양극화의 위기, 하루 1달러 미만으로 살아가는 14억

명에 이르는 수많은 사람들의 절대적 빈곤상황56, 무한경쟁으로 인한 자원의 고갈, 점차 빨라지는 기후변화와 그로 인한 생태계 파괴 현상, 후쿠시마 핵발전소의 폭발, 에너지 위기, 식량 위기와 물 부족 현상, 유전자 조작과 생명복제, 핵무기와 테러, 도덕적 가치관의 상실, 새로운 질병과 정신적 외상증후군의 확산, 다원화된 사회 속에서 보는 영적인 혼돈 등에서 잘 나타난다. 실로 21세기의 지구공동체는 공멸의 위기에 직면해 있다.

3. 한국사회도 이러한 위기 앞에 흔들리고 있다. 사회의 양극화는 극심해지고, 생명경시로 인한 자살과 폭력은 심각한 지경에 이르렀다. 전통적인 마을공동체와 가정은 갈수록 해체되고 개인은 파편화되었으며, 무한 성장의 이름으로 무한경쟁이 강요되고 있다. 분단 상황의 고착화가 심화되면서 사회 전반에 내재된 냉전의식은 사회통합을 어렵게 만들고 있고, 한반도 주변 열강들이 조장하는 지정학적 위기는 민족의 통일을 요원하게 만들고 있다. 저출산 고령화 시대에 청년세대는 "88만원 세대"가 되었고, 농어민, 해고된 노동자, 비정규직 노동자, 청년실업자, 북한이탈주민, 이주노동자, 다문화가정, 장애인 등을 비롯한 소수자의 삶은 심각한 어려움에 처해 있다.

4. 창조세계의 파괴와 인류공동체의 파탄과 교회의 분쟁과 분열 속에서 우리는 치유와 화해를 요청하는 생명세계의 탄식소리를 듣는다. 이러한 총체적인 생명위기의 시대를 맞아서 한국교회는 치유와 화해의 복음 사역을 통해 생명파괴적인 지구세계를 생명, 정의, 평화로 풍성한 지구

---

56) 세계의 1% 최고 부자들의 연간 소득이 57%의 가난한 사람들의 연간소득과 똑같고, 가난과 영양실조로 매일 24,000명이 죽어가고 있다.

생명공동체로 복원시켜나가야 할 사명을 새롭게 깨닫게 된다. 이러한 시대적 사명의 수행을 위해 한국교회는 전 지구적인 총체적 생명위기의 현실을 직시하면서 무엇보다 먼저 교회 자신이 그 안에서 치유와 화해, 정의와 평화가 이루어지는 예수 그리스도의 생명공동체로 새롭게 갱신되어야 함을 인식한다. 이러한 자각을 가지고 우리는 치유와 화해, 정의와 평화를 통한 생명공동체운동을 통하여 세상의 소망이신 예수 그리스도를 선포하고자 하며, 이 운동을 통해 우리 시대의 고통과 절망의 소리에 응답하고자 한다.

5. 하나님이 창조하시고 구원하시고 섭리하시는 생명세계사랑의 두 기운은 정의믿음와 평화소망이다. 생명과 정의와 평화는 상호 의존적이다. 정의 없는 평화, 평화를 지향하지 않는 정의는 생명세계를 풍성하게 할 수 없다. 정의와 평화가 입 맞추며 통합되는 과정이 치유와 화해의 과정이다. 하나님의 교회는 치유와 화해의 복음사역을 통해서 하나님의 구원과 해방의 사역에 참여한다. 이러한 사역은 자기 비움의 영성과 상호 의존성의 영성에 기초한다. 자기 비움과 상호 의존성의 영성으로 실천하는 치유와 화해의 복음사역은 에큐메니칼하게 지속 가능한 지역교회 성장을 가져오고, 이것은 총체적 생명자본의 성장을 가져온다. 생명공동체로써 지역교회의 치유와 화해의 복음사역을 통해 이루어지는 총체적 생명자본의 성장 과정에서, 인간사회의 영적, 사회 경제적, 정치적, 교육적, 윤리적, 문화적, 생태적 자본 등이 함께 성장하게 된다. 교회의 선교와 목회의 목표는 온 세상의 생명살림이며, 모든 생명세계에 구원과 해방을 가져오는 생명살림은 예수 그리스도의 치유와 화해의 복음을 통해서만 이루어질 수 있다.

생명공동체

6. 생명공동체운동은 삼위일체 하나님의 사귐에 뿌리를 두며 예수께서 선포한 하나님 나라에 참여하는 우리의 헌신이다. 하나님은 성부, 성자, 성령 세 분 하나님이 페리코레시스 Perichoresis, 순환적 일치, 상호내주를 통해 한 분 하나님으로 존재하시는 삼위일체 하나님이다. 따라서 '삼위일체 하나님의 공동체를 본받아 교회는 그리스도의 몸으로서의 공동체성을 회복해야 하며, 성부, 성자, 성령의 영원한 사랑의 사귐과 나눔을 반영하는 생명공동체로 거듭나야 한다. 공동체로 존재하시는 하나님이 우리를 이 신적 사귐으로 들어오도록 초대하고 계시고, 또한 이 사귐을 통해 하나님은 교회를 창조세계와 인류공동체 전체를 아우르는 우주적인 생명공동체를 회복시키기 위한 도구로 삼으셨기 때문이다.

7. 생명공동체는 하나님의 선교에 참여한다. 성서는 에덴동산으로 시작하여 '거룩한 도성'인 '새 예루살렘'으로 끝맺는다. 구약의 구속의 드라마는 현재적이며 동시에 미래지향적인 하나님 나라인 샬롬의 '생명공동체'를 추구하며, 신약의 구속의 드라마 역시 종말론적인 새 하늘과 새 땅을 지향한다. 성서의 구속의 드라마는 인류의 구속뿐 아니라 모든 피조물의 구속을 포함한다. 따라서 하나님의 선교는 영혼구원과 교회성장을 위한 선교를 넘어서는 '창조된 모든 세계'를 위한 통전적 선교이다. 하나님의 선교는 예수 그리스도를 통하여 '모든 창조된 생명과 우리의 화해된 관계'를 이루며 '새 하늘과 새 땅'을 지향한다. 이사야의 비전과 요한의 계시가 증언하듯이 하늘과 땅, 곧 하나님의 모든 피조세계가 새롭게 될 것이다사 11:1-9, 25:6-10, 66:22, 계 2:1-4.

8. 생명공동체로서의 교회는 자유와 해방의 나라눅 4:18-19이며 생명, 정의, 평화의 나라인 하나님 나라롬 14:17를 목적으로 한다. 교회는 하나님 나라를 미리 맛본 사람들의 모임으로서 하나님 나라의 표징sign을 나타내는 공동체이다. 이렇게 교회는 종말론적으로 완성될 하나님의 나라를 미리 보여주는 생명의 공동체로서 치유와 화해, 자유와 해방, 사랑과 정의와 평화를 위하여 존재한다사 65:17-25, 계 21-22. 따라서 생명공동체로서의 교회는 신자유주의적 자본주의가 초래한 사회 공동체의 해체와 국가적, 세계적 양극화, 빈곤의 세계화, 여성의 빈곤화, 가난한 자들에 대한 사회적 배제, 생태계의 파괴 등 생명파괴적인 세상에 대한 구체적인 대안이다.

9. 생명공동체는 하나님의 선교에 참여하는 방법으로 정의운동으로부터 생명선교로의 전환을 지향한다. 기존의 정의운동으로서의 사회선교는 예언자적 역할을 수행하면서 민주주의와 선교 프로그램들의 제도화 등 여러 가지 면에서 기여했다. 그렇지만 기존의 정의운동은 획일성 또는 경직성, 자기정체성의 부족, 목회자 중심적, 남성 중심적, 장년 중심적 운동이라는 한계 등의 문제를 안고 있다. 따라서 생명공동체운동은 정의운동에서 생명선교로의 전환을 필요로 한다. 이 때 중요한 것은 패러다임의 전환으로 서구의 기계적, 이원론적 세계관에서 벗어나 창발적, 유기체적 세계관을 받아들이는 것이다.[57] 이러한 세계관은 하나님의 선교를 인간중심적 사유에서 벗어나 하나님–인간–자연을 통합적으로 이해하는 생명선교의 밑거름이 될 것이다.

---

57) 달리 말하면, 서구의 기계적 세계관으로부터 아프리카의 생명중심적 세계관으로, 서구의 시간 중심적 세계관으로부터 아메리카 인디언들의 공간중심적 세계관으로, 서구의 발전 패러다임으로부터 여성생태학적 관점으로의 전환이다.

10. 생명공동체가 지향하는 생명선교는 죽임의 문화를 식별하는 일과 살림의 경제를 동력화하는 일이다. 이를 위해 신자유주의 경제체제의 부정적인 요소들을 식별하고 살림의 생명경제를 지향한다. 대안공동체로서의 교회는 생명선교를 통해 죽임의 경제와 싸움을 통해 하나님의 의를 펼침으로써 인간을 살리고 피조물을 살리는 대안 경제를 실천해야 한다. 유기농업과 생명농업을 통해 안전한 먹거리와 생태계를 지탱하게 하는 농법을 개발하며, 가난한 자들의 자활공동체를 이루려 하며, 생산과 유통과 교육을 통해, 대안적 에너지 사용을 통해 대안적 경제공동체를 이루고자 한다. 이러한 대안 경제의 성서적 근거는 안식일, 안식년, 희년이며, 만나 공동체출 16:18이고, 일용할 양식을 위한 주의 기도이며, 초대교회의 나눔의 공동체행 4:32-35이다.

치유를 통한 생명공동체 구현

11. 건강은 상업적 대상이 아니라 기본적 인권이고, 질병의 첫째 이유는 가난이다. 의학과 기술이 발전하고 있지만 인류의 질병은 크게 개선되지 않았다. 기후변화로 인해 각종 암, 전염병, 새로운 질병들이 확산되고 있다. 그리고 세계적으로 우울증 같은 정신질환이 꾸준히 증가하고 있다. 이는 세계화와 경제위기로 인한 삶의 위기와 거기서 비롯된 심리적 압박에 기인한다. 세계교회협의회는 이 세상 질병의 첫째 이유를 억압, 착취, 전쟁 등의 궁극적 결과인 가난으로 보고 있다.[58]

12. 치유는 온전성을 회복하는 것이다. 성서는 인간의 몸과 혼과 정신이

---

58) WCC, "교회의 치유선교" WCC, 김동선 옮김, 『통전적 선교를 위한 신학과 실천』 (서울: 대한기독교서회, 2007), 202-03.

상호 관련되어 있고, 상호 의존한다고 본다. 이 때문에 그리스도인들은 건강을 개인적 특성뿐 아니라 사회적 정치적 생태학적 차원의 온전성과 관련시켜 이해해야 한다. 온전성은 하나님과 인간과 창조세계가 함께 공동체적인 삶에 참여하는 것으로 조화와 균형을 특징으로 한다. 따라서 치유는 어떤 결함을 교정하는 것이 아니라 온전성을 회복하는 것이다.59

Ⅰ. 성서에서 본 치유

13. 구약에서 하나님은 치유의 근원이다. 치유와 구원은 상호 연결되어 있다렘 17:14. 신약성서는 질병의 치료를 구원과 관련 있다고 본다. 신약성서는 치료curing와 치유healing를 구별한다. '치료'는 잃어버린 건강을 되찾는 것이지만, '치유'는 예수 그리스도 사건을 통해 개입된 생명이 넘치는 종말론적인 현실을 가리킨다. 한센씨 병 환자 아홉 명은 병을 치료 받았지만 치유 받지 못했으며눅 17:15-19, 바울은 병을 치료받지 못했지만 치유 받았다고후 12:7-9. 예수 그리스도는 인간의 삶, 고난, 죽음의 모든 부분에 참여하고, 그의 죽음과 부활로 폭력, 고난 그리고 죽음을 극복한 상처받은 치유자이다. 이런 면에서 치유와 구원은 동일한 종말론적 실재를 가리킨다. 신약에서 치유 사역과 선교 사이에는 밀접한 관련이 있다마 28:16-20, 막 16:9-20. 치유와 선교는 밀접한 관련을 갖는다눅 4:18-19, 행 1:18. 치유사역은 예수의 중요한 사역 중 하나이며, 제자들에게 주신 사명이다마 10:1.

---

59) WCC, "함께 생명을 향하여: 기독교의 지형 변화 속에서 선교와 전도", WCC, 『세계교회협의회 제10차 총회 자료모음』(2013), 92.

Ⅱ. 치유의 신학적 전망

14. 세계교회협의회는 치유사역을 하나님의 선교와 정의, 평화, 창조보전의 맥락에 두었다. 2005년 아테네에서 "성령이여 오소서, 우리를 치유하고 화해시키소서! 치유와 화해의 공동체가 되도록 부름받은 그리스도인"이라는 주제로 열린 WCC 세계선교와전도위원회 CWME 대회는 치유사역을 삼위일체 신론을 바탕으로 정의, 평화, 창조보전JPIC의 틀 안에서 다루면서, 치유사역이 이미 세계화된 지구촌에서 긴급하게 요구된다고 했다.

15. 치유는 깨어진 관계 속에 사는 인류에게 필요한 선교 패러다임이다. 하나님과 이웃과 창조세계에 대해 죄를 지음으로 우리는 그 관계가 깨어진 세계에 살고 있다. 냉전 종식 이후 인종갈등과 국가 간의 갈등으로 인종학살, 전쟁, 테러를 겪고 있는 세계에서, 식민지배와 독재 상황에서 고통이나 상실을 겪은 희생자의 치유와 피해자와 가해자 사이의 화해가 사회와 국가의 긴급한 현안이 되는 세계에서, 에큐메니칼 진영과 선교신학자들은 21세기 새로운 선교 패러다임으로 치유와 화해를 제시한다. 이런 선교 패러다임은 남북분단과 다양한 요인들로 인해 분열된 한국사회에 적절한 선교 패러다임이다.

16. 치유의 가장 충만한 의미는 샬롬사 65:17-25이다. 성서의 하나님은 치유자 하나님이다. 예수 그리스도의 십자가와 부활은 모든 고난에 대한 항거이며, 죄와 악에 대한 승리로 하나님의 치유능력이 인간과 창조세계의 어둠과 절망에까지 미치고 있음을 보여준다. 성령 하나님은 예수 그리스도의 치유의 선교를 추구하고, 확장하며, 고난당하는 사람들과 창

조세계와 연대하고, 연약함과 질병 안에서 발견되는 하나님의 은혜에 대한 능력을 증거하고 현실화한다.[60] 개인의 질병과 상처를 예수 그리스도의 십자가와 만나게 함으로써 치유가 일어난다. 깨어진 인간관계와 사회관계의 치유는 대등한 만남과 관계로부터 시작된다. 또 자본주의가 파괴한 가정과 마을공동체는 부활신앙 안에서 성령의 인도하심 가운데 삶을 나누고 물질을 나눔으로써 생명공동체를 회복할 수 있다[행 4:32-35].

Ⅲ. 치유공동체로서의 교회와 치유선교

17. 교회는 하나님 나라의 실현을 위한 치유의 공동체가 되어야 한다. 치유선교의 일차적 책임은 지역교회에 있다. 지역교회는 말씀의 선포, 화해와 회복의 증거인 성만찬의 나눔, 개인과 공동체의 중보기도 등을 통해 치유선교를 실천한다. 교인들은 각자에게 주어진 치유의 은사들을 사용하여 치유선교에 참여한다. 성만찬을 나누기 전에 형제자매 사이의 화해는 성만찬이 지닌 치유의 차원을 잘 보여주며, 교회의 공동체성을 회복하고, 치유의 은사를 갱신한다. 분열된 교회로 하여금 교회의 일치를 이루도록 하는 것은 치유사역의 본질적 부분이다.[61]

18. 교회의 치유선교의 영적-수직적 차원은 말씀의 선포, 성만찬의 나눔, 중보기도이다. 지역교회는 이를 위해 교인들의 치유의 은사들을 개발하고, 교회분열의 상처를 치유하여 교회일치를 이루고, 올바른 예배를 통해 성령의 치유사건을 일으키고, 생명목회를 활성화시키고, 치유에

---

60) WCC, "교회의 치유선교", 217-19.
61) WCC, "교회의 치유선교", 222-26.

대한 기독교적 이해를 신학교육에 통합시키고, 의료종사자에게 진정한 치유에 대해 교육을 시켜야 한다. 치유선교의 영적 측면은 생명목회운동, 지속가능한 지역교회성장, 교회 양극화 해소, 다음 세대를 위한 교회 등을 포함한다.

19. 교회의 치유선교의 사회적–수평적 차원은 하나님 나라와 정의, 평화의 맥락에서 온전성을 회복하는 것이다. 즉 교회는 성령의 능력에 힘입어 생명 정의 평화의 기독교 윤리를 고양하고, 사회 양극화 해소를 위한 생명 디아코니아 운동을 전개하고, 양성평등을 증진하고 여성사역을 개발하며, 기독교 평화운동을 전개하고, 남북 민족공동체의 치유를 위해 힘써야 하고, 현지교회와 협력하여 치유사건을 일으키는 에큐메니칼 협력선교를 세계선교의 장에서 펼쳐야 한다.

20. 교회의 치유선교의 생태적–우주적 차원은 창조세계에서 온전성을 회복하는 것이다. 예수 그리스도의 십자가와 부활, 생명을 수여하는 성령은 창조세계의 가장 깊은 어둠과 절망 안에 빛과 소망을 가져온다. 교회의 치유선교의 생태적–우주적 차원으로는 생명을 살리고 풍성하게 하는 세계관과 신학을 제시하고, 녹색교회를 확산시키며, 생명선교를 확대시키는 것이다.

화해를 통한 생명공동체 구현

21. 냉전 종식 이후 화해가 선교의 새로운 패러다임으로 등장했다. 화해가 새로운 선교 패러다임으로 부상한 이유는 신자유주의와 세계화로 인한 사회적, 국가 간 빈부격차 심화, 불공정한 무역법, 구조조정 프로그램,

후기현대주의, 근본주의적 종교집단, 9 11 테러와 '테러와의 전쟁' 등이다. 군부독재 이후 민주화된 국가와 다양한 갈등을 겪은 국가와 사회에서 화해는 시급한 사회적 의제가 되었다. WCC는 폭력극복10년운동 2001-2010을 전개했고, 총회는 생명살리기운동10년2002-2012을 전개했다.

22. 화해는 예수 그리스도를 통해 인류와 피조물의 구원을 성취하는 하나님의 사역이다골 1:19-20, 2:9. 그리스도인들은 하나님의 은혜로 성령을 통해 그리스도 안에서 이미 이룬 화해를 현실화하기 위해 노력해야 한다.

I. 성서에서 본 화해

23. 성서가 말하는 화해의 의미는 야곱과 에서, 요셉과 형제들의 이야기에서 잘 나타난다. 이 이야기들은 형제 간 갈등으로부터 용서와 화해로 넘어가는 이야기이다. 정의와 평화가 넘칠 때 인간은 하나님과 인간 사이에서뿐만 아니라 자연과도 화해를 이루게 된다사 32:15-17. 정의가 화해의 전제조건이다. 그러나 정의와 평화, 화해는 인간의 성취물이 아니라 하나님의 역사다. 예수 그리스도의 삶과 가르침은 원수에 대한 철저한 사랑과 불의의 하수인과의 직접적인 대결 사이의 변증법이라는 특징이 있다. 그러나 죄의 보편성이 가해자와 피해자 사이의 차이를 적당히 얼버무리도록 하는 데에 사용되어져서는 안 된다. 속죄는 성부 하나님을 만족시키기 위해 성자 하나님이 십자가에서 고통당하는 것이 아니다. 십자가 자체가 예수 그리스도의 삶의 필연적 결과이며, 그 십자가에서 성부 하나님이 함께 고통당하셨으며, 부활은 역사에서 희생자들의 승리를, 가해자들에 대한 심판을 의미한다. 이신칭의 교리는 의롭다함을 받는 것과 성화 사이의 분리를 합리화해서는 안 된다. 그런 분리

는 "값싼 은혜"를 남발하게 된다. 은혜는 진리 되신 예수를 따라 십자가를 통해 하나님의 정의와 평화를, 용서와 화해를 이루게 한다.

24. 바울서신에 나타난 화해는 기독론적, 교회론적, 우주적 차원 등 세 가지 화해가 있다.[62] 기독론적 차원은 하나님께서 세상을 자신과 화해시키는데 그 중개자가 그리스도라는 것이다. 교회론적 차원은 그리스도께서 유대인과 이방인을 화해시켜 새 백성교회공동체을 만드셨다는 것이다. 즉, 유대인과 이방인 사이에, 종과 자유인 사이에, 남자와 여자 사이에갈 3:28 막힌 담을 예수 그리스도께서 십자가로 허무셨다엡 2:14-18는 것이다. 우주론적 차원은 그리스도께서 땅 위에 있는 것과 하늘에 있는 것들 사이에 화해를 이루셨다는 것이다엡 1:10.

25. 성서에서 화해는 파괴되고 왜곡된 관계를 회복하고, 공동체와 관계성을 새롭게 만드는 행위이다. 화해는 하나님과 인간 사이의 화해영적, 인간 집단 사이의 화해사회적, 우주의 화해생태적 등 세 가지 화해가 있다. 첫째, 하나님과 인간의 화해는 하나님과의 교제를 깨뜨린 인간의 죄 때문에 생긴 하나님으로부터의 소외이다. 이 불화는 예수 그리스도의 십자가 죽음으로 극복되었다. 둘째, 화해는 사람들 사이의 관계를 변화시키고 공동체를 새롭게 만든다. 십자가 위에서 폭력과 불의를 일삼는 자들을 용서하신 예수 그리스도를 통해 우리는 이 세상의 상처를 치유하는 사랑의 하나님을 경험한다. 또한 죄 없는 예수 그리스도의 십자가 죽음은 희생자 위에 군림하는 세상 지배자들에 대한 심판이었다요 12:31-32. 마지막으로 화해는 평화를 향한 전 피조물의 변화를 의미한다. 화해

---

62) Robert J. Schreiter, *Reconciliation: Mission & Ministry in A Changing Social Order* (Maryknoll, New York: Orbis Books, 1992), 42ff.

의 주도권은 하나님께 달려 있다.

Ⅱ. 화해의 과정

26. 화해의 과정에는 진실, 기억, 회개, 정의, 용서, 사랑이 필요하다.[63] 화해의 과정에 참여하는 사람은 대체로 '가해자와 피해자'로 구별된다. 화해와 치유는 피해자의 회복과 치유뿐 아니라 가해자의 회개와 변화도 요청한다. 양자의 치유와 변화는 "새로운 피조물"고후 5:18이 되는 과정으로 양쪽 모두의 변화를 필요로 한다.

27. 권력의 남용이나 잔혹행위가 일어난 과거에 대해 '진실'을 확인하기는 어렵다. 억압적인 정권에서는 과거의 진실이 조직적으로 왜곡된다. 가해자들이 자신의 악행을 피해자들이 잊어야 한다는 의미로 화해를 요구할 때는 화해라는 단어를 잘못 사용하는 것이다. 가해자들이 속히 화해하자고 피해자들에게 제안할 때도 마찬가지다. 피해자들의 요구는 제대로 다뤄지지 못하기 때문이다.

28. 기억은 과거의 진실을 밝힌다. 우리가 과거를 '어떻게' 기억하는가의 질문은 앞으로 우리가 어떻게 살아갈 것인가를 묻는 질문의 근거가 될 뿐 아니라 현재 우리가 어떻게 다른 사람들과 관계를 맺는가를 보여준다. 그러므로 기억은 치유와 화해의 과정의 중심을 차지한다.

29. 갈등의 상황에서 화해가 이뤄지기 전에 먼저 요구되는 것은 회개이다. 증오나 소외를 초래한 개인적 또는 집단적 잔혹행위가 일어났기 때문에

---

63) WCC, "화해의 사역인 선교", 172-79.

죄를 지은 자들이 회개하지 않는 한 화해는 이뤄질 수 없다. 참된 회개는 죄를 깨닫고 용서에 근거한 새롭게 화해된 관계에 대한 희망으로부터 온다행 2:38.

30. 정의는 화해 사역의 핵심이다. 세 가지 종류의 정의가 있다. 첫째 잘못을 행한 자가 자기행동에 대해 대가를 치르는 인과응보다. 둘째 피해자가 부당하게 빼앗긴 것을 직접 또는 상징적 방식배상/보상으로 회복하는 회복적 정의다. 셋째 사회제도가 개혁되어 과거의 불의가 미래에 일어나지 못하도록 방지함으로써 성취되는 구조적 정의다.

31. 용서가 없이는 화해를 이룰 수 없다. 가해자가 자신의 잘못을 회개하고, 피해자가 회개하는 가해자를 용서함으로써 피해자의 상처가 치유되고, 피해자와 가해자와의 관계뿐 아니라 공동체 전체가 회복되며, 새로운 미래로 나아가는 과정이 화해의 과정이다. 다른 사람을 용서하지 않는다면, 우리는 과거에 묶여 살 수밖에 없으며 다른 미래로 나아갈 수 없다.눅 19:1-10

32. 기독교의 본질은 사랑이다. 하나님의 형상대로 지음 받고 세례를 통해 재창조된 인간에게 성령을 통해 하나님의 사랑이 부어졌다롬 5:5, 갈 5:22. 이것이 원수를 사랑하라는 계명마 5:44이 성취가 불가능한 계명이 아닌 이유이다. 그렇지만 화해의 길은 멀고 어려울 수 있으며, "모든 것을 덮어 주며, 모든 것을 믿으며, 모든 것을 바라며, 모든 것을 견"디는고전 13:7, 표준새번역 사랑의 성령이 역사하지 않는다면 화해는 이뤄질 수 없을 것이다. 이 과정에서 우리는 소망을 잃지 않고, 온 세상에서 화해와 치유하는 성령의 활동에 동참해야 한다.

Ⅲ. 화해공동체로서 교회의 선교과제

33. 교회는 예수 그리스도를 통해 하나님과 화해영적를 이룬 공동체이다고후 5:18-19. 화해의 복음은 인간을 하나님, 이웃, 피조물과의 교제로 초대하는 하나님께 회심하라는 소명이다. 교회는 구원자 예수 그리스도를 통해 하나님과 화해영적를 이룬 하나님의 백성/자녀공동체로 화해의 사역을 감당하도록 부름받았다.

34. 교회의 화해선교사회적는 계급, 인종, 성, 종교, 사회-경제적 지위에 근거한 차별을 넘어 차별하는 자와 차별당하는 자 모두에게 하나님의 형상을 회복하는 것이다. 교회의 화해선교는 약자들과 함께하면서 그들을 강화시키는 선교이며, 가해자에게 회개를 촉구하는 선교이다. 화해공동체로서의 교회는 양자 모두에게 생명을 주는 선교를 해야 한다.

35. 교회는 "만물 곧 땅에 있는 것들이나 하늘에 있는 것들"골 1:20을 화해시키는 우주적생태적 화해선교를 감당해야 한다. 오늘 우리가 직면한 생태계 위기는 창조질서를 보존하는 청지기 직분을 교회가 소홀히 했기 때문이다.

36. 교회의 분열은 화해선교를 가로막는다. 분열된 교회는 그리스도의 몸으로부터 벗어난 교회이며고전 1:13, 성령의 마음을 아프게 만드는 교회이다엡 4:25-32. 만약 교회가 서로 화해할 수 없다면 교회는 복음의 요청을 거부하는 것이다. 현대 선교현장에서 개종강요 뿐만 아니라 개발과 교회 간의 원조로 야기된 경쟁과 분열의 선교는 그리스도의 화해사역을 가로막는다. 세계교회는 선교 안에서 일치를 추구하며 공동의 증언을

하기 위해 노력하고 있다.[64]

37. 교회가 권력의 유혹을 극복하고 분열을 넘어서서 화해선교를 감당하기 위해서는 화해의 영성이 필요하다. 화해의 영성은 스스로를 낮추고 비우는 것이며, 성령의 거룩하게 하며 변화시키는 능력을 경험하는 것이다. 화해의 영성은 오순절의 영성일 뿐 아니라 고난과 부활의 영성이다. 세계화로 인해 제국주의의 위기를 경험하는 상황에서 자기를 낮추는 영성은 구조적인 폭력과 불의 아래 살아가는 피해자와 가해자 모두에게 영향을 준다. 이런 상황에서 교회의 화해선교는 힘없는 사람들에게 권리를 주고, 권력자들에게 권리를 빼앗긴 사람들을 위해 스스로 그 힘을 포기할 수 있도록 하는 중재자가 되는 것이다. 자기를 비우는 영성은 십자가를 지는 영성이다. 가난한 자들이 끊임없이 고통당하는 이 시대에 비폭력을 통한 저항의 영성이 십자가를 지는 영성으로 화해와 치유에 반드시 필요한 영성이다.[65]

38. 지역교회의 화해선교의 과제는 예배와 선교의 통전을 이루고 영적-수직적, 사회적-수평적, 생태적-우주적 차원에서 균형이 잡힌 생명목회의 틀을 개발하는 것이다. 성도들에 대한 교육, 공동의 증언, 일치와 갱신을 통해 가난한 자와 사회적 약자들을 하나님 나라 일꾼으로 세우고, 나아가 사회 내, 국가 간 빈부격차와 다양한 차별을 극복하는 정의와 평화의 문화를 수립하는 생명선교의 틀을 개발하고, 지구생명공동체의 회복을 위해 선한 뜻을 지닌 이웃들과 함께 기후붕괴, 지구온난화, 에너지 위기, 경제위기, 식량위기 등을 극복할 수 있는 생명망을 형성해야 한다.

---

64) WCC, "화해의 사역인 선교", 182-83.
65) WCC, "화해의 사역인 선교", 184-85.

정의와 평화를 통한 생명공동체 구현

Ⅰ. 성서에 나타난 정의와 평화

39. 평화는 하나님의 사역의 핵심이다. 성서에서 하나님은 "평화의 하나 님"빌 4:9이시고, 그의 백성들에게 평화를 주시는 하나님의 복음 역시 "평화의 복음"이기 때문이다. 그리고 그리스도는 평화의 사역자이다. "그리스도는 우리의 평화이십니다. 그리스도께서는 유대 사람과 이방 사람이 양쪽으로 갈려 있는 것을 하나로 만드신 분입니다."엡 2:14-16, 표 준새번역 이처럼 그리스도를 통한 하나님의 사역의 핵심은 평화사역이다.

40. 평화의 어원인 샬롬은 완전성 또는 총체성을 의미한다. 본래 "완전하 게 하다", "옳게 고친다"라는 의미의 동사 '살렘'에서 만들어진 이 말은 평화라는 뜻뿐만 아니라 구원, 건강, 질서, 완전, 복지, 안전, 정의, 사 랑, 평안, 발전 등의 여러 가지의 의미를 내포한다.[66] 또한 평화란 하나 님, 인간, 만물과의 모든 관계가 올바르게 회복된 상태를 의미한다. 따 라서 성서에 나타난 평화는 단순히 분쟁과 전쟁의 부재라는 소극적 의 미를 넘어서서, 삶의 모든 영역에 있어서 인간의 행복을 위해 하나님이 주신 모든 것의 조화로운 상태[67] 또는 하나님, 이웃, 자신, 그리고 창조 세계와의 올바른 관계를 의미한다.[68]

---

66) John Macqurrie, *The Concept of Peace*, 조만 역, 『평화의 개념』 (서울: 대한기독교서회, 1980), 27-31.

67) 평화 개념의 이러한 포괄적 의미, 곧 총체성으로서의 평화개념에 대해서는 다음의 책을 참고 할 수 있음. Marlin E. Miller, "The Gospel of Peace," Robert L. Ramseyer, ed., *Mission and the Peace Witness: The Gospel and Christian Discipleship*(Scottdale, Pennsylvania: Her- ald Press, 1979), 12-13.

68) David Atkinson, *Peace in our Time*, 한혜경, 허천회 역, 『평화의 신학』 (서울: 나눔사, 1992), 159.

41. 성서가 말하는 평화는 정의와 밀접하게 연결되어 있다. "인애와 진리 가 같이 만나고 의와 화평이 서로 입맞추었으며 진리는 땅에서 솟아나 고 의는 하늘에서 굽어보도다"시 85:10-11. "공의의 열매는 화평이요 공의 의 결과는 영원한 평안과 안전이라"사 32:17. 한마디로 평화는 정의의 결 과이다. 따라서 정의가 없는 평화는 거짓 평화이고, 그 점에서 성서가 말하는 평화란 언제나 정의로운 평화peace with justice이다.

42. 성서의 하나님은 사랑의 하나님이며 동시에 정의의 하나님이시다. "여 호와는 정의의 하나님이심이라"사 30:18, 사 45:21, 신 10:17-18, 시 146:7, 사 58:6- 10라는 말씀이 보여 주듯이 정의는 하나님이 바라시는 어떤 것이 아니 라 하나님의 본성과 사역의 본질에 속한 것이다. 이러한 하나님의 정 의는 그리스도의 사역을 압축적으로 예시하고 있는 그리스도의 나사렛 설교눅 4:18-19에서 잘 드러난다. 여기서 하나님의 정의, 예수의 정의는 가난한 자, 포로된 자, 병든 자, 압제당하는 자 등 사회적 약자들이 당 하는 불의한 사회적 상황들이 시정되고, 그들의 인간다운 삶이 회복되 는 것을 의미한다. 따라서 성서적 정의는 잘못된 상황을 바로잡는 것을 의미하고 동시에 그것은 억압받고 가난한 사람들의 해방을 의미한다. 이 점에서 하나님의 정의는 회복적 정의이다.[69]

43. 그러기에 정의로운 평화는 종말론적 성격을 지닌다. 이는 평화의 완전 한 실현이 역사의 종말에 속한다는 의미이다. 그러나 평화가 성서에서

---

69) 회복적 정의는 피해자의 피해와 요구를 직시하고, 피해자의 피해를 바로 잡기 위해서 가해자 에게 책임을 지우며, 이 과정에 피해자, 가해자, 공동체 구성원을 참여시킬 것을 요구한다. 결 국 회복적 정의는 피해자의 피해와 요구를 해결하려고 하고 아울러 범죄의 원인까지 해결하려 고 함으로써 잘못을 바로잡기 위한 통합적인 노력이라 할 수 있다. 이러한 회복적 정의는 희생 자, 가해자, 가족, 공동체를 비롯하여 범죄에 의해 영향을 받은 사람들 모두를 적극적으로 포 함하는 정의 실천의 방법이다. 회복적 정의는 범죄에 관련된 사람들 모두를 존중하고 회복하 며, 깨어진 관계를 바로 잡아서 공동선에 기여하는 것을 목표로 한다.

종말론적 이상으로 제시되었다고 해서 그것이 이 세상에서 살고 있는 삶과는 무관한 저 세상적인 어떤 것을 의미하는 것이 아니다. 왜냐하면 "이제 내가 평화를 심어 주리니 포도나무는 열매를 맺고 하늘은 비를 내리며 땅은 소출을 내리리라."슥 8:12, 공동번역에서 보여 주듯이, 평화는 철저하게 이 세상적인 방식으로 인식되고 있기 때문이다. 여기서 우리는 이미실현된 평화와 아직 아님아직 완성되지 않은 평화의 긴장관계를 보게 되며 동시에 하나님의 선물로서의 평화와 인간의 과제로서의 평화라는 평화의 이중적 성격을 보게 된다.

II. 정의와 평화공동체로서의 교회

44. 평화는 하나님의 선물이며 동시에 하나님의 백성으로서의 교회공동체의 과제이다. 예수 그리스도로 말미암아 자신과 평화를 누리게 하신 하나님롬 5:1, 10은 우리가 평화를 이루며 살도록 부르시고 있기 때문이다고전 7:15. "모든 것이 하나님께로서 났으며 그가 그리스도로 말미암아 우리를 자기와 화목하게 하시고 또 우리에게 화목하게 하는 직분을 주셨으니"고후 5:18라는 말씀처럼, 교회공동체는 이미 하나님과 화해와 평화를 이룬 평화공동체선물이며 따라서 교회는 폭력이 난무하는 세상 속에서 평화의 복음을 전하며 하나님의 평화를 구현해가는 평화공동체가 되어야 하는 과제를 갖는다.

45. 이렇게 교회는 무엇보다 평화와 화해의 징표로서의 교회라는 특징을 갖는다.[70] 그러나 현실의 교회는 수많은 교회의 분열과 분쟁으로 말미암아 평화와 화해의 징표로서의 교회의 중요한 특징을 왜곡하고, 평화

---

70) 세계교회협의회, 기독교평화센터 역, 『정의로운 평화 동행』 (서울: 대한기독교서회, 2011)

의 복음에 대한 교회의 증거를 위태롭게 하고, 교회의 신뢰성을 약화시켰다. 따라서 교회가 평화의 복음을 전하기 전에 해야 하는 최우선적인 의무는 먼저 평화공동체로서의 교회가 되도록 노력해야 하는 일이다.

Ⅲ. 정의와 평화를 위한 교회의 과제

46. 하나님의 사역의 핵심이 평화를 만드는 일이었다면, 교회 사역의 핵심 역시 평화 만드는 일이어야 한다. "평화를 이루는 사람은 복이 있다. 그들이 하나님의 자녀라고 불릴 것이다."마 5:9, 표준새번역라고 하였기 때문에, 우리가 평화 만드는 일을 하지 않고서는 아무도 참된 그리스도인이 될 수 없다는 사실과 하나님의 평화는 언제나 정의의 결과로 나타나는 평화라는 점에서 교회의 평화건설 과제는 언제나 정의와 평화를 추구하는 일이라는 사실사 32:17을 기억해야 한다.

47. 정의와 평화를 추구하는 교회는 현존하는 전쟁을 반대하고 평화를 실현하는 일에 참여해야 한다. 교회의 평화 사역은 직접적인 폭력과 가장 극단적인 폭력의 형태인 전쟁을 막으려고 노력하는 모습에서 가장 잘 드러나기 때문이다. "분쟁을 해결하는 수단으로서의 전쟁은 우리 주 예수 그리스도의 교훈과 모범에 부합하지 않는다."71 따라서 교회는 전쟁 행위를 반대할 뿐 아니라 전쟁준비를 반대하고 핵무기를 반대하며 대량살상과 파괴에 대항해 인간의 생명을 지켜나가는 생명공동체가 되어야 한다.

48. 정의와 평화를 추구하는 교회는 폭력을 반대하고 없애는 일에 참여해

---

71) 세계교회협의회, 기독교평화센터 역, 『정의로운 평화 동행』, 64.

야 한다. 폭력이란 말은 라틴어 '침해하다'violate를 어원으로 하는데 이 말은 기본적으로 인간의 존엄성과 온전성을 침해하는 것을 의미한다. 한 인격에 대한 침해로서의 폭력은 크게 세 가지로 나누어진다. 첫째는 언어적 폭력과 신체적 폭력과 같은 직접적 폭력이다. 둘째는 사회구조 자체에서 일어나는 정치적 억압과 경제적 착취와 같은 구조적인 폭력이다. 셋째는 직접적 폭력과 구조적 폭력을 정당화하는 문화적 폭력이다. 그것은 행위자들로 하여금 직접적인 폭력을 수행하도록 하거나 구조적 폭력에 대응하지 않도록 만든다. 그러므로 정의와 평화를 추구하는 교회는 폭력을 야기하고 그것을 정당화하는 문화적 폭력에서부터 구조적인 폭력과 직접적인 폭력에 이르기까지 모든 폭력을 반대해야 한다.

49. 정의와 평화를 추구하는 교회는 세상의 모든 폭력과 악에 대해 저항하는 비폭력의 삶에 참여해야 한다. 예수께서 "칼을 가지는 자는 다 칼로 망하느니라"마 26:52라고 말씀하셨듯이 폭력은 폭력에 의해 극복될 수 없다. 폭력적인 세상에 평화를 가져오는 방법은 비폭력의 길 이외에 다른 길이 없다. 예수 그리스도는 하나님 나라의 실현을 통한 비폭력적인 방법으로 세상의 악을 전복시키셨다. 기독교인들이 비폭력을 실천해야 하는 이유도 여기에 있다. 비폭력은 복음의 핵심이며, 하나님의 성품을 반영한다마 5:45, 눅 6:35. 기독교인들은 평화를 추구하기 위하여 마땅히 비폭력을 실천해야 한다.

치유와 화해의 생명공동체운동의 비전과 과제

50. 한국교회는 치유하고 화해하는 하나님의 백성공동체엡 2:11-16의 사명을 감당하기 위해, 생명의 하나님의 말씀과 성령의 능력 안에서 하나님의

정의와 평화를 지향하며사 42:1-4 날마다 새롭게 변화하는 생명공동체를 형성해 나간다.

51. 지역교회들은 예배와 선교의 통합을 이루어 영적-수직적, 사회적-수평적, 생태적-우주적 차원에서 균형이 잡힌 치유와 화해의 복음사역을 실천하도록 자기 비움과 상호 의존성의 영성에 기초한 생명선교목회의 틀을 개발하여 한국교회의 지속가능한 성장을 도모한다.

52. 지역교회들은 성도들의 평생교육훈련과 지역사회를 섬기는 생명 디아코니아 사역의 증진을 통해 공동의 증언과 실천, 그리고 일치와 갱신을 이루도록 지역에큐메니칼 운동을 발전시킨다.

53. 지역교회들은 지구생명공동체를 향한 하나님의 치유와 화해의 사역에 참여하여 선한 이웃들과 더불어 영적, 사회적, 생태적으로 파괴된 생명망을 복원하는 '생명의 그물망 짜기' 사역을 강화한다.

54. '치유와 화해의 생명공동체운동 10년' 지원센터는 총회와 노회의 각 위원회와 사업부서의 사역을 생명공동체운동의 관점에서 재구성하여 지역교회의 치유와 화해의 복음사역 전개에 필요한 정책을 개발하고 공동사업을 전개한다.

(총회 연구단체협의회 작성)

6 • 평화선교지침

대한예수교장로회총회

21세기 세계의 상황은 평화의 왕으로 오신 예수 그리스도의 평화와 화해의 직분을 그리스도인들에게 요청하고 있다. 세계교회협의회World Council of Churches, 이하 WCC는 유엔UN의 '세계 아동을 위한 평화와 비폭력 문화를 위한 10년 운동'2001~2010과 내적가치를 공유하면서 '폭력극복 10년 운동'2001~2010, Decade to Overcome Violence, 이하 DOV을 진행하였다. 이에 대한예수교장로회 총회는 세계의 평화운동과 기조를 함께하며 '생명살리기 10년 운동'2001~2010을 진행하였으며, 이어 '치유와 화해의 생명공동체 운동' 2012~2020을 진행하고 있다. 이런 기조에 근거하여 총회는 평화로운 세상을 만드는 일에 동참하고자 하는 우리 모두의 신앙고백이자 실천의 걸음으로 "대한예수교장로회총회 평화선교지침"을 작성하게 되었다.

1. 평화가 필요한 세상

오늘날 세계 도처에서 일어나고 있는 갈등과 폭력, 테러와 전쟁 등은 지구화 된 세계의 평화를 위협하고 있다. 폭력문화에서 야기된 분리, 소외, 지배, 불의에 맞서기 위한 평화와 화해를 위한 긴급한 결단이 교회에게 요구되고 있다. 교회는 개인·공동체·지역·국가 간의 갈등과 폭력으로 인해 고통 받는 이웃을 위한 사역을 교회의 사명으로 재정립하고 평화선교의 과제를 수행해야 할 것이다.

세계교회는 폭력의 영역을 공동체의 폭력, 시장의 폭력, 지구에 대한 폭력, 그리고 민족과 국가 사이의 폭력으로 구분한다. 세계교회가 이렇게 폭력을 구분한 이유는 첫째로 폭력의 사례를 상세하게 설명하고 희생자들을 찾아내기 위해서이고, 둘째로 우리 주변에 있는 다양한 형태의 폭력을 무심히 지나치는 일이 없도록 하기 위해서이다. 셋째로 무엇보다 폭력에 희생되는 사람들에 대한 관심을 높여 폭력을 없애는 방법을 찾을 가능성을 높이기 위해서이다.

1) 공동체의 폭력

공동체의 폭력은 우리가 매일 생활하는 가정, 교회, 마을, 학교, 직장 등에서 일어나는 폭력을 말한다. 공동체 구성원들 사이에 존재하는 폭언과 폭행은 물론 차별, 멸시, 억압, 착취, 그리고 그런 폭력을 야기하고 정당화하는 구조와 문화까지 포함한다. 이런 폭력은 각 사람의 특징과 사람들 사이의 차이를 인정하지 않고 힘의 차이로 규정하는데서 비롯된다. 또한 힘의 차이를 핑계로 불평등한 관계를 만들고 그것을 전통, 관습, 문화 등을 이용해 정당화시키기 때문에 발생한다. 무엇보다 공동체 내에서 폭력이 생기고 지속되는 가장 큰 이유는 구성원들이 힘에 의한 폭력을 묵인하거나 승인하기 때문이다. 구성원 각자가 힘과 폭력의 관계를 성찰하지 않고, 그로 인한 희생에 무관심하며, 힘이 아닌 상호 인정과 존중에 의존하는 관계가 만들어지도록 공동체의 구조와 문화를 바꾸는 노력을 하지 않기 때문이다.

2) 시장의 폭력

시장의 폭력은 경제활동과 관련된 폭력을 말하며 많은 사람들의 삶과 생존을 위협하는 가장 치명적인 폭력이 되고 있다. 저임금 노동자에 대한 폭언, 폭행, 열악한 노동 환경 등은 가장 가시적인 폭력이다. 노동자에 대한 가시적 폭력을 가능하게 만드는 것은 약자의 희생을 강요하는 법과 제도를 합리화하는 폭력적 구조이다. 그로 인해 저임금 노동도, 열악한 노동 환경도, 부당한 해고도, 그리고 불공정한 부의 분배도 가능해진다. 시장을 절대적으로 신봉하는 경제 이론과 담론은 기업가와 투자자를 보호하고 노동자와 소비자를 희생시키는 것을 사회 전체의 경제 발전을 위한 최선의 선택으로 포장한다. 불공정한 부의 분배와 약자의 피해를 시장의 자유로운 작동 방식으로 합리화한다. 시장의 세계화는 모든 사회에서 불공정하고 불평등한 경제 구조와 문화를 강화시켜 1% 부자와 99%의 가난한 사람들로 구분되는 사회를 고착시키고 있다. 또한 사람들의 불평등한 경제 구조에 대한 무관심과 비윤리적인 투자와 소비도 시장의 폭력을 강화시키고 합리화시키고 있다. 시장의 폭력적 구조와 문화는 시간이 갈수록 강화되고, 세계 모든 곳에서 약자에 대한 착취와 부당한 부의 축적이 만연하고 있으며, 그로 인한 희생이 기하급수적으로 증가하고 있다. 비윤리적 생산, 소비, 투자는 증가하고 그로 인해 확대된 시장은 계속 희생을 만드는 악순환의 고리를 더욱 견고하게 만들고 있다.

3) 지구에 대한 폭력

지구에 대한 폭력은 지구공동체가 당면한 가장 큰 도전 중 하나로 지구온난화와 기후변화로 그 결과가 나타나고 있다. 지구온난화와 기후변화는 산업혁명 이후부터 시작된 급속한 이산화탄소 배출 증가에서 비롯됐다. 지구에 대한 폭력은 선진국과 개발도상국에 의해 이루어 졌으나 그 피해는 가난한 나라들, 특별히 가난한 사람들에게 집중적으로 나타났다. 방글라데시의 해수면 상승, 필리핀의 태풍 피해, 키리바시와 투발루의 영토 상실 위기, 동아프리카 국가들의 가뭄, 사하라사막 주변 국가들의 급속한 사막화, 인도와 멕시코의 가뭄 등은 가난한 사람들의 생존을 위협한다. 지구온난화와 기후변화에 대한 대응은 온실가스 배출 완화와 기후변화 적응이라는 두 가지 방식으로 요약된다. 배출 완화는 생산과 소비를 많이 하는 국가 및 사람과 관련된 것이고, 적응은 기후변화라는 현실에 직면한 지구상의 모든 사람들과 관련된 것이다. 우리사회와 세계의 비뚤어진 구조와 문화는 온실가스를 다량 배출하는 선진국, 선도적 개발도상국들, 그리고 부자들에게 책임을 묻지 않고 약자의 일상과 생존을 위협하는 폭력적 상황을 지속시키고 있다. 그러나 대부분의 사람들은 그런 비뚤어진 구조와 문화를 승인 및 묵인하고 자연 현상으로 왜곡하여 약자의 희생을 당연시하고 있다.

4) 민족과 국가 사이의 폭력

민족과 국가 사이의 폭력은 전쟁과 대량 살상을 야기한다. 세계는 20세기에 두 개의 잔인했던 세계대전을 겪었지만 전쟁의 경험은 전쟁의 포기로 이어지지 않았다. 오히려 무력 의존을 부추기는 사회 및 국가 구조와 문화를 강화하고 첨단무기 개발에 주력했다. 지금도 세계 곳곳에서는 전쟁과 살상이 계속되고 있다. 그럼에도 불구하고 전쟁은 여러 가지 이유로 정당화되고 있고 살상을 목표로 하는 무기 개발과 경쟁은 더욱 강화되고 있다. 민족과 국가 사이의 폭력과 관련해 우리가 직면한 현실은 남한과 북한의 무력 대결과 충돌, 그리고 무한 무기 경쟁이다. 무력 대결과 무기 경쟁이 곧 전쟁과 우리 민족의 희생 가능성을 높인다는 것을 알면서도 포기하지 않고 있다. 오히려 무기로 평화를 이룰 수 있다고 주장하며 무력 대결과 무기 경쟁을 정당화하는 구조와 담론을 만드는데 주력하고 있다. 많은 국민들이, 심지어 기독교인들조차 이런 구조와 담론을 지지하고 '불가피한' 전쟁을 묵인 또는 승인하고 있다.

지금까지 얘기한 네 가지 영역의 폭력은 모두 직접적·구조적·문화적 폭력을 포함하고 있다. 직접적 폭력은 물리력을 이용해 신체에 가해지는 폭력이고, 구조적 폭력은 다양한 사회 구조를 통해 가해지는 폭력이다. 문화적 폭력은 사상, 철학, 종교적 가르침, 언어 등 다양한 문화적 수단을 통해 가해진다. 사회가 발달하고 민주주의가 정착될수록 직접적 폭력에 대한 감시와 통제는 강화된다. 다른 한편 잘 드러나지 않는 구조적, 문화적 폭력은 교묘한 방식을 통해 강화된다. 공동체 안에서의 폭언, 기후변화로 인한 자연재해가 만든 인명 피해, 노동자들에게 가해지는 폭행, 무기에 의한 살상은 모두 직접적 폭력에 해당된다. 공동체 안의 힘에 의존한 위계질서, 해수면 상승에 직면한 나라를 외면하는 국제사회의 구조, 저임금을 묵인하는 법과 제도, 살상무기 수출을 외면하는 국제사회 구조 등은 모두 구조적 폭력에 해당된다. 가장 교묘하게 이루어지고 직접적, 구조적 폭력을 정당화시키고 지속적으로 영양분을 제공하는 것은 문화적 폭력이다. 사회와 경제가 발달할수록 문화적 폭력은 더 강화되고 확산된다. 약자의 복종과 희생을 승인하는 공동체의 관습, 기후변화 적응을 개인의 선택과 능력으로 포장하는 사회 담론, 부당한 부의 축적과 불공정한 제도를 개인의 능력과 시장의 자유라고 주장하는 경제 이론, 무력 대결과 무기 경쟁을 평화를 이루기 위한 수단이라고 호도하는 사상과 이론은 모두 문화적 폭력에 속한다.

평화는 이런 폭력이 사라질 때 성취된다. 평화는 이론적으로 소극적 평화와 적극적 평화로 구분된다. 소극적 평화는 직접적 폭력이 사라질 때 성취되며 신체의 안전을 보장하는 최소한의 평화로 여겨진다. 그런데 직접적 폭력의 가장 극단적인 사례가 전쟁인데 전쟁의 가능성이 상존하는 한반도는 소극적 평화조차 성취되지 않는 상황이다. 적극적 평화는 직접적 폭력은 물론 구조적, 문화적 폭력까지 사라질 때 성취된다. 평화 또는 평화의 실천은 적극적 평화를 성취해 가는 과정으로 여겨진다. 우리 주변에는 매일 폭력에 직면하는 삶을 살면서 살아남기 위해 평화를 필요로 하는 사람들이 많다. 우리 교회는 그들을 외면할 자유가 없고 그들의 고통을 덜어주기 위해 최선을 다할 의무가 있다. 평화로운 관계와 공동체를 만들어 이 땅위에 평화로운 하나님의 나라를 만드는 것이 성경의 가르침이고 폭력에 희생당하는 사람들을 위해 평화로운 세상을 만드는 일이 이웃을 사랑하는 최고의 방법이기 때문이다.

2. 평화를 향한 세계교회의 순례

우리는 이와같이 평화가 필요한 세상 속에서 세계교회는 어떤 평화의 여정을 걸어왔는지 세계교회협의회WCC를 중심으로 살펴보고자 한다. WCC는 제1·2차 세계대전이라는 참화에 대한 반성으로 탄생한 것이기에 태생적으로 평화를 지향한다. 지난 20세기에 최소 1억 6천만 명의 생명이 군사적 분쟁으로 죽었다. 그래서 WCC는 자신을 '여러 평화운동을 연합하는 몸'으로 이해하고, 교회를 '평화를 만드는 사람들의 공동체'로 주장한다.

1) 책임사회 건설에서 폭력극복 10년 운동까지

1948년 네덜란드의 암스테르담에서 열린 WCC 제1차 창립총회는, "분쟁을 해결하는 수단으로써의 전쟁은 우리 주 예수 그리스도의 모범과 부합하지 않는다. 현재 우리의 국제화된 삶에서 전쟁의 역할은 하나님에게 반하는 죄이며 인간의 퇴보다"라고 명확하게 선언했다. 그리고 교회가 평화를 이루기 위해 '책임사회'responsible society 건설을 위해 함께 일하자는 제안이 나왔다. 1954년 미국의 에반스톤에서 열린 제2차 총회는 평화를 위해 UN 중심의 국제규범 준수, 군축, 군비통제와 같은 국제적 노력뿐만 아니라 사회적 정의를 이루기 위한 국내적 노력도 함께 추진되어야 한다고 강조했다. 미소 냉전이 가시화되던 1961년에 인도 뉴델리에서 열린 제3차 총회는 미소의 무기개발 경쟁을 비판하고 양국의 핵실험 중단을 강력히 촉구했다. 1968년 스웨덴의 웁살라에서 열린 제4차 총회는 같은 해에 체결된 핵확산금지조약NPT을 환영하면서도 한걸음 더 나아가 지하 핵실험의 중지, 핵 선제공격 전략의 폐지, 생화학 무기의 생산과 배치의 중지를 요구했다. 1975년 케냐의 나이로비에서 열린 제5차 총회는 한편으로는 같은 해 체결된 헬싱키협약유럽 안보와 협력에 관한 협약을 환영하면서도 다른 한편으로는 여기서 한걸음 더 나아가 진정한 평화는 구조적 폭력을 극복한 정의로운 사회에서 가능하다고 천명하면서 '정의롭고 참여적이며 지속가능한 사회'Just, Participatory, Sustainable Society 〗JPSS라는 새 모델을 제시했다.

1983년 캐나다의 밴쿠버에서 열린 제6차 총회가 여러모로 중요하다. 이 총회는 "평화는 단순히 전쟁이 없는 상태가 아니다. 평화는 불의의 기초 위에 건설될 수 없다. 평화를 위해서는 모든 민족 간 그리고 모든 민족 내의 정의, 그리고 하나님께서 주신 모든 사람의 인간성과 존엄에 대한 존중에 토대를 둔 새로운 국제질서가 필요하다"고 선언했다. 참된 평화는 정의에 기초한 평화여야 한다는, 오늘날 잘 알려진 평화의 공식을 공포한 것이다. 특별히 밴쿠버에서는 전쟁과 불의의 문제뿐만 아니라 생태문제가 부각되면서 이전의 JPSS 모델이 '정의, 평화, 창조질서의 보전'Justice, Peace, and Integrity of Creation, JPIC이라는 패러다임으로 전환된다. 이것이 1990년 서울에서 열린 JPIC 대회와 1991년 호주의 캔버라의 제7차 총회로 이어져나갔다.

하지만 다시 한 번 WCC 평화운동의 패러다임 전환의 계기가 왔다. 동구권 사회주의의 붕괴와 냉전의 종식으로 세계가 더 평화로워질 것이라는 기대와 달리 이후 발칸반도와 아프리카에서 대량학살이 벌어지고, 남미의 내전, 걸프전, 신자유주의 세계화와 지구온난화 등, 지구촌에 좀처럼 멈추지 않는 폭력의 악순환이 목격된 것이다. 이에 대한 응답으로 1998년 짐

바브웨의 하라레에서 열린 WCC 제8차 총회는 '폭력극복 10년 운동'DOV을 결의했다. 세계교회는 전쟁이 아니어도 현대 사회와 문화 곳곳에 스며들어있는 폭력의 심각성을 인지한 것이다. 그런데 큰 희망을 가지고 시작한 21세기마저도 9.11테러로 인한'테러와의 전쟁'으로 세계의 평화가 위협을 받게 되자 2006년 브라질의 포르토 알레그레에서 열린 WCC 제9차 총회는 "하나님, 당신의 은혜로 세상을 변화시키소서"라는 주제를 내걸고 폭력으로 얼룩진 인간의 문명 자체가 하나님의 은총 아래 근본적으로 변혁되어야 함을 강조하게 되었다. 그리고 DOV 10년을 마감하는 행사로 2011년 자메이카의 킹스턴에서 열린 〈국제 에큐메니컬 평화회의〉는 이전까지 세계교회가 전개해 온 평화운동을 결산하면서 WCC의 새로운 평화선언으로서「정의로운 평화에 대한 에큐메니컬 선언」과 이의 해설서인『정의로운 평화 동행』을 내놓기에 이르렀다. 그리고 이를 2013년 한국에서 열린 제10차 WCC 부산총회에서 온 세상에 새로 선보였다.

2) 정의로운 평화

WCC의 새로운 평화선언의 핵심어는 '정의로운 평화'Just Peace이다. 왜 WCC는 이와 같은 새로운 개념의 평화를 선언했을까? 이를 알기 위해서는 기독교에 지금까지 있어 온 두 가지의 주요 평화전통을 이해해야 한다. 기독교에는 두 개의 주요 평화이론, 혹은 평화전통이 있다. 하나는 '정당전쟁론'just war theory이고, 다른 하나는 '평화주의'pacifism이다. 정당전쟁론은 역사적 주류교회의 전통이고, 평화주의는 비폭력을 강조하는 역사적 평화교회의 전통이다. 두 전통 다 기독교의 '평화' 전통이라는 것을 상기하는 것이 중요하다. 초대 기독교 공동체는 적극적인 비폭력 평화주의를 지향했다. 그리고 처음 3세기 동안 초대교인들은 전쟁과 군 입대에 동의하지 않았다. 하지만 4세기부터 기독교의 정체성은 황제권력과 조화를 이루는 방식으로 바뀌었고 중세에는 십자가와 칼의 신학으로 무장한 '기독교 국가체제'Christendom 가 형성되었다. 거기서부터 정당전쟁론이 기독교의 주류사상으로 지배하게 된다. 하지만 정당전쟁론의 본래의 취지는 전쟁에 정당성을 부여해주기 위한 것이 아니라 거꾸로 사회적 평화와 정의라는 궁극적 목표를 위해 전쟁에 신중하게 윤리적 제한을 가하려는 것이었다. 사실 기독교적으로 정당화될 수 있는 전쟁의 기준은 너무도 엄격했기에 글자그대로 '정당한' 전쟁이 될 수 있는 경우는 거의 없었다. 하지만 불행히도 실제의 역사에서 정당전쟁론은 다른 인간에 대한 폭력을 정당화시키는 종교적 원리가 되어 버렸다.

이와 달리 기독교 평화주의는 늘 소수자의 전통이었다. 그것은 수도원에서 시작하여 중세 급진개혁운동을 거쳐 재세례파와 같은 현대 역사적 평화교회로 이어졌다. 이 세상에 대한 대안적 공동체를 지향하는 역사적 평화교회는 언제나 국가권력과 거리를 두려고 노력했으며, 양심적 병역거부와 무기소지거부 운동으로 자신을 가시적으로 드러냈다. 이러한 기독교의 두 평화전통은 공통적으로 비폭력적 평화운동과 원수 사랑이라는 복음의 요청을 선호하고, 살상을 하나님의 뜻에 위배되는 것으로 간주하며, 전쟁에서 폭력을 사용하는 것을 죄로 인식한다. 하지만 인간의 삶에 실질적으로 존재하는 폭력에 대해 어떻게 대응하느냐 에 따라 차이가 발생한다. 정당전쟁론에서 폭력은 '최후의 수단'으로 사용될 수 있다. 하지만 기독교 평화주의는 이른바 '최후의 수단'으로만 무력을 사용한다는 주장이 실제로는 폭력의 악순환에 기여했음을 비판한다. 실제의 역사에서 주류교회는 십자군운동, 스페인 국토회복운동, 남미에 대한 침략, 그리고 16~17세기 유럽의 종교전쟁에 적극 가담함으로써 정당전쟁 전통은 전쟁과 폭력에 신학적 정당성을 제공하는 이론으로 잘못 사용되었다는 비판을 면키 어렵게 됐다. 하지만 기독교 평화주의는 어떤가?

WCC는 창립 때부터 확고히 기독교 평화주의의 입장에 서 있었다. 1948년 암스테르담 창립총회에서 전쟁은 하나님의 뜻에 반대된다는 성명서를 발표하면서 WCC는 거기에 이렇게 덧붙였다. "전쟁은 오늘날 전면전이며, 모든 남자와 여자가 동원된다. 게다가 공군력의 사용, 핵폭탄과 다른 새로운 무기의 발명을 통해 현대전에서는 과거의 전쟁들에서 경험하지 못한 광범위하고도 무차별적인 파괴가 가능하다. 이러한 오늘의 상황에서, 정당한 대의와 정당한 수단의 사용을 요구하는 정당전쟁의 전통은 심각한 도전을 받고 있다." 이어 WCC는 1975년 나이로비 총회에서 "교회는 대량살상무기에 의한 보호 없이도 살 수 있다"고 선언하였고, 1983년 밴쿠버에서는 "핵무기의 생산과 배치와 사용은 인류에 대한 범죄"임을 선포하였으며, 1990년 서울 JPIC 대회에서는 "적극적인 비폭력을 통해 정의를 세우고 평화를 이루며 갈등을 해결하겠다"고 선언했다. 한마디로 오늘날 세계교회는 더 이상 어떤 전쟁도 정당하거나 정의로운 전쟁이 될 수 있다고 생각하지 않으며, 군사력 사용에 대한 모든 신학적 정당화를 단호히 거부하고, 한 목소리로 핵무기를 포함한 모든 대량살상무기를 반대한다. 하지만 세계교회는 1998년 하라레 총회 이후 '폭력 극복 10년'DOV 운동을 전개하면서 기독교 평화주의도 종종 폭력에 무저항적인 태도를 보임으로써 악으로 가득한 세상에서 정의를 충분히 실현시키지 못하는 유약한 전통으로 전락했으며 종종 평화주의가 "때로 공적인 책임을 방기하고 영적인 삶이라는 분파적 보호지대로 도피하는 구실로 사용"되었음을 목도하였다.

그렇다면 이제 세계교회는 정당전쟁론은 물론이고 기독교 평화주의마저 넘어서는 새로운 평화의 신학과 실천방안을 모색해야 하는 것이다. 그것은 기존의 두 기독교 평화전통을 넘어서는 제3의 길이 되어야 할 것이다. 그 길은 전쟁을 통한 평화의 길도 아니고 단지 평화를 외침으로써 평화에 이르는 길도 아니다. "이제 우리는 전쟁을 통해서가 아니라 정의를 통해 평화로 이행한다." 1994년 남아프리카공화국의 요하네스버그에서 열린 WCC 중앙위원회의 이 유명한 선언이 단초가 되었다. 이제 세계교회는 전쟁을 통해서는 물론 아니고 단지 평화를 외침으로써만이 아니라 '정의를 통해' 평화의 길로 나아간다. 이것이 바로 WCC 새 평화선언의 중심어인 '정의로운 평화'Just Peace의 핵심이다. 세계교회 평화운동에 있어서 '패러다임의 전환'이 일어난 것이다. 이 '정의로운 평화'는 구체적으로 특별히 "비폭력의 실천과 갈등의 평화적 해결"을 추구하며 구체적으로는 무기사용의 반대, 사회정의, 법의 지배, 인권존중, 그리고 인간안보를 강조한다.

3) 정의에 기초한 평화, 샬롬

이러한 '정의로운 평화'는 성서가 말하는 '샬롬의 평화'에 한발 다가선 것이라 볼 수 있다. 샬롬shalom은 적극적 평화다. 그 평화는 갈등과 전쟁이 사라진 상태 이상을 의미한다. 샬롬의 평화의 핵심은 정의의 실천이다. 샬롬은 '정의에 기초한 평화'이기 때문이다. 샬롬의 평화는 모든 관계가 올바로 설정되어 서로 조화를 이루는 온전한 평화이기도 하다. 정의를 통해 평화에 이르는 새로운 평화의 길이 제시되었다. 이 길에 한국교회도 동참하도록 초대되었다. 1989년 모스크바에서 열린 WCC 중앙위원회는, "한반도의 분단은 세계의 분단이 상징적으로 축소된 것이다... 우리는 한민족의 십자가가 우리 모두의 부활로 이어질 수 있도록 기도한다"고 말했다. 선언문이 발표된 지 사반세기가 흘렀지만 한반도에서는 오히려 미중 신냉전 시대의 도래, 일본의 재무장화, 북한의 핵실험, 핵폭격기를 동원한 한미군사훈련 등이 벌어지고 있다. 우리는 세계교회가 제시한 새로운 평화의 길로 나아가면서 세계교회가 지난 1989년 모스크바에서 한반도를 위해 드리기로 한 기도를 계속 드릴 수 있도록 더욱 합심해서 노력해야 할 것이다.

3. 평화에 대한 성서적, 신학적 이해

평화는 우리 인간에게 위임되기 이전부터 하나님의 근본 속성이다. 하나님 없이 평화를 이루려는 사람은 우리가 낙원에서 더 이상 살지 못하고 죄를 범한 존재임을 잊은 것이다. 평화가 없는 상태는 하나님과 인간 사이의 일치가 깨졌다는 표시이다. 이 깨진 파편들을 연결시켜 주신 분이 화해의 예수 그리스도이며 세상의 모든 사람들이 존중하며 상호 공감과 연민의 세상을 만들도록 영감을 주시는 분이 성령님이시다.

1) 하나님의 사역의 핵심으로서의 평화

신약성서에서 하나님은 "평화의 하나님"으로, 복음은 "평화의 복음"으로 이해된다. 이는 하나님의 사역의 핵심이 평화였음을 보여주는 것이다. 하나님은 그리스도를 통해 우리에게 평화를 주셨다. "여호와께서 자기 백성에게 힘을 주심이여 여호와께서 자기 백성에게 평강의 복을 주시리로다 시29:11" "그는 우리의 화평이신지라 둘로 하나를 만드사 중간에 막힌 담을 허시고 원수된 것 곧 의문에 속한 계명의 율법을 자기 육체로 폐하셨으니 이는 이 둘로 자기의 안에서 한 새 사람을 지어 화평하게 하시고 또 십자가로 이 둘을 한 몸으로 하나님과 화목하게 하려 하심이라" 엡2:14~16 이 말씀처럼 그리스도를 통한 하나님의 사역의 핵심은 평화사역이었다.

2) 완전성 또는 총체성으로서의 평화

평화에 대한 히브리어, 샬롬의 기본적 의미는 "완전성", 또는 "총체성"이다. 본래 "완전하게 하다" "옳게 고친다"는 의미의 동사 "샬렘"에서 만들어진 이 말은 평화라는 뜻뿐만 아니라 구원, 건강, 질서, 완전, 복지, 안전, 정의, 사랑, 평안, 발전 등의 여러 가지의 의미를 내포하고 있다. 따라서 성서적 평화는 단순히 분쟁과 전쟁의 부재라는 소극적 의미를 넘어서서, 삶의 모든 영역에 있어서 인간의 행복을 위해 하나님이 주신 모든 것을 내포하는 적극적이고도 포괄적인 의미를 지닌다고 하겠다. 또한 평화는 올바른 관계 속에서 존재한다. 최상의 평화는 올바른 관계 속에 거함에 따른 즐거움과 만족에 대한 것이다. 그리고 이 관계란 하나님, 이웃, 자신, 그리고 환경과의 관계를 의미한다. 인간과 자연의 관계 등 인간의 총체적인 차원의 모든 관계가 올바르게 되어 있는 상태를 의미한다고 할 수 있다. 달리 말해 성서의 "샬롬"이란 사물이 있어야 하는 대로 있는 올바름의 상태를 의미한다.

3) 정의의 실현으로서의 평화

성서가 말하는 평화는 정의와 밀접하게 연결되어 있다. 시편 85편 10절의 "긍휼과 진리가 같이 만나고 의와 화평이 서로 입 맞추었으며"라는 말씀에서 볼 수 있듯이 구약성서의 평화에 대한 이해의 본질적인 것은 정의이다. 또한 예언자들은 억압에 의존하는 표면적인 어떤 안정도 거짓된 평화정의 없는 평화라고 비판한다. 이사야 32장 17절에서 "공의의 열매는 화평이요 공의의 결과는 영원한 평안과 안전이라"라는 말씀은 한마디로 평화는 정의의 결과임을 보여준다.

따라서 진정한 평화란 전쟁이나 폭력이 없는 소극적 평화의 상태만을 의미하지 않는다. 왜냐하면 그것은 폭력과 전쟁의 근본적인 원인인 강자의 오만과 불의와 착취와 억압의 제거와 정의의 실현 없이는 평화가 이루어지지 않기 때문이다. 몰트만은 불의와 폭력이 있는 곳에 평화는 없으며, 평화가 정의를 가지고 오는 것이 아니라 정의가 평화를 가지고 오며, 정의가 평화를 창조한다고 주장한다. 참된 평화는 사랑이 결실을 맺을 때 완성되는 것이다. 왜냐하면 사랑은 정의의 성취이며 정의는 사랑의 필연적 도구이기 때문이다.

4) 종말론적 구원으로서의 평화

성서에 나타난 평화는 종말론적 성격을 지닌다. 이는 평화의 완전한 실현이 역사의 종말에 속한다는 의미이다. 그러나 평화가 성서에서 종말론적 이상으로 제시되었다고 해서 그것이 이 세상에서 살고 있는 삶과는 무관한 저 세상적인 어떤 것을 의미하는 것은 아니다. 왜냐하면 스가랴 8:12절 "이제 내가 평화를 심어 주리니 포도나무는 열매를 맺고 하늘은 비를 내리며 땅은 소출을 내리리라"말씀은 평화가 철저하게 이 세상적인 방식으로 인식되고 있음을 보여주고 있기 때문이다. 여기서 우리는 이미실현된 평화와 아직 아님아직 완성되지 않은 평화의 긴장관계를 보게 되며 동시에 하나님의 선물로서의 평화와 인간의 과제로서의 평화라는 이중적 성격의 평화를 볼 수 있다

4. 평화선교란 무엇인가?

1) 평화란

평화는 사람들 사이의 평화로운 관계와 그런 관계에 기반한 평화로운 공동체가 만들어지고 다양한 사람들의 평화로운 공존이 이뤄질 때 성취된다. 평화로운 관계, 공동체, 그리고 공존을 위해서는 소외와 배제가 아닌 참여와 포용에 기초한 평화로운 구조가 만들어져야 하고, 문제와 갈등을 평화롭게 해결하고 화해를 통해 관계와 공동체를 회복시키는 체계와 과정이 만들어져야 하며, 궁극적으로 평화 문화의 정착을 통해 평화로운 관계, 평화로운 공동체, 평화로운 공존이 지속돼야 한다.

2) 선교란

선교는 하나님의 백성들이 세상 안에서의 하나님의 행위에 참여하는 것이다. 이 세상 안에서의 하나님의 행위 또는 하나님의 선교는 무엇인가? 그것은 한마디로 생명과 평화의 선교이다. 왜냐하면 성서의 하나님은 무엇보다도 모든 생명을 창조하신 분이며, 모든 죽어가는 생명을 살리고 풍성하게 하시는 생명의 하나님이기 때문이다. 또한 성서의 하나님은 평화의 하나님이시고, 그리스도를 통한 하나님의 사역의 핵심도 바로 평화사역이었기 때문이다엡 2:14-16. 따라서 하나님의 선교에 참여해야 하는 교회의 선교 역시 생명의 선교, 평화의 선교이어야 한다.

3) 평화선교란

평화선교는 구약을 관통하는 샬롬의 실현이며 그 자신이 평화이신 예수 그리스도를 경험케 하는 사역이다. 평화선교는 산상수훈에 나타난 예수 그리스도의 원수 사랑과 비폭력의 정신의 맥을 이어나가는 것이다. 십자가에서 자신을 희생하여 화해를 이루신 예수 그리스도의 삶과 죽음은 우리가 "기독교적인"평화사역이라고 규정할 수 있는 매우 독특한 평화의 길을 보여주고 있다. 이런 평화에 대한 관심은 산상수훈을 실천하기 위하여 노력하였던 초대교회와 급진적인 종교개혁자들을 통해 역사적으로 전승되었고 지금도 평화전통을 계승하는 그리스도인들을 통해서 역사의 현장에서 실천되고 있다. 즉 평화선교는 하나님의 백성들이 하나님의 선교에 근거해서 인간 삶의 모든 포괄적 영역육체적 차원, 물질적·물리적 환경의 차원, 정신적 차원, 정치·경제·사회적 차원, 생태적 차원, 영적 차원 등에서 행하는 평화사역 또는 평화운동을 의미한다.

① 평화선교는 평화로운 관계와 공동체를 만드는 사역이다.

평화선교는 신앙공동체인 교회 안에서 성도들 사이 평화로운 관계를 만들고 교회를 평화로운 신앙공동체로 변화시키기 위해 신앙적 노력과 행동을 하는 것을 말한다. 또한 폭력과 갈등의 사회와 세계의 현실 속에서 교회가 평화를 만들고 화해를 이루는 사역에 매진하는 것을 말한다. 평화로운 관계는 관계 안에 폭력적 요소가 없는 것을 말한다. 이것은 곧 직책, 나이, 권한 등에 의존하는 힘의 관계가 아니라 존중과 배려에 기초한 관계를 말한다. 평화로운 공동체는 소수에게 힘과 권한이 집중되어 다수는 배제되고 소외되는 구조가 아니라, 모두의 참여가 보장되고 공동으로 결정이 이뤄지는 공동체를 말한다. 평화로운 관계와 공동체는 개인의 선택이 아닌 공동체의 결단이 되어야 하며 그러기 위해서는 존중과 배려의 문화와 참여와 포용의 구조가 체계적으로 만들어지고 실행돼야 한다. 평화사역은 이런 변화와 실행을 촉구하고 고안하며 실행하는 노력과 행동 모두를 포함한다. 평화로운 관계와 공동체를 만드는 일은 교회 밖의 사회와 세계에도 적용돼야 한다. 평화롭지 않은, 다시 말해 폭력적인 관계와 공동체로 인한 희생을 중단시키고 더 이상 희생이 생기지 않도록 하는 것이 교회와 기독교인의 평화선교가 되어야 한다.

② 평화선교는 평화가 깨진 곳에서 평화를 만드는 사역이다.

갈등과 적대관계에 있는 당사자들이 싸움을 끝내고 관계의 회복과 화해를 이룰 수 있도록 지지하고 돕는 사역이다. 하나님의 땅 곳곳에서 폭력과 전쟁을 야기하는 증오, 복수, 전쟁에 대한 욕망을 평화의 희망으로 바꾸는 일, 팽배한 폭력문화를 평화문화로 바꾸는 교육과 활동을 만들고 실행하는 일, 서로 다른 입장으로 대립하는 개인과 집단 사이 대화의 장을 만드는 일, 서로 다른 과거의 기억과 역사적 이해로 인한 개인과 집단 사이 갈등을 끝내도록 돕는 일을 하는 사역이다. 이처럼 평화선교는 갈등,

폭력, 전쟁이 지속되는 곳에서 대립과 증오를 중단시키고 평화의 토대를 만들며 마침내 평화로운 관계와 공동체를 회복을 통해 평화를 정착시키기 위해 당사자들과 함께 일하는 사역이다.

③ 평화선교는 모두가 평화롭게 공존하는 세상을 만드는 사역이다.

약한 자들의 생존과 행복한 삶을 위협하는 비뚤어진 시장의 구조에 대해 문제를 제기하고 그것을 바로잡음으로써 고통 받는 사람을 줄이고 마침내는 모든 고통을 중단시키는 사역이다. 우리사회와 세계의 경제를 장악하고 있는 불공정하고 비윤리적인 부의 축적 방식과 부의 불공정한 분배, 그로 인해 만연된 폭력과 희생을 밝히고 마침내 중단시키는 사역이다. 교회와 기독교인 각자가 폭력적인 시장 구조를 거부하고 공정하고 윤리적인 경제활동과 부의 축적으로 부자와 빈자, 기업가와 노동자의 평화로운 공존이 가능한 시장 구조를 만드는 사역이다. 평화사역은 또한 인간의 지나친 소비와 개발로 신음하는 지구를 하나님이 만드신 상태로 되돌리기 위해 노력하는 사역이다. 지구온난화 및 기후변화로 인한 지구환경의 파괴와 인간의 희생을 줄이기 위해 교회와 기독교인 각자가 삶을 바꾸도록 촉구하는 사역이다. 특별히 지구온난화 및 기후변화가 야기한 빈번한 자연재해가 가져온 가난한 나라들과 가난한 사람들의 희생을 줄이기 위해 우리사회와 세계의 구조를 감시하고 바꾸기 위해 행동하는 사역이다.

④ 평화선교는 모든 전쟁, 무장 폭력, 전쟁 준비에 반대하고 핵무기 등의 대량살상무기를 반대하는 사역이다.

칼을 쳐서 쟁기를 만들고 창을 쳐서 낫을 만들라는 예언자들의 말처럼 평화선교는 총을 모아 온갖 씨앗들을 심는 파종기를 만들고, 탱크를 고쳐 포신에서 알곡들이 쏟아져 나오는 탈곡기를 만드는 사역이다. 전투기를 고쳐 택시를 만들고, 전투 헬기들을 고쳐 인명구조용 응급헬기를 만드는 사역이다. 구축함을 오대양 육대주를 다니는 세계일주학교를 만들고 항공모함을 고쳐 축구경기로 전쟁을 대신하는 이동 축구장을 만드는 사역이다. 모든 군인들을 자신들의 논과 밭으로, 목장과 공장으로 돌려보내서 싸우고 죽이는 일이 아니라 살리고 생산하는 일을 하게 하는 것이 평화선교이다. 남이 나를 해칠지 모른다는 두려움, 남을 이겨야만 평화가 온다는 안보 논리, 핵무기를 통해 안전을 보장받겠다는 파멸을 향한 생존 방식 등을 거부하고 평화적 방법으로 평화를 만들고 지속시키는 것을 가능하게 만드는 사역이다. 대립과 증오가 아닌 이해와 대화로 민족과 국가 사이의 평화를 만들고 평화로운 공존을 성취하는 사역이다.

5. 비폭력문화와 폭력문화

우리는 이 장에서 교회 안에 있는 비폭력 문화와 폭력문화에 대해 살펴보고자 한다. 이것은 교회 내에 평화문화를 만들기 위한 교회의 실천과제로 연결하기 위하여 필요한 일이다. 문화는 오랜 시간에 걸려 형성되고 많은 사람들에게 자연스럽게 영향을 미치기 때문에 한 번 형성된 문화를 바꾸는 일은 아주 지난한 과제이다. 따라서 비폭력문화를 평화문화로 전환시키는 것은 근본적으로 평화를 확산시키는 일이다. 이런 이해 가운데서 평화를 위한 탐색과 행동, 평화문화를 만드는 일, 그리고 신앙의 공동체를 넘어 세상 곳곳에 평화문화를 확산시키는 구체적인 방법을 알아보고자 한다.

1) 비폭력 문화

폭력이 일상화된 세상 속에서 폭력을 당하는 인간이 보이는 본능적인 반응은 대개 두 가지로 나타난다. 하나는 대항폭력이고, 다른 하나는 도피이다. 그러나 예수님은 폭력에 대한 올바른 대응으로 제3의 길을 제시하셨는데 그것이 바로 비폭력이다. 이것은 폭력적인 반격도 아니고마 26: 52. 눅 9:51-56, 굴종하는 것도 아니며, 싸우는 것도 아니고, 도망치는 것도 아닌 제3의 길이다. 예수님의 가르침은 사회적, 정치적 진공상태에서 일어난 것이 아니라 로마제국 시대의 폭력적인 지배체제 속에서 나타난 것이며, 세계를 초월하는 비정치적인 메시지를 주려고 한 것이 아니라 세상의 지배체제에 대한 대안으로서의 새로운 삶의 방식을 보여주신 것이었다. 이 새로운 삶의 방식이 바로 비폭력이다. 비폭력은 복음의 핵심이다.

① 비폭력 문화는 모든 폭력에 반대하는 반폭력 문화이다.

하나님 나라의 문화로서 비폭력 문화란 무엇보다도 모든 폭력에 반대하는 반폭력 문화이다. 하나님 나라의 도래를 선포하신 예수님은 폭력을 거부하셨다. 교회는 아무런 조건 없이 비폭력을 긍정해야 하는데 왜냐하면 비폭력이 곧 하나님의 탈지배적인 질서가 오고 있는 길이기 때문이다

② 비폭력 문화는 인간(생명)존중과 다양성 존중의 문화이다.

비폭력 문화란 모든 종류의 지배를 극복하기로 단호한 결심을 하면서 그들의 계급과 역할이 무엇이든 각 사람의 거룩함을 존중하기로 헌신 약속하는 것이다. 동시에 그것은 하나님이 천지를 창조하셨을 때 다양성을 존중하셨고, 여전히 그 다양성을 존중하고 계시기 때문에 사람들의 차이와 다양성을 존중하는 것이다.

③ 비폭력 문화는 모든 차별을 거부하는 평등의 문화이다.

폭력문화는 사람들이 동등하지 않다고 주장한다. 또 그것은 어떤 사람

들을 열등한 사람들이라고 주장하며 사람들을 차별하기도 하고, 또 어떤 사람들을 원수라고 규정하거나 사람으로 여기지 않는다. 이런 잘못된 인식이 사람들을 죽일 수 있게 하고, 전쟁을 일으키게 하는 것이다. 이렇게 폭력문화는 사람을 차별하지만 하나님 나라의 문화로서 비폭력 문화는 모든 사람은 모든 사람에게 평등하다고 주장한다.

④ 비폭력 문화는 고통당하는 사람들의 아픔에 참여하는 공감의 문화이다.

폭력은 공감이 이루어지지 않는 곳과 타인이 겪고 있는 고통에 대한 깊은 배려가 없는 곳에서 발생하게 된다. 폭력문화는 사회적 약자들의 고통에 둔감하지만 비폭력 문화는 사회적 약자들의 고통에 민감하게 반응한다. 비폭력의 길을 가는 사람들은 고통당하는 사람들 속에 비폭력의 하나님이 함께하심을 본다.

⑤ 비폭력 문화는 폭력과 불의에 저항하는 정의의 문화이다.

폭력의 문화가 사람들을 억압하고 착취하며 죽음으로 몰아가는 불의의 문화라고 한다면, 비폭력의 문화는 고통당하는 사람들과 함께 연대하며 불의에 저항하는 정의의 문화이다. 사 58:6-14, 암 5:21-24 등에서 볼 수 있듯이 하나님은 가난한 자들과 무고한 자들을 억압하고 착취하는 힘 있는 자들의 불의를 싫어하시며 분노하신다.

⑥ 비폭력 문화는 보복하지 않는 사랑의 문화이다.

비폭력 문화가 죽음의 세력과 불의에 대해 저항한다고 했을 때 그것은 어떤 분노나 두려움에서 이루어지는 저항이나 정의의 추구가 아니다. 그 때의 저항은 증오나 분노에서 나오는 것이 아니라 이웃의 유익을 구하는 사랑에서 나오는 저항이다. 그러므로 비폭력 문화는 불의에 저항하면서도 보복하지 않는 사랑에 그 뿌리를 둔 사랑의 문화인 것이다.

⑦ 비폭력 문화는 기도와 명상으로 이루어지는 영성 문화이다.

비폭력은 이해하기도 어려운 것이지만 실천하기는 더욱 어려운 것이다. 그러므로 우리는 기도하면서 겸손하게 모든 것을 행동해야 하며 계속해서 하나님에게 우리 이해의 눈을 열어 주실 것을 간구해야 한다. 그리고 우리가 매일 그것을 깨닫게 될 때 그 빛을 따라서 기꺼이 행동할 준비가 되어 있게 된다.

⑧ 비폭력 문화는 공동체 문화이다.

하나님 나라의 문화로서 비폭력 문화는 공동체 문화이다. 비폭력 평화의 삶은 혼자서는 이룰 수 없는 것이기 때문이다. 저항운동을 개인의 영웅적인 행위로 보는 한, 화평케 하는 사람들 중 자신에게 닥치는 거대한 압력 속에서 살아남을 사람은 많지 않을 것이기 때문이다. 함께 살고 함께 일할 때만 화평케 하는 일을 이룰 수 있다.

2) 폭력문화

교회 안의 폭력문화를 발견하는 일은 교회 안의 평화를 만들어 가는 일에 있어서 가장 기초적인 과제이다. 교회 안의 폭력문화를 인식하고 드러내는 일은 어려울 뿐만 아니라 사람들에게 부정적인 감정을 갖게 할 수 있다. 하지만 교회 안의 폭력적 상황을 담론화 하여 신앙공동체인 교회 안에서 폭력적이고 반평화적인 문화를 점검할 때에만 교회 안의 평화를 만들어나가는 일을 비로소 시작하고 정착시킬 수 있다. 론 에드몬슨Ron Edmond-son는 교회가 일반적으로 빠질 수 있는 폭력문화의 배경을 다음과 같이 말한다.

① **이기심** : 교회의 재정과 인적역량을 교회와 신앙공동체 밖으로 확장하지 못하고 교회 자체의 방식과 공동체 내부적으로만 소화하는 상태를 말한다.

② **교만** : 교회의 과거 유산과 전통에 대해 자랑스러워하는 것이 지나쳐 스스로 월계관을 씌우고 그 속에서 안주하여 미래를 품기보다는 과거에 머물러, 과거에 행하던 방식이 아닌 그 어떤 생각이나 다른 계획을 거부하고 저항하는 경향이 많다.

③ **경직** : 전통을 계승하는 것은 매우 잘하지만 변화를 시도하면 극도로 두려워한다.

④ **배타성** : 교회 안에 이미 형성되어 있는 집단을 뚫고 들어가기가 매우 어렵다. 수용되거나 이제 그 집단에 대한 소속감을 느끼기까지 수년의 세월이 필요하다. 신앙의 역사, 인종집단, 젠더집단, 연령집단, 지역성집단, 학력집단, 직제적 집단, 신체적 집단 등으로 나뉘어 각 집단과 동질집단이 아닌 경우 배타적인 태도를 취한다.

⑤ **따돌림** : 교회의 문화는 때때로 인내를 지나치게 강조하여 따돌림의 문화가 가려지기도 한다. 성도들은 때로 마스크를 쓰고 살아야 한다고 생각하게 된다.

⑥ **인색/부패** : 재정, 프로그램, 건축, 심지어 예배형식에 이르기까지 어느 한 곳에 과도하게 집중함으로 중요한 것을 잃게 된다. 그러므로 하나님께 영광을 드리고 하나님의 자녀로 살아가는 일, 하나님의 선교와 소명대로 사는 일은 상처를 받게 된다.

6. 평화선교를 위한 교회의 과제

우리는 하나님의 은혜로 예수 그리스도를 우리 생명의 주로 인정한다. 우리는 예수 그리스도를 통해 화해의 직분을 부여 받았기에 비폭력의 길을 따르겠다는 우리의 의지를 표명한다. 우리는 평화의 일꾼이 되라는 소명을 이 세상에 대한 책임으로 이해하며 폭력을 정당화시키는 모든 시도에 저항하며 삶속에서 평화의 증인된 삶을 살아가야 한다.

1) 평화의 공동체를 만드는 기초는 기도, 은혜, 용서이다.

우리는 기도에 세상을 변화시킬 힘이 있다고 믿는다. 나아가 기도는 평화를 위해 투신하는 그리스도인의 중요한 힘의 근원이다. 기도를 통해 하나님의 은혜를 체험하고 우리 모두가 용서하고 용서받아야 할 존재임을 깨닫게 된다. 평화로운 공동체를 만들어 가는 것의 뿌리는 기도이다. 이 기도를 통해 하나님 앞에서 겸손하게 자신의 한계를 아는 지혜와 다른 사람에게 각박하지 않은 은혜로운 마음씨, 그리고 남의 허물을 들추고 비난하기보다 함께 슬퍼하고 아파하며 서로 용서하는 삶을 살도록 인도함을 받는다. 우리는 공동체 안에서 갈등을 겪으면서 자신을 추스르고 평화로운 관계를 회복하는 가운데 하나님의 심정을 이해하게 된다. 우리는 공동체 속에서 하나님이 얼마나 은혜로운 분이신지 그리고 그 분이 우리가 서로 용서하기를 원하시는 분이심을 느끼게 된다.

2) 모든 성도들에게 안전한 평화로운 공동체여야 한다.

'안전한 교회'라는 말은 모든 성도들이 신체적, 심리적, 영적, 성적으로 그 어떠한 억압이나 차별에서 오는 손상을 경험하지 않는 상태를 말한다. 교회는 신앙공동체이기 때문에 누구나 안심하고 드나드는 곳으로서 자칫

교회 자체의 안전성에 대하여 세심한 주의를 놓치기가 쉽다. 개개인의 안전을 구체적으로 점검하지 않고 안전을 보장하는 구조와 문화를 만들지 않으면 교회 안에서 누군가는 안전하지 않을 수 있고 평화로운 공동체가 만들어지지 않을 수 있다. 모든 세대, 젠더, 신체적 특징, 인종, 사회적 지위, 교육정도, 출신지역, 직분이 서로 달라도 함께 행복하고 영적으로 건강하게 신앙생활을 할 수 있도록 교회는 늘 준비되어 있어야 한다. 다수와 힘을 가진 사람을 중심으로 더 편하게 구성된 교회가 아니라 한 사람의 성도라도 교회의 예배와 공동체 생활에 장애를 겪지 않도록 세심히 배려해야 한다. 교회, 노회, 총회 단위의 지도서를 만들어 교육하고 실천하도록 교회의 체계를 마련하는 일이 매우 중요하다.

3) 다양한 토의 방법과 수평적 의사결정 절차를 도입해야 한다.

세계는 탈 권위와 문화적·사상적 다양성의 사회로 진입하였다. 한국교회의 목회자 중심의 권위주의적인 의사결정 방식은 교회 내 경직되고 폐쇄된 문화를 고착시켰다. 이로 인해 설립자인 목사나 핵심 그룹이 변동될 때 교회는 존폐의 기로에 서게 되는 설립자 증후군에 시달리곤 한다. 교회가 보다 건강한 조직으로 변화하기 위해서는 수평적 의사결정 방식의 실험과 도입을 확장시킬 필요가 있다. 뉴질랜드장로교회 헌법의 제7장의 교회의회는 한국의 장로교회의 당회와 비슷한 성격이다. 의결기관인 교회의회는 장로만으로 구성된 당회가 교회의회가 될 수도 있지만 장로들과 집사들의 연석회의가 될 수도 있고, 장로들을 포함하여 공동의회에서 선출된 교인들의 대표자로 구성될 수도 있다. 교회의회가 제 기능을 발휘하지 못하고 사고의회로 판단이 되면 노회가 지교회의 교회의회를 해산하고 임시로 교회의회를 구성할 권한을 갖기도 한다.

4) 권징과 재판과정에 대안적 갈등해결 방법을 도입한다.

최근 한국교회는 종교자유, 정교분리, 교회의 결정과 책임, 목회자의 지위와 보수, 교회재산과 재정 등에 관한 분쟁으로 수많은 재판 선고가 발생하지만 교회재판의 공정성, 전문성, 공개성, 확정성의 문제로 국가재판을 선호하게 되었는데, 이것은 교회에 대한 사회의 신뢰도 하락에 영향을 미치고 있다. 이를 예방하기 위해서는 교회에서 일어난 갈등과 분쟁의 초기에 바로 재판을 통한 개입보다 대안적 문제해결 방법Alternative Dispute Resolution의 하나인 조정절차mediation 등을 시행하도록 제도를 보완할 필요가 있다. 이것은 미국의 장로교 교단PCUSA에서도 도입하고 있는 것으로 분쟁과 갈등상황에 조정절차를 도입함으로써 많은 분쟁을 정식 재판 이전에 평화로운 방식으로 해결하여 결과적으로 재판의 수를 줄이고 재판의 질을 향상시키는 결과를 가져오고 있다. 또한 현재의 사회와 교회의 형사절차는 가해자에 대한 처벌에 집중되어 있고 피해자의 피해의 회복과 치유에는 관심을 두지 못하고 있다. 이러한 문제를 개선 내지 해결하기 위해서는 제삼자의 판단에 의존하는 재판보다 당사자의 대화와 합의로 문제를 해결하여 관계와 공동체의 회복하는 갈등해결 방법을 사용해야 한다.

5) 평화에 대한 교육을 통해 평화사역자를 양성해야 한다.

교회는 분쟁과 갈등으로 얼룩진 세상 속에서 평화를 만들어 갈 피스메이커를 길러내야 한다. 교회는 자라나는 세대들에게 자신들이 화평케 하는 자들임을 교육해야 한다. 평화교육은 복음의 핵심에 대한 강조이며 영적이고 종교적인 차원을 넘어서서 정치·사회적인 변혁을 위한 교회교육이다. 이를 위해서 주일학교의 정규 교육과정으로 반드시 평화교육이 편성되어야 하며 대강절이나 사순절처럼 예수그리스도의 강림과 고난과 희생을 기념하는 절기에는 더욱 더 그 내용을 강조해야 한다. 평화교육은 분열과 분파주의로 갈등해 온 한국교회의 자기반성과 회복을 위해서도 중요하고 절실하다. 교회는 평화교육을 통해 교회 안팎의 불화와 갈등을 극복하고 더 나아가 우리 사회가 빚어내는 갈등을 중재하고 해결할 수 있는 능력을 길러내며 세계의 분쟁지역에서까지 나가서 분쟁과 전쟁을 종식시키는 국제적인 평화 사역자들을 양성해야 한다.

6) 균형 있고 절도 있는 군비축소를 위해 노력해야 한다.

세계 각 나라가 보유하고 있는 엄청난 양의 무기와 군비확충은 세계의 안정과 평화를 심각하게 위협하고 있다. 모든 국가가 무기를 정당방위를 위한 필요한 수단만큼 소유할 수 있다는 필요충족의 원칙을, 구매하는 국가들만이 아니라 생산하고 판매하는 국가들도 준수해야 한다. 전쟁을 준비하는 무기는 살인을 준비하는 무기이며 전쟁에 협력하는 도구이기에 무기에는 평화가 없다. 교회는 살인과 관계된 체제를 만드는 것에 협력하지 않으며 폭력의 정당성을 부인해야 한다.

7) 동북아 평화를 위해 한반도평화체제를 구축해야 한다.

한반도평화 없이 동북아의 평화는 보장될 수 없다. 한국전쟁의 포성이 멎은 지 60년이 되었으나 아직 전쟁이 끝나지 않은 상태인 군사정전체제 하에서 적대관계를 유지하고 있는 것이 한반도의 서글픈 현실이다. 한반도에서의 전쟁은 민족공멸임을 인식하고 절대로 전쟁을 허용해서는 안된다. 따라서 남과 북은 6.15 공동선언의 준수 이행을 확약하고 교류 협력을 활성화하며 상호신뢰를 다져나가야 한다. 또한 북한의 핵포기와 미국과 북한, 남북의 평화협정을 통하여 한반도의 평화를 확보하여야 한다. 이를 위해 교회는 평화통일을 위한 기도회를 지속하고 민간교류를 통한 경제적 협력방안을 마련하며, 자연재해에는 함께 고통을 분담하며, 남과 북의 공통의 역사를 만들어 나가야 한다.

8) 삶의 현장에서 평화 만들기(평화건설)를 실천한다.

평화의 과제는 폭력을 종식시키는 데 국한되지 않고 정의롭고 항구적인 평화에 기여하는 구조를 만들어가야 한다. 우리는 개인, 가족, 교회, 직장, 조직, 정부, 국제적 차원에서 평화문화를 건설하는 활동을 해야 한다. 평화 만들기의 핵심과제는 폭력에 대한 대응이다. 평화는 정의의 결과이므로 폭력과 불의에 대한 저항이 없이 평화가 실현되는 것은 불가능하다. 우리는 삶의 현장에서 폭력을 예방하고 갈등상황에 중재자의 역할을 할 수 있도록 훈련하며 갈등의 현장에 치유와 화해자로서의 역할을 감당해야 한다.

9) 가난하고 억압당하는 사람들과 연대한다.

하나님은 가난하고 억압과 착취를 당하는 사람들을 편드시는 하나님이시기 때문에 기독교인 역시 구조적인 불의에 의해 고통당하는 사회적 약자들을 편드는 삶을 살아야 한다. 진정한 평화 만들기는 작은 사람들, 절망 중에 있는 사람들, 상처 입은 사람들, 옥에 갇힌 사람들, 눌린 사람들에게 우리의 눈이 향하도록 하는 것이다. 우리는 불의의 세력에게 '아니오'라고 말하는 것보다 훨씬 중요한 일이 이처럼 취약한 생명의 원천을 향해 끊임없이 반복해서 '예'라고 말하는 것이다. 그리고 바로 이런 이유 때문에 우리는 주위의 가난한 이들, 억압당하는 이들과 연대한다.

10) 평화의 증인된 삶을 살아야 한다.

성령 안에서 하나님의 공의와 평화와 사랑을 증거 하는 것은 그리스도인이 걸어가야 할 제자도이다. 세상을 변화시키는 길은 예수 그리스도의 십자가의 길이었고 그리고 그 분의 제자들이 이 길을 걸어가므로 세상에 주의 복음이 전파되기 시작했다. 우리 시대의 그리스도인들이 가야 할 길도 다른 길이 아니라 바로 제자들이 따라갔던 예수의 길이다. 선교는 광고나 선전이 아니라 타자들 속에서 자신을 주님의 형상으로 변화시키는 삶을 살아가는 것이다. 그럼으로써 자신의 존재와 삶과 행위와 말을 통해 예수 그리스도의 증인 된 삶을 살아가는 것이다. 증인된 삶을 살아가는 우리는 자신이 경험한 하나님의 사랑과 공의, 예수 그리스도의 평화를 온몸으로 실천하고 이를 증거 하기 위해 목숨을 바치는 것조차 두려워하지 않는 자가 제자도 위에 있는 것이다.

7. 평화선교를 위한 실천 방안

화해와 평화의 비전은 우리 인간의 비전이 아니라 하나님의 비전임을 고백하며 갈라지고 깨어진 이 시대의 그리스도인의 사명으로서 아래와 같이 우리는 평화사역의 구체적인 방안을 실천하고자 한다. 이 실천을 위해 우리는 개교회 차원에서, 노회차원에서, 총회차원에서 아래와 같이 실천을 전개하고자 한다.

1. 개교회 차원
1) 화해와 평화가 하나님의 비전이고 교회의 사명임을 선포하고 교회가 평화를 위해 할 일을 교육하고 설교한다.
2) 평화 혹은 화해주일을 만들어 기념한다.
3) 공중기도시간에 분쟁지역, 재난지역, 빈곤지역, 고통당하는 지역의 평화와 화해를 위하여 기도한다.
4) 교회에 평화선교위원회를 조직하고 평화사역자들을 양성하고 활동을

지원한다.

5) 평화를 위해 선교하는 단체나 개인을 위해 기도하고 재정과 인력 등 필요한 것들을 후원한다.

6) 교회 내 갈등이나 분쟁을 예방하기 위한 교육을 실시하고 갈등이나 분쟁을 그리스도인답게 해결할 수 있도록 절차를 만들고 안내한다.

7) 교회의 지도자와 당회원을 위한 비폭력 소통과 대화 프로그램을 운영한다.

8) 교회학교 갈등해결 교육 프로그램을 운영한다.

9) 교회지도자들을 대상으로 기독교 영성과 전통에 근거한 평화 리더십 훈련을 실시한다.

10) 교회가 운영하는 기관이나 시설을 평화적 관점(회복적 정의, 회복적 서클)으로 운영할 수 있도록 훈련한다.

11) 교회와 평화전문단체와의 협력을 통해 교회나 지역공동체에 평화 프로그램을 제공한다.

12) 지역공동체 연계를 통한 청소년 폭력, 가정폭력에 대한 갈등 조정자 및 중재자를 양성한다.

13) 평화가 깨진 현장이나 폭력의 피해현장을 방문하여 연대하고 지원한다.

14) 국내외 평화기행이나 평화영화제 등 다양한 평화 프로그램을 마련하여 평화감수성을 높인다.

15) 중장기적인 계획으로 교회나 지역사회를 '평화지대화'하는 연계 프로그램을 기획한다.

16) 국제사회의 긴급구호 참여, 평화증언으로서의 뉴스레터나 e-소식지를 발행한다.

17) 지역의 사회봉사관이나 주민자치센터를 이용하여 지역주민을 위한

평화강연, 워크숍, 인문학 프로   그램을 기획한다.

18) 다른 교회들과 평화를 위한 연합예배를 드린다(평화를 위한 기도의 날, 세계
여성기도의 날).

2. 노회 차원

1) 노회에 조직되어 있는 사회봉사부, 치유와화해의생명공동체위원회 등
을 통하여 평화사역을 위한 기반을 마련한다.

2) 평화사역을 위한 목회자와 평신도 지도자들을 대상으로 평화교육과 훈
련을 실시하여 현장에서 평화사역이 구체적으로 실행될 수 있도록 한다.

3) 노회에 갈등조정자나 중재자를 양성하여 적극 활용한다.

3) 노회별로 평화교회를 지향하는 교회를 발굴하여 평화사역의 모델이 될
수 있도록 지원한다.

4) 평화나 화해를 필요로 하는 지역현장 있으면 적극적으로 연대하고 지
원한다.

5) 정기적으로 노회원들이 참여하는 평화세미나나 워크숍을 개최하여 지
속적으로 평화에 대한 관심을 갖고 평화사역을 진행하도록 지원한다.

6) 단기비전트립이나 국내외 연수를 평화와 화해의 관점에서 진행하고 국
내외 평화기행을 진행한다.

3. 총회 차원

1) 평화선교 지침서를 만들어 우리 교단 평화운동의 방향과 실천방안을
제시한다.

2) 한국전쟁의 정전일인 7월 27일이나 해방의 날인 8월 15일을 전후로 해
서 평화주일을 제정하고 전국교회가 지키도록 한다.

3) 평화사역에 필요한 자료나 정보를 체계적으로 모아 문서와 인터넷을

통해 교회에 지속적으로 제공한다.

4) 평화지도자 양성과정을 마련하여 신학생부터 목회자, 평신도 지도자들에게 제공하고 평화사역자를 양성한다.

5) 노회나 개교회에서 실행할 수 있는 평화커리큘럼을 만들고 이를 위한 교재나 매뉴얼을 제작하여 보급한다.

6) 평화교회를 지향하는 교회를 발굴하여 교육과 훈련의 기회를 제공하고 이 교회들 간의 협력망을 만들 수 있도록 지원한다.

7) WCC와 WCRC 등 세계교회, KNCC 등 연합기구와의 연대를 통해 국내외 평화활동에 대한 협력을 모색한다.

8) 평화사역 전문가그룹과 교수, 목회자가 참여하는 평화사역 전문가 그룹을 형성하고 지원한다.

9) 총회 재판국원은 법조 전문인 외에 평화사역 훈련을 받은 자로 구성하도록 노력하고, 모든 고소·고발 사건은 기소 절차에 들어가기 전에 갈등 조정 및 중재위원회의 중재를 거치도록 한다.

맺는말

평화선교는 매우 전통적이고 역사적인 신앙에 기초한 것이며 폭력과 갈등으로 얼룩진 오늘날의 시대적 요구에 대한 교회의 책임 있는 현실적 대응이다. 평화는 생명의 풍성함을 이끄는 증인으로서의 삶의 요청이자 "내가 너희에게 새 계명을 주노라"하신 예수 그리스도의 명령이다. 오늘 우리는 "서로 사랑하라"는 것이 무엇을 의미하고 어디까지인가에 대해 도전을 받고 있다. 이는 단순히 교회가 친절을 베풀거나 구제하는 행동을 하는 것을 넘어선다. 왜냐하면 우리의 싸움은 약자를 경멸과 무기력에 예속시키는 지배체제, 부와 소유를 축적하는 탐욕, 특정 소수 그룹의 특권과 권력을 유지하는 폭력의 문화와 사회제도의 내면적 정신성을 표현한 "정사와 권세와 이 어두움의 세상 주관자들과 하늘에 있는 악의 영들"엡6:12에 대한 투쟁이기 때문이다. 평화가 깨어진 오늘날, 우리는 평화의 하나님과 화해의 그리스도께서 행하신 평화와 화해의 생명공동체를 만드는 일에 동참하도록 요구하시는 성령의 부르심에 아멘으로 응답할 것을 다짐한다. 우리는 예수의 십자가의 진리를 따름으로써 자신의 존재를 확보하고 형제·자매·피조세계를 지배하려는 노력을 포기하고 하나님께서 우리에게 위임한 평화와 화해의 섬김을 통해 약한 자와 심지어 원수조차도 풍성하게 돌보도록 부르는 하나님의 부르심에 자발적으로 응답하고자 한다.

경과보고

2015.10.30. 제100-1차 화해와평화위원회에서 평화선교지침 집필위원을 구성하다.(집필위원장 : 정원범 교수, 위원 : 장윤재 교수, 정주진 박사, 오상열 목사)

2016. 4.26. 제100-1차 평화선교지침 소위원회에서 목차를 구성하다.

2016. 5.27. 제100-2차 평화선교지침 소위원회에서 목차에 따라 발제하고 구체적인 내용을 수정보완하다.

2016.11.11. 제101-1차 화해와평화위원회에서 평화선교지침의 실천지침을 위해 집필진을 추가 구성하다. (집필위원 추가 명단 : 오현선 교수, 이형우 간사, 김홍석 대표, 이명숙 실장)

2016.11.26. 제101-1차 평화선교지침 소위원회에서 실천지침부분을 발제하고 논의하다.

2017. 3.14 평화선교지침 소위원회의 집필진의 집필내용을 전체 회람하다.

2017. 7. 4 평화선교지침 소위원회에서 지침 완성본(초본)을 1차 회람하고 수
정보완하다.

2017. 7. 7 평화선교지침 소위원에서 지침 완성본을 2차 회람하고 수정보완
하다.

2017. 7.14 평화선교지침 소위원에서 지침 완성본을 3차 회람하고 수정보완
하다.

2017. 7.17 제101-2차 화해 평화위원회에서 평화선교지침를 검토하여 통과
하다.

2017. 7.18 제101-5차 사회봉사부 실행위원회에서 검토하여 통과하다.

2017. 9.20 제102회 총회에 "대한예수교장로회총회 평화선교지침"을 총회
정책문서로 청원하다.

7 • 목회자 윤리 지침
- 하나님 앞에서 그리스도를 본받아-
대한예수교장로회총회

I. 전문

"하나님이 우리를 구원하사 거룩하신 소명으로 부르심은 우리의 행위대로
하심이 아니요, 오직 자기의 뜻과 영원 전부터 그리스도 예수 안에서 우리에
게 주신 은혜대로 하심이라." (디모데후서 1:9)
"너는 진리의 말씀을 옳게 분별하며 부끄러울 것이 없는 일꾼으로 인정된 자
로 자신을 하나님 앞에 드리기를 힘쓰라."(디모데후서 2:15)

　교회는 예수 그리스도의 몸이다. 예수 그리스도는 교회를 영광스럽게
하시고 티나 주름 잡힌 것도 없이 보호하시며엡5:27, 이 교회를 통해 세상
에 빛을 비추시고, 세상을 구원하신다. 이 땅에 교회가 없다면 세상은 암
흑이요 절망이다. 하나님은 영광스런 교회를 위하여 목회자들을 부르셨
다. 영원 전부터 그리스도 안에서 우리에게 주신 은혜로 우리는 목회자가
되었다. 목회자는 영적으로 거룩하고, 도덕적으로 순결하게 구별된 하나
님의 종이다. 목회자는 2천 년 동안 교회와 세계를 섬기는 일에 전념해 왔
다. 하나님은 목회자를 통해 교회를 돌보시고 세상에 희망의 빛을 비추신
다.
　최근 한국교회의 현실은 목회자로 하여금 하나님의 부르심에 신실하게

응답하였는지를 돌아보게 한다. 타락과 절망으로 빠져가는 세상에서 한국 교회의 현실을 돌아보면 지교회 안의 분쟁, 교파간의 경쟁과 다툼, 교회 연합 단체의 분열, 이단의 발호, 지교회들 사이의 빈익빈 부익부 현상, 예배당이 사고 팔리고 심지어 이단에게도 넘어가는 현실, 세속 법정에서 교회와 목회자가 재판을 받는 일, 담임목사직이 사고 팔리는 일, 목회자들의 삶 수준의 양극화, 교회를 통한 부와 명예의 대물림, 목회자의 도덕적 타락과 천박한 언행, 목회자의 성적 타락과 성차별의 심화, 권력자가 된 목회자의 횡포 등 열거하기조차 부끄러운 일들이 교회를 위기로 몰아가고 있다. 이러한 위기의 중심에 목회자가 서 있다.

목회자의 영적, 도덕적 타락이 교회의 정체성을 훼손하고, 교회를 분열시킴으로 성도는 절망에 빠지고 교회는 세상 속에서 빛을 잃어가고 있다. 그와 함께 세상도 희망을 잃어가고 있다. 이러한 현실 앞에 서 있는 우리 목회자들은 참으로 부끄럽고 참담하다.

최근 우리 사회는 심각한 위기에 처해 있다. 21세기를 맞이한 지 십 수 년이 지났지만 우리 사회와 정부는 경제 문제에만 몰두할 뿐 생명과 정의와 평화와 같은 중요한 가치는 제시하지 못하고 있다. 이런 가운데 물질만능주의 만연과 정치경제적 양극화와 세대간의 갈등은 심화되고, 사회적인 약자는 점점 늘어나고 있다. 또한 청년들은 꿈을 잃고 출산은 감소하고 자살은 증가하고 가정은 해체되고 있다. 물과 공기와 땅이 더러워지고, 수많은 동식물이 멸종되어가고 있다. 하나님이 창조하신 세계가 파괴되고, 하나님의 형상으로 지음 받은 사람들이 생명과 존귀함을 잃어가고 있다.

이러한 시대에 정부도, 기업도, 시민단체도 한국 사회가 나아길이나 희망을 보여주지 못하고 있다. 따라서 교회가 우리 사회에 생명과 정의와 평화의 길을 보여주어야 한다. 교회가 이런 사명을 감당하기 위해서는 최우선적으로 우리 목회자의 도덕적, 영적 갱신이 먼저 이루어져야 한다.

그러므로 우리는 하나님의 소명을 받은 대한예수교장로회의 회원으로서 예수 그리스도가 우리 삶과 사역의 모범임을 확신하며, 성령의 인도하심을 따라 다음의 윤리 강령을 준수하겠습니다.

Ⅱ. 강령

1. 개인윤리

"우리가 이 직분이 비방을 받지 않게 하려고 무엇에든지 아무에게도 거리끼지 않게 하고"(고린도후서 6:3)"
"오직 너희는 그리스도 복음에 합당하게 생활하라."(빌립보서1:27)

◆ 신학적 진술 :

복음 사역을 위하여 거룩하게 하나님의 부르심을 받은 사명자들로서 기쁘게 예수그리스도께 순종하며 이웃을 향한 이타적인 봉사로 하나님을 영화롭게 하고 하나님의 백성들의 충만한 삶에 헌신한다.

◆ 지침 :

1. 하나님의 부르심과 소명

1) 나는 말씀과 기도를 통하여 영적으로 성장하고 육체적으로 건강하며 정서적으로 온전하기 위하여 최선을 다한다.

2) 나는 영성 훈련에 있어서 성령님의 도움을 간구하며 거룩함을 회복하기 위해 영적 성장과 도덕적 성장을 함께 추구한다.

3) 나는 주님께 헌신된 마음을 신실하게 유지하고 모든 삶의 방식과 생각을 그리스도에게 복종한다.

4) 나는 성경을 규칙적으로 공부하고 그 가르침을 준수하고 신학을 형성

함에 있어서, 성경의 가르침이 모든 다른 자료를 뛰어넘는 권위를 가진 것으로 인정한다.

2. 생활윤리

1) 나는 신체적 건강과 영적 갱신을 위하여 쉼과 휴식의 시간을 적정하게 할애한다.

2) 나는 설교를 준비하는 과정에서 표절을 부정직한 행위로 거부한다.

3) 나는 부정의한 방법과 수단으로 학력을 위조하거나 취득하지 않는다.

4) 나는 청렴한 삶을 추구하고 모든 일에 정직하고 개인이 아닌 그리스도를 드높이고 평화를 실현한다.

5) 나는 금전적 거래를 교우들과 하지 않는다.

6) 나는 인종적 계층적 신념의 차이를 근거로 사람을 차별하지 않으며 공평하게 모든 이들을 대한다.

7) 나는 어떠한 형태의 중독적, 폭력적, 모욕적인 행동을 하지 않으며 그러한 일이 발생했을 시에 극복하기 위한 전문적 도움을 받는다.

8) 나는 전문적인 목회업무에 있어서 개인적인 필요와 취약점을 인식하고 필요할 때 개인 상담과 조언을 줄 수 있는 목회자/상담자를 찾는다.

9) 나는 정신건강을 위하여 운동과 취미 생활을 하되 목회자의 품위를 실추시키는 지나친 행위를 삼간다.

3. 성윤리

1) 나는 성(性)적 행위에 있어서 높은 도덕 수준을 유지하는 순결한 삶을 추구한다.

2) 나는 자신의 성적 자아에 대해 바르게 이해하고, 회중이 자신에 대해 성적 감정을 갖고 있거나, 반대로 본인이 회중을 상대로 성적 감정을 갖고 있을

때 바르게 대처한다.

3) 나는 성적 타락과 폭력 방지에 대한 교단의 교육과 상담에 적극적으로 참여하며, 동시에 교회 내 사역자 관계 안에서 성희롱이나 성적 남용 및 부정행위를 예방하고 근절시키기 위한 교육을 한다.

4) 나는 사역에 필요한 신뢰를 얻기 위해 필수적인 대인관계의 건강한 경계를 이해하고 사람을 성적인 대상으로 대하지 않는다.

5) 나는 성적인 순결함에 있어서 죄 된 성적 행위나 부적절한 연루를 피하고 유혹을 이기기 위해 성에 대하여 편안하게 이야기할 수 있는 동료를 갖는다.

6) 나는 성적 정의가 교회 회중에, 그리고 더 나아가 사회에서 세워질 수 있도록 노력한다.

2. 가정윤리

"남편은 그 아내에 대한 의무를 다하고 아내도 그 남편에게 그렇게 할지라 아내는 자기 몸을 주장하지 못하고 오직 그 남편이 하며 남편도 그와 같이 자기 몸을 주장하지 못하고 오직 그 아내가 하나니."고린도전서 7:3-4

"또 아비들아 너희 자녀를 노엽게 하지 말고 오직 주의 교훈과 훈계로 양육하라."에베소서 6:4

◆ 신학적 진술:

가정은 하나님이 친히 허락하신 가장 최초의 공동체이다. 가정은 하나님의 사랑을 가장 깊게 경험하며 하나님 나라를 실현하기 위한 일꾼을 양육하고 돌보는 가장 기초적인 거룩한 장소이다. 목회자는 성직자로서 가정에 대한 돌봄을 소홀히 하지 않기 위하여 가정생활과 목회사역의 균형을 이루어야한다. 부부의 연합과 언약적사랑에 기초하여 가족의 거룩성을 회복하고 부모와 그들의 사랑에 기초한 자녀들에 대한 책임을 위하여 신체적 건강과 정서적 성숙, 육체적 정신적 순결을 지키고 그리고 하나님의 은혜와 사랑의 성장을 위한 개인적인 습관을 유지한다.

◆ 지침:

1) 나는 한 교회의 목회자이기 이전에 한 아내(남편)의 배우자이며 자녀의 부모임을 인식한다.

2) 나는 아내(남편)와 자녀들에게 목회자로서 지나치게 엄격한 도덕적 기준을 요구하지 않는다.

3) 나는 배우자를 사랑하고 존중하며 목회자의 배우자로서 겪는 어려움을 이해하고, 배우자의 자기계발과 성장을 위해 노력한다.

4) 나는 하나님의 선물인 자녀들이 강요가 아니라 스스로 자기의 소명을 발견하도록 돕는다.

5) 나는 가족의 필요가 무엇인지 늘 관심을 가지며, 목회를 위해 가족이 희생되지 않도록 나의 재능과 시간을 조화롭게 사용한다.

6) 나는 가정문제와 자녀양육을 위해 배우자와 함께 협력한다.

7) 나는 우리 가족이 이웃과 사회에 그리스도의 사랑을 실천하도록 한다.

3. 지교회 목회 윤리

"너희 중에 있는 하나님의 양 무리를 치되 억지로 하지 말고 하나님의 뜻을 따라 자원함으로 하며 더러운 이득을 위하여 하지 말고 기꺼이 하며, 맡은 자들에게 주장하는 자세를 하지 말고 양 무리의 본이 되라."베드로전서 5:2-3

◆ 신학적 진술 :

교회는 우리가 하나님께 받은 사명을 수행해야 할 구별된 장소이며 우리의 삶을 영위해나가야 할 일터이다. 그러므로 우리는 하나님의 뜻을 따라 교회의 조직을 바르게 관리하고 동역자들과 경쟁이나 상하의 개념이 아닌 협력자의 자세로 유대를 강화하며 사역의 길을 가야 한다. 동시에 전문적인 목회의식을 가지고 부지런히 일을 해야 하며, 목회적 행위에 있어서 정직하고 진실 된 자세로 책임 있게 임하여 모든 일에 선한 결과를 가져오도록 힘써야 한다.

◆ 지침 :

1. 동역자와의 관계

1) 나는 지교회 안에 다른 교역자들을 인격적으로 존중하고 교회를 평화롭게 세우도록 협력한다.

2) 나는 동역자들을 지지하고 그들과 정보를 교류하며 그들의 문제나 위기를 결코 나의 유익을 위해 이용하지 않는다.

3) 나는 전임자의 사역과 은퇴한 분들을 존중한다.

4) 나는 은퇴를 하거나 사임을 한 후에는 후임자의 사역에 관여하지 않는다.

2. 성도와의 관계

1) 나는 성도를 대할 때 나의 양이 아니라 주님께서 맡겨주신 양무리임을 인식하고 사랑으로 돌본다.

2) 나는 모든 성도들을 존중하고 동등하게 대한다.

3) 나는 결혼과 상례를 비롯한 여러 상황에서 부당한 사례를 받지 않는다.

4) 나는 목회 현장을 가족에게 세습하지 않겠으며, 은퇴와 동시에 지교회의 문제에 관여하지 않는다.

5) 나는 어떠한 경우를 막론하고 교회나 성도 개개인에게 금전적인 요구를 하지 않는다.

6) 나는 주거와 차량 등 지나친 사치에 대하여 절제 및 검소한 삶을 실천하므로 성도들에게 본이 된다.

3. 목회 윤리

1) 나는 충분한 묵상과 깊은 신학적 성찰을 통해 설교를 준비하고 하나님의 뜻을 선포한다.

2) 나는 성경에 대하여 자의적 해석을 통한 세속적 기복적 설교는 피하고 성도의 삶과 사회를 변화시키는 바르고 균형 잡힌 설교를 한다.

3) 나는 예배를 준비할 때 개혁교회의 좋은 전통을 보전하고 다양한 문화에 대해 열린 마음을 갖는다.

4) 나는 교회 교육을 위해 적극적인 예산편성과 올바른 교육으로 지속 가능한 교회를 세워간다.

5) 나는 성도들의 거룩한 친교를 통하여 건강한 교회공동체가 되도록 한다.

6) 나는 목회행정에 있어서 관계자들과 의견을 공유하고 모든 일에 합리적이고 민주적인 절차를 따르겠으며, 권위주의적이고 일방적인 방법을 취하지 않는다.

7) 나는 선교와 지역사회를 위한 봉사와 나눔을 통해 그리스도의 사랑을 전하고 세상을 향한 교회의 사명을 감당한다.

8) 나는 재정을 균형 있게 배분하며 투명하고 바르게 사용하여 낭비를 줄인다.

9) 나는 악보, 서적, 컴퓨터 소프트웨어 등 정품을 사용하겠다.

4. 거룩한 공교회의 지체로서의 윤리

"교회는 그의 몸이니 만물 안에서 만물을 충만하게 하시는 이의 충만함이니
라."(에베소서 1:23)

◆ 신학적 진술 :

교회는 예수 그리스도의 몸이다. 온 세계에 흩어져 있는 다양한 교파
교회가 함께 하나의 교회를 이룬다. 목회자는 예수 그리스도의 몸을 구성
하는 지체이다. 어느 한 개인이 교회를 세울 수도 없고 폐지할 수도 없다.
교회는 삼위일체 하나님의 거룩한 섭리와 은혜로 이 땅 위에 세워졌다. 그
리하여 우리 신앙의 선배들은 "우리는 하나의 거룩하고 보편적이며 사도
적인 교회를 믿습니다."라고 고백하였다. 온 세상에 교회는 단 하나뿐이
다. 목회자는 언제나 자신을 그 하나뿐인 교회의 지체로 인식하고 그 교회
의 지체로서 교회를 위해 살아야 한다.

◆ 지침 :

1) 동료 목회자들과의 관계

1) 나는 목회자들 사이의 경쟁과 반목은 예수 그리스도의 몸인 교회를 해
치고, 교회의 권위와 품위를 훼손하는 일로 인식하기 때문에, 다른 목회자들
을 교회를 섬기는 동역자로 인정하고 그들과 협력한다.

2) 나는 동료 목회자나 이웃 교회가 어려운 일을 당했을 때 그것을 이용하
여 나의 유익을 취하지 않을 것이며, 주님의 뜻을 함께 이루어가기 위해 그
어려움을 함께 나누고 극복하도록 돕는다.

3) 나는 나의 지위와 특권을 이용하여 동료목회자를 부당하게 대우하지
않으며, 공정한 판단이 요구되는 일에 부당하게 개입하지 않는다.

2) 상회와의 관계

1) 나는 총회와 노회를 통해 목회자로 세워졌기에, 총회와 노회의 가르침과 치리에 따른다.

2) 나는 목회자가 교회와 목회자의 문제를 세속 법정으로 가져가는 것은 영광스런 교회의 권위를 스스로 훼손하는 일이고, 세상을 책망하고 심판해야 할 교회가 세속의 법정에서 머리를 조아려 서는 안 된다고 믿기에, 총회와 노회의 규범을 세속의규범보다 더 존중하며 교회의 문제를 세속 법정에 호소하지 않는다.

3) 나는 교단과 교회를 분열시키는 일에 가담하지 않는다.

3) 다른 교파와의 관계

1) 나는 다양한 교파와 다양한 기독교 단체들이 하나의 교회를 이루고 이 땅에서 하나님의 나라를 확장하고 있다고 인식하기에, 국내외 교파 교회와 교회연합기구를 존중하고 일치와 연합, 선교와 봉사를 위해 그들과 협력한다.

2) 나는 300여개 교단으로 나뉜 한국교회의 현실은 교회가 전하는 복음의 신뢰성을 떨어뜨리고 일치와 화해의 복음을 온전히 전할 수 없게 한다고 인식하기에, 분열된 교회의 현실에 대해서 먼저 회개하고, 분열을 치유하는 일에 앞장선다.

5. 지역사회와 세계에 대한 윤리

"너희는 먼저 그의 나라와 그의 의를 구하라 그리하면 이 모든 것을 너희에게 더하시리라."(마태복음6:33)

"하나님의 나라는 먹는 것과 마시는 것이 아니요 오직 성령 안에 있는 의와 평강과 희락이라."(로마서14:17)

"도둑이 오는 것은 도둑질하고 죽이고 멸망시키려는 것뿐이요 내가 온 것은

양으로 생명을 얻게 하고 더 풍성히 얻게 하려는 것이라."(요한복음10:10)

◆ 신학적 진술 :

창조세계의 파괴와 인류공동체의 파탄과 교회의 분쟁과 분열 속에서 우리는 치유와 화해, 정의와 평화를 요청하는 생명세계의 탄식소리를 듣는다. 이러한 총체적인 생명위기의 시대를 맞아서 우리 목회자는 치유와 화해의 복음사역을 통해 생명파괴적인 지구세계를 생명, 정의, 평화로 충만한 지구생명공동체로 복원시켜나가야 할 사명을 새롭게 깨닫게 된다. 이러한 시대적 사명의 수행을 위해 우리는 전 지구적인 총체적 생명위기의 현실을 직시하면서 무엇보다 먼저 교회가 치유와 화해, 정의와 평화가 이루어지는 예수 그리스도의 생명공동체로 새롭게 갱신되는 일에 헌신한다.

◆ 지침 :

1) 나는 하나님나라의 복음을 증거하는 일은 하나님나라가 이 땅 위에서도 구현되도록 노력하는 일과 분리될 수 없음을 인식하면서 지역사회와 이 땅 위에 하나님의 정의, 사랑, 평화가 이루어지도록 예언자적 사명을 다한다.

2) 나는 기후변화, 핵발전소의 폭발, 에너지 위기, 식량위기, 물 부족 현상, 유전자조작, 시간당 하나의 종이 사라지고 있을 정도의 생물종 감소위기 등으로 하나님의 창조세계가 파괴되어가고 있는 현실을 직시하면서 지구생태계가 지속가능한 세계가 되도록 생명선교의 사명을 다한다.

3) 나는 한국사회가 높은 자살률, 낙태율, 가족 살해에 이르기까지 생명파괴와 생명경시가 만연되는 현실임을 인식하면서 생명을 존중하는 생명문화 형성을 위한 교회의 사명을 다한다.

4) 나는 한국사회와 세계가 경제적 양극화로 인해 지구 위의 수많은 사람

들의 절망적빈곤을 양산하는 불의한 경제체제임을 인식하면서 사회적 약자들의 고통에 응답하는경제정의의 실천을 위해 노력한다.

5) 나는 종교, 인종, 국가, 계급, 성 등으로 인한 차별과 갈등으로 분열되고 있는 현실 속에서 피해자의 치유와 회복, 가해자의 변화 그리고 상호화해가 이루어지는 공동체를 이루어가기 위해 노력한다.

6) 나는 남북한이 서로 적대시하는 우리의 분단 현실과 폭력과 전쟁이 난무하는 지구현실 속에서 평화의 하나님을 기억하며 모든 폭력과 전쟁과 증오에 대해 저항하는 비폭력 평화의 삶을 추구한다.

7) 나는 지역사회와 한국과 세계에 대한 생명, 정의, 평화의 책임을 다하기 위해서 교파를 초월하여 지역교회와 세계교회와 연대할 것이며, 선한 뜻을 가진 국내외 시민단체들과 협력한다.

※ 대한예수교장로회 제98회 총회는 목회자 윤리지침을 제정해 달라는 총회 임원회의 청원을 허락하였다. 총회 사회봉사부는 이 일을 맡은 뒤에 목회자 윤리지침 제정위원회를 구성하였으며, 동 위원회를 통해 윤리지침이 마련되었다. 이 윤리지침을 통해 목회자들이 새로워져 교회가 바로 세워지고, 교회를 통해 세상이 풍성한 생명을 얻게 되길 기대한다.

8 • Antoinette Jamaica출신 KDI유학생, KDI 주일모임 리더의 간증문

(2020. 11. 22 세광교회에서)

Antoinette's Testimony

KDI Oikoscare Sunday Meeting (2020. 11.22 Sekwang Church)

Our time here in South Korea is coming to a close. When we think of the time we spent here and the experiences we have gained, some of the best memories are those of our Sunday meetings with the Professors. Those meetings gave us an opportunity to learn from each other, relate to each other and share the love of God. Being a graduate student in a foreign country is not always easy. But, the time we took to reflect and interact with each other on Sundays is in valuable. Although we share the same space at the KDI School we do not always have the time to interact with each other during the week. So on Sundays, we were able to create a bond, a family, a shared memory that will forever warm our hearts.

The kindness of Professors Chung and Kim towards us and the kindness of all the persons who do not know us personally but selflessly gave their time, energy, and funds, to our group, is deeply appreciated. It shows that there are still good people in this world, still kind people, still loving people. And that love and kindness has transcended culture, race, religion, and nationality. We are nine different persons from nine different countries with nine different cultural experiences. But in the home of the professor we are one, in God's eyes we are one. Whenever we meet we sing songs and share our thoughts about bible passages and learned christian leadership.

God has truly provided genuine hope, hands, and heart for us. This year Covid19 prevented us from doing a lot of things, however, this pandemic didn't stop the kindness we received or the places we went. All our different field trips taught us something. The Sejong City Government Complex, The Military University, Gongju, the foreign missionary cemetery Yangwhajin, the Hi Family Church inYangpyung, are just a few of the places that have left an indelible mark on us. We are truly grateful to God for these experiences.

We grew and we became more mature, we learned how great love is, we learned and was reminded of how great God's love is. We will try to share the kindness and love of God with others like how the two professors and sincere Korean friends did us.

We want to thank you for being the best hosts and ambassadors of Korean churchs, during these past several months. Thank you Sekwang Church for opening your doors to us, we felt welcomed although we can't speak the same language. Thanks to every hand who provided meals, transportations, gifts, accommodation, encouragement. Thank you for your time and assistance, We love you and hope that you remember us with love as we will remember you in the same way. We really thank you God who has lead us into these wonderful opportunities through sincere Korean christians and the Sekwang church. We want to glorify God.

Soli Deo Gloria!!

Thank you all.

*　　*　　*　　*

1년 전에 KDI 대학원에 입학하였는데 어느덧 한국을 떠날 시간이 다가옵니다. 우리가 한국에서 보낸 시간과 우리가 했던 경험들을 생각할 때 가장 좋은 기억들 중에 하나는 정교수님과 김교수님과 매주일 오후에 가졌던 주일 모임입니다.

이 만남은 우리들에게 서로를 배울 수 있는 기회를 주었고, 서로 사귀고, 하나님의 사랑을 나누는 기회를 주었습니다. 외국에서 공부한다는 것은 쉬운 것은 아닙니다. 그러나 우리가 주일마다 서로 만나서 교제한 시간들은 매우 소중한 시간이었습니다. 우리가 비록 KDI 학교라는 같은 공간에서 지내긴 했지만 서로 교제하는 시간을 가진 것은 아닙니다. 그러나 매주일 만나는 모임을 통해서 우리는 가족같은 느낌을 가지게 되었고, 우리의 마음을 영원히 따뜻하게 할 귀한 추억을 가지게 되었습니다.

두 분 교수님과 우리를 개인적으로 알지 못하는 많은 사람들이 친절함으로 우리들에게 자신들의 시간과 재정과 에너지를 부어주신 것에 대해 진심으로 감사드립니다. 이것은 이 세상에는 여전히 좋은 사람들, 친절한 사람들, 사랑하는 사람들이 있다는 것을 보여줍니다. 그리고 그 사랑과 친절함은 문화, 인종, 종교, 국적을 초월하는 것이었습니다.

우리는 문화가 다른 아홉 나라에서 온 사람들이고 우리들 가운데는 무교인, 불교인들도 있습니다. 우리는 만날 때마다 찬송을 불렀고, 성경을 읽은 후 생각을 나누었으며, 기독교적인 리더십에 대해서 배웠습니다.

하나님은 진정으로 우리를 위한 참된 희망과 사랑의 손길을 베풀어주셨습니다. 금년의 코로나19는 우리가 많은 것을 하지 못하게 막았지만, 그러나 우리가 가고자 하는 장소에 가는 것을 막지 못했습니다. 다양한 문화 체험을 통해 우리는 많은 것을 배웠습니다.

세종시 관제센터, 국방대학원, 공주, 양화진에 있는 외국인선교사묘원, 양평에 있는 하이패밀리 가정사역원 등은 우리에게 잊을 수 없는 추억의 장소들입니다. 이런 다양한 경험을 주신 하나님께 진심으로 감사드립니다.

우리는 성장했고, 보다 성숙하게 되었고, 또한 우리는 사랑이 얼마나 위대한 것인지를 배우게 되었고, 하나님의 사랑이 얼마나 위대한 것인지를 깨닫게 되었습니다. 두 분 교수님과 신실한 한국분들이 우리에게 했던 것처럼 우리도 다른 사람들에게 친절을 베풀고 하나님의 사랑을 나누려고 노력할 것입니다.

우리는 지난 수개월 동안 가장 좋은 호스트와 한국교회의 대사들을 만나게 된 것에 대해 감사하고 싶습니다. 또한 우리에게 마음의 문을 열어준 세광교회에 감사를 드립니다. 우리는 한국말을 못하지만 우리가 환영받았음을 느낍니다. 저희들에게 음식, 교통, 선물, 숙박을 제공하고 격려를 보내주신 모든 분들에게 감사드립니다. 여러분들의 시간과 도움에 대해서도 감사드립니다.

여러분을 사랑합니다. 우리가 여러분을 기억하고 있는 것처럼 여러분도 우리를 기억해주시기를 희망합니다.

우리는 한국의 신실한 기독교인들과 세광교회를 통해 너무 귀한 경험을 할 수 있도록 인도하신 하나님께 진심으로 감사드립니다. 하나님께 영광을 돌리며 다시 한번 여러분 모두에게 감사를 드립니다. 감사합니다.

Today was one of the best days of my life; the city of Seoul is really unique and full of beauty, but what I loved the most was the Gyeongbokgung Palace and the Yang Hwa Jin cemetery.

The Gyeongbokgung Palace is very impressive and very stunning, it's an art piece, and we got to experience it with the Korean traditional costume 'hanbok.' I felt like a princess. The palace was built in 1395 and is still standing and very beautifully made; it gives testimony to the Korean vision and knowledge. The palace was built for posterity, and it withstood the Japanese colonization and the Korean War, it represents a symbol of hope.

However, the most touching place for me was the Yang Hwa Jin cemetery when I came to Korea. I saw the love, sacrifice and serving heart the Professor's family, their friend, and other Korean Christian showed to me and to all other foreigner like me. I was really surprised and touched, now after the Yang Hwa Jin cemetery, I know where it comes from; all the missionaries buried there left their comfortable life in their home countries and planted a seed that is still bearing fruits up to now, they gave up their life and lost their loved ones to follow the leading of Jesus and to make him known to Korean, one that really captivated me was 'if I had a thousand life I would give them all to Korea' and she was only 25, and through her life and death a lot of people got to know Jesus. God used her life even after she was dead. It proved to me that Jesus can use any part of our life if we allow him to work in our life and be obedient to his notice no matter what we can lose, it reminded me of Philippians 3:7 Apostle Paul saying "whatever was gain now he considers it as loss for the Christ sake" and I really want to work with Christ to bring more people to him by allowing him to lead my everyday life.

I am really grateful for all that your family have done for us, and my biggest wish is to do the same for others.

May you be blessed abundantly, may the favor of God be on you and your family always for hundred generations, what your family has enormous value in our life, you made us feel home and loved.

* * * *

오늘은 내 인생 최고의 날 중 하나였습니다. 서울이라는 도시는 정말 독특하고 아름다움으로 가득 차 있지만, 내가 가장 좋아했던 것은 경복궁과 양화진 묘지였습니다.

경복궁은 매우 인상적이고 매우 멋있었습니다. 그것은 하나의 예술 작품이고 우리는 한국의 전통 의상인 '한복'을 입고 그것을 경험하였습니다. 나는 공주가 된 기분이었습니다. 궁전은 1395년에 지어졌지만 여전히 서 있으며 매우 아름답게 만들어졌습니다. 그것은 한국의 비전과 지식을 증언합니다. 궁궐은 후세를 위해 건립되어졌고, 일제강점기와 한국전쟁을 견뎌냈으며, 그것은 희망의 상징을 나타냅니다.

하지만 내가 한국에 와서 나에게 가장 감동적인 곳은 양화진 묘지였습니다. 나는 교수님의 가족과 친구, 다른 한국 기독교인들 그리고 세광교회가 나에게, 그리고 다른 유학생들에게 보여준 사랑과 희생과 섬김의 마음을 보았습니다. 나는 정말 놀라고 감동적이었습니다. 이제 양화진 묘지 방문 이후 나는 그것이 어떻게 생겨났는지 알게 되었습니다. 그곳에 묻힌 선교사들은 모두 편안한 고향을 떠나 씨를 심었고, 그 씨는 지금까지 열매를 맺고 있습니다. 그들은 예수님의 인도하심을 따르기 위해서 그리고 예수님을 한국사람들에게 알게 하기 위해서 그들의 생명을 포기했고, 그들의 사랑하는 가족들을 잃었습니다.

　저를 정말 사로잡았던 것은 루비 켄드릭이 말했던 '나에게 천개의 생명이 있다면 그 모두를 한국에 바치겠다'는 말이었습니다. 그녀는 겨우 25살이었고, 그녀의 삶과 죽음을 통해 많은 사람들이 예수님을 알게 되었습니다. 하나님은 그녀가 죽은 후에도 그녀의 삶을 사용하셨습니다. 나는 우리의 삶에서 그분이 일하시도록 허용하고, 우리가 무엇을 잃을 수 있더라도 그분의 말씀에 순종하게 된다면, 예수님은 우리 삶의 어느 부분이든 사용하실 수 있다는 사실을 알게 되었습니다. 이것은 나에게 사도바울이 "무엇이든지 내게 유익하던 것을 내가 그리스도를 위하여 다 해로 여긴다"고 말했던 빌립보서 3:7 말씀을 기억나게 해주었습니다. 그리고 나는 나의 매일의 삶을 주님이 인도하시도록 허락함으로써 더 많은 사람들을 주님에게로 인도하기 위해 그리스도와 함께 일하기를 진심으로 원합니다.

　나는 교수님의 가족이 우리를 위해 해준 모든 것에 정말 감사하며, 내 가장 큰 소원은 다른 사람들에게도 똑같이 행하는 것입니다.

　풍성한 축복이 당신에게 있기를 바라며, 하나님의 은혜가 오래도록 항상 당신과 당신의 가족에게 있기를 빕니다. 당신의 가족은 우리 삶에 있어서 엄청난 가치를 지니고 있는데 당신은 우리를 집에 있는 것처럼 느끼게 해주었고, 사랑받는 느낌을 갖게 해주었습니다.